新装増補 リスク学入門 1

リスク学とは何か

新装増補 リスク学入門 ①

リスク学とは何か

責任編集　橘木俊詔 Toshiaki Tachibanaki
　　　　　長谷部恭男 Yasuo Hasebe
　　　　　今田高俊 Takatoshi Imada
　　　　　益永茂樹 Shigeki Masunaga

岩波書店

刊行にあたって

　近代の産業社会は科学技術の発展により，豊かさをもたらすことに寄与してきた．しかし，産業社会は便利で快適な生活をもたらす反面，多大の科学技術が引き起こす新たな危険性を生み，また不透明さも増した．

　たとえば，感染症を少しでも予防するために水質改善に使われる薬品が，一方では発がんリスクを生むとか，便利な容器としてのプラスチックの普及が，その廃棄や事後処理の問題を起こす．あるいは食糧事情を改良するために開発された遺伝子操作や，安定したエネルギー供給のための原子力発電などのように，どこまでどれだけの被害が及ぶのか将来予測のしがたいリスクをもたらした．また，これらのリスクはこれまでの火災や交通事故，犯罪被害，さらには，失業，貧困，疾病，離婚，暴力，いじめ，プライバシーの侵害などといったリスクと相俟って，問題を一層複雑化させている．

　現代は，産業社会のグローバル化に伴い，テロ行為や国家間の突発的紛争といった予測の難しいリスクに重層的に取り囲まれ，しかも科学技術の進歩とともにリスクは加速度的に肥大化しつつあり，その被害は従来の階級や階層や国境の違いを超えて拡散しつつある．現代はまさに「リスク社会」である．このようなリスク社会への対応は，これまでの学問の枠組みでなく，新たな学際的対応が求められているといえる．

　リスク社会は産業社会と背中合わせの概念である．産業社会が富を増大し生活水準を上昇させる光の部分に焦点をあてるのに対し，リスク社会は産業化がもたらす影の部分，すなわち生活の不安と恐れ，不確実さと制御しがたい将来に焦点をあてる．両者の違いは，リスク社会が反省的・再帰的視点を備えていることである．つまり，富の生産と拡大よりもそれがもたらす恐れや不安に応答的であり，それらの原因と解消に敏感になることである．したがって，リスク社会の視点は産業化がもたらす副作用を体系的に解明し評価する視点を提供してくれる．

刊行にあたって

　リスク社会が持つもうひとつの意義は，21世紀の課題である，持続可能な社会を構築する上で不可欠な視点となることである．なりふり構わぬ成長や発展ではなく，獲得した豊かさを有意義に活用して幸福を持続的に追求するには，リスクに対する脆弱さを克服する必要がある．そのためには，医療や健康，金融，法，企業と産業，消費，住居，勤労，余暇，教育，家庭などの各場面で，リスク研究がなされる必要がある．

　本シリーズは，そのような学界の動向を敏感に捉えつつ，将来におけるリスク研究の体系化――「リスク学の構築」――に備えた試みを企図して編まれた．リスク学の樹立には，独自の視座，リスクの定義，リスク分析，リスク評価，リスク管理などの整備が必要だが，そのためにまず，個別的なリスク論の蓄積を整理することとしたい．

　そこで，本シリーズでは，次のような構成を採用することにした．まず，従来のリスク論からリスク学への展望を示すことで，リスク社会の特質とその管理の方向性が示されるであろう（第1巻）．次に各論編として（第2-5巻），リスク研究として先進分野であり蓄積もある経済と科学技術の分野をとりあげ，そこでの知見を踏まえることとする．次いで，個人情報漏えいのリスクと法律上の保護やサイバー社会のリスクと法など，最近とみにリスク対処法として関心が高まっている法律分野を，また家族や教育現場，疾病と医療，余暇と人との交わりなど，より広範囲な社会生活分野をとりあげる．そして各分野で，①リスクがどう定義され，②リスク問題に対してどのような取り組みがなされてきたか，③現状での問題点と今後の課題は何か，を明らかにする．その上で，④リスク回避ないしリスク低減化のために何をなし得るかの解決法を提示する．これらの思考のプロセスを経ることによって，各学問分野において，これまでとは違ったアプローチによる問題解決が見いだせるであろう．

　リスク社会の現状分析と将来展望を通して，本シリーズが「リスク学」という新たな学問を構築するための契機となることを願って，ここに日本におけるリスク論者の学問的業績を結集したい．

2007年7月

編者一同

新装増補版 刊行にあたって

　2011年3月11日，千年に一度ともいわれるマグニチュード9.0の超巨大地震が東北三陸沖を震源として発生した．これにともない「想定を超える」大津波が岩手県・宮城県・福島県の沿岸部に押し寄せ，多くの住宅，店舗，公共施設が流され全壊した．加えて，福島第一原子力発電所の事故が発生し，原子炉の炉心溶融と水素爆発により大量の放射能が大気へ放出され，東北地方だけでなく関東地方にまでそれが飛来して甚大な放射能汚染の被害を住民にもたらした．われわれはそこにリスク社会の現実をまざまざと見せつけられたのであった．そして「3.11」と「フクシマ」は東日本大震災を象徴する言葉として，グローバルに共有されることとなった．

　本シリーズは3.11に先立つこと3年余，2007年7月から11月にかけて刊行された．このたびの大震災の可能性を特段に想定していたわけではない．グローバル化のなか産業社会がリスク社会化している実態を踏まえて，時代の要請として「リスク学」を提唱し，分野ごとに学術的体系化を目指す先駆的な作業を試みたのであった．しかし，くしくも東日本大震災は，地震・津波・原発事故という激甚な複合的災害の脅威を国民のみならず地球社会の住民に気付かせるに至り，「リスク学」の重要性が，緊迫感をもって高まることになった．そしてリスクガバナンス，リスクリテラシーやリスクコミュニケーションなど，リスク管理に関わる取り組みがあまりにも遅れている現状に対する危機感を呼び起こした．

　こういう目で改めてシリーズを見直してみると，ここにはすでに，地震災害，低線量被曝など，3.11後の問題が論じられている（第5巻）．このほか，経済不況がもたらす失業・雇用・貧困などのリスクがカバーされ（第2巻），法学的視角からみたインターネット社会や安全保障におけるリスク問題（第3巻）のほか，深刻化する社会問題として家族や教育現場でのリスクも取り上げられている（第4巻）．これらは広い意味で災害リスク対応および復興問題に通じるテー

新装増補版 刊行にあたって

マであり，本シリーズが今まさに再刊されるべきものと考えるゆえんである．

シリーズを再刊するにあたっては，単純に重版ないしは一括復刊するという方法もありうるが，それでは3.11後のことがまったく反映されないことになる．一方，全面的に改訂するとなると，作業的にも時間的にもさまざま問題が発生する．そこで，以下の編集方針にて「新装増補版」を刊行することとした．

(1) 第2-5巻の巻末に，各責任編集者による「3.11後のリスク学のために」の論考を付す．

(2) 各巻巻末に掲げてある「関連文献解題」に，各執筆者による旧版刊行後の文献解題を1,2追加する．

(3) 第1巻には各巻の「3.11後のリスク学のために」の文章を踏まえて，巻末に全編集委員による座談会「リスク学の再定義と再構築──3.11を踏まえて」を付す．

これらの方針によって，喫緊の課題に対応するとともに，3.11を媒介としたリスク学の新たな展開へと繋がっていくことを期待したい．

2013年3月

編者一同

目　次

リスク学入門 1

目　次

　　刊行にあたって
　　新装増補版 刊行にあたって

共同討論1　リスク論からリスク学へ ……………… 1
　　橘木俊詔・長谷部恭男・今田高俊・益永茂樹
　　Ⅰ　リスクとともに生きる時代　2
　　Ⅱ　リスク回避は自己責任の問題か　12
　　Ⅲ　各分野のリスクの事例　22
　　Ⅳ　リスク社会とどう向き合うか　31
　　Ⅴ　リスク社会と自発的な監視社会化　39
　　Ⅵ　リスク学の未来　47

第1章　経済学におけるリスクとは … 酒井泰弘 …… 55
　　Ⅰ　リスクと経済学　55
　　Ⅱ　リスク経済学の歴史と現状　63
　　Ⅲ　リスクの下での意思決定　69
　　Ⅳ　リスク回避とリスク愛好　73
　　Ⅴ　不確実性と意思決定　78
　　　　──確率が利用可能でない場合
　　Ⅵ　不完全情報と経済社会のワーキング　81

第2章　リスクと法 ……………… 中山竜一 …… 87
　　はじめに──リスクと法的責任　87
　　Ⅰ　予見可能性と過失責任　90
　　Ⅱ　統計・保険・無過失責任　93
　　Ⅲ　リスク社会と法的規制の限界？　101
　　Ⅳ　予防＝事前配慮原則をめぐって　106

おわりに──リスクと法の現在とこれから　112

第3章　リスクと福祉社会 ……………… 広井良典 …… 117
 Ⅰ　リスクと社会保障　117
 Ⅱ　リスクとコミュニティ　127
 Ⅲ　リスクと福祉国家　134

第4章　リスク解析とは何か ……………… 椿　広計 …… 139
 Ⅰ　リスク学における帰納的接近の役割　139
 Ⅱ　古典的なリスク要因の解析モデルの当てはめ　142
 Ⅲ　リスク最適化の枠組み　145
 Ⅳ　設計科学としての定量的リスク科学　147
 Ⅴ　リスク解析の価値依存性　149
 Ⅵ　リスク解析の結果をどのように主張するか　151
 Ⅶ　リスク解析者の立場と利害関係　154
 Ⅷ　リスク解析のさらなる課題　155

第5章　環境リスクの考え方 ……………… 中西準子 …… 159
 Ⅰ　DDT問題の重さ　159
 Ⅱ　DDTとそれによるリスク　164
 Ⅲ　環境リスクの意味と評価の方法　169
 Ⅳ　管理原則　174
 Ⅴ　結び　177

共同討論2
リスク学の再定義と再構築──3.11を踏まえて ……… 179
  橘木俊詔・長谷部恭男・今田高俊・益永茂樹
 Ⅰ　高リスク技術と安全　180
  ──核再処理・核廃棄物・再生可能エネルギーをめぐって

目　次

　Ⅱ　さまざまなリスク　　189
　　　──テロリズムと社会リスク
　Ⅲ　災害復興で問われること　　196
　Ⅳ　リスクガバナンスという視点　　199

リスク学関連主要文献解題　　207
索　引　　215

共同討論 1
リスク論からリスク学へ

橘木俊詔
長谷部恭男
今田高俊
益永茂樹
(司会：今田高俊)

今田 豊かさを生み出す産業活動が，同時に様々なリスクを生み出し，われわれの生命と人間関係をむしばむ時代を迎えるようになっています．科学技術が発達したおかげで豊かな生活を送ることができるようになった反面，ある点では，生活はより危険で不安定になり，快適ではなくなりました．

経済活動が人類に富と幸福をもたらすと単純に信じられていたのは 20 世紀半ばまでです．それ以降は，環境・公害問題をきっかけに，過剰な産業生産がわれわれの生活基盤を破壊するリスクをも同時に生産していることが自覚されるようになりました．なかでも，1986 年にベック(**Ulrich Beck**)[1]が「リスク社会の到来」をセンセーショナルに指摘して以来，様々なリスクについて考察が加えられてきました．たとえば，原子力発電事故，核廃棄物，森林破壊をはじめ，遺伝子操作，家庭内暴力，幼児虐待，治安の悪化，コンピュータ犯罪，いじめ，校内暴力など，生活の諸領域にわたって，リスクの指摘や考察がなさ

---

[1] ウルリッヒ・ベック(**Ulrich Beck**) 1944- ドイツの社会学者．ミュンヘン大学卒業．1992 年からミュンヘン大学およびロンドン・スクール・オブ・エコノミクスの社会学教授．1986 年に出版された『危険社会』で，近代産業社会が様々なリスクを生み出し，われわれの生命と社会関係をむしばむ時代を迎えるようになったと主張した．この書物は旧ソ連のチェルノブイリ原発事故直後に刊行されたこともあってベストセラーとなり，社会的リスク研究の機運を高めるきっかけとなった．他に，『世界リスク社会論——テロ，戦争，自然破壊』(03)などがある．

れてきました．

　現在，いろいろなリスクが様々な領域で発生しており，これからの社会はリスクへの対処に敏感でなければならない，という人々の認識は大いに高まったと言えます．しかし，現状では，まだ個別的なリスク論の段階にあり，リスクについての体系的な知識の整理——リスク学の構築——がなされているとは言い難い状況です．何がリスクなのか，どのようなタイプのリスクがあるのか，リスクがどのように生み出されてどう分配されているのか，さらにリスクをどのように評価し管理するのがよいのか，がいまひとつ明確ではありません．要は，このあたりで，リスクと向き合って生きていく術を得るための知識を整理する必要があるように思われます．今回のシリーズの目的は，その第一歩を試みることにあります．

　そこで，本シリーズ『リスク学入門』の導入書である本巻で，続く各巻の編者が集まって，「リスク論からリスク学へ」というテーマで議論することになりました．リスク「論」から「学」へと言うと，リスクの定義と類型，リスク分析の枠組み，そのメカニズムなど，大上段に構えた議論が展開されて難しくなるのでは，との懸念を持たれるかもしれません．しかし，この座談会ではリスク学なるものをどのようにイメージし，研究を進めてゆくのがよいのか，その道案内をすることを目的としていますので，「学」としての厳密性に拘泥せず，いろんな角度からリスクに光をあて，リスク学の方向を模索したいと思います．

I　リスクとともに生きる時代

　今田　リスクを冒険，挑戦，刺激的なもの，興奮するものと積極的かつ肯定的に捉える向きもありますが，一般の人が抱くイメージは，リスクはできれば避けたいもの，被りたくない損害など否定的なものが多く，恐れ，不安，不快，苛立ちといった感情が喚起されるのが現状です．実際この十数年来，話題になり関心を呼んできたリスクは，無頓着でいると人生を棒に振ったり，被らなくてもよい災害にあったり，健康を損ねたりするというような，否定的で望まし

くないものが圧倒的に多い．

　これまで，われわれはリスクを考慮して生活を営む習慣があまりついていませんでした．リスクを考えるほどの自由度がなかったのかもしれませんが，リスク社会への関心の高まりによって，今後リスクと向き合い，リスクとともに生きていくしかない状況に立ち至ったように思います．そこで，最初に，各先生方の専門分野でリスク問題がどのように扱われているについて発言いただきたいと思います．

　橘木　今田先生はいま，リスクを感じるようになったのはごく最近だと言われたのですが，経済学では，はるか前からリスクを扱っていたのです．

　1つの例は生命保険制度で，ギリシャ・ローマ時代から生命保険制度はあったという研究報告があります．死亡リスクに備えて何かの手立てを打つという発想が当時からあったという解釈をすれば，経済学の立場からすると，リスクに対する対処方法は，はるか昔から人類は考えていたといっていいと思います．

　あるいは，昔は農業が中心の生活でしたから，気候が悪くなって農作物が取れない場合があることを人類は知っていました．貯蔵する方法や，水が足りないときはどうしたらいいかという方策，江戸時代であれば，水を皆が共有して灌漑をやっていたと歴史的に証明されています．農業の時代であっても，リスクに対してどう対応したらいいかを，人間は考えていたといえると私は思います．

　ベックのリスク論の登場は非常に影響が大きく，たとえば，原子力発電などの大きなリスクが出てきたから，皆リスクに敏感になったという解釈もできましょうが，人類ははるか昔から，生活するための知恵という意味で，リスクに対する対応を考えていたというのが，経済学の立場です．

　今田　もちろんリスクは昔からその存在が認識されてきました．ただ，最近話題になっているリスクは，人間の作為によって作り出されたものに焦点が当てられています．ギデンズ（**Anthony Giddens**）[2]は，人間の作為とは関係なくわれわれに降りかかる「自然的リスク（natural risk）」と区別して，人間の手が加わった「人為的リスク（manufactured risk）」が今問われているのだとしました．リスク社会という発想の元には，こうした見解があります．

　橘木　人間が作為的にやったことの結果によってリスクが起きたということ

もありますが，はるか以前から人間がどうやって安全な生活を送ったらいいのか，食料品を確保したらいいのかと考えていたという意味で，昔から人間はリスクへの対応を考えていたと言ったのです．先ほどは，農業を中心にリスクへの対処について発言しましたが，工業化の時代に入りまして，産業革命がイギリスで発生して工場で物を生産して，それをみなに使ってもらう時代になったときに，新しい形のリスクが発生しました．たとえば，工場がつぶれる，工場で働いていてケガをするなどの問題です．これは人類が農業以外の生産活動に携わることによって生じた，新しいタイプのリスクです．産業革命以降の工業化の時代を迎えて，工場倒産，失業，ケガ，病気，その他もろもろの生産活動と関係するような分野における新しいリスクが起きてきたので，それらに対してどう対応したらいいかが，経済学上の大きな問題になりました．

それに関して重要な観点は，そのようなリスクに対応するのは，公的部門か民間部門かということです．民間部門はさらに2つに分かれます．1つは個人，もう1つは私的企業が保険会社をつくって，それに皆が加入して保険料を払って，事故が起きたときに民間の保険会社から給付を受ける形をとるのかということです．産業革命以降の工業化の時代に，誰がリスクに備えた組織をつくるのか，誰が加入し，誰が便益を受けるのかという問題が出てきたといえると思います．

長谷部 今田先生がおっしゃったとおり，ベックのリスク社会論との関係で議論されているリスクについては，人間の活動に伴って生じるリスクがより強く意識され，逆に人の手の加わらない自然という観念が意識しにくくなってきているという局面があります．

ところで，リスクということばの意味，使われ方についてですが，いま，橘木先生がおっしゃった意味でのリスクは，それぞれの結果に確率を割り当てることが可能，かなりの客観性をもって割り当てることが可能なものを指してリ

---

2) アンソニー・ギデンズ（**Anthony Giddens**） 1938- ケンブリッジ大学博士課程修了．イギリスの社会学者であると同時に現代を代表する世界的に著名な社会学者．1997年から2003年まで，ロンドン・スクール・オブ・エコノミクス学長．近代社会の制度を，マルクス主義をベースにした構造化理論で特徴づけたことで有名．1990年代に入って以降は，近代性の見直しを積極的に進め，アイデンティティ，リスク，グローバリゼーションなどの分析をおこなっている．またブレア労働党政権のブレーンとして活躍し，旧来の社会民主主義派の限界を乗り越えるために「第三の道」を提唱したことで有名．

スクと呼んでおられるのではないでしょうか．経済学の世界では，これに対して確率を割り当てるのが困難なものを「不確実性(uncertainty)」と呼ぶという区別もなされるようです．

他方で，法律学の場面で最近よく議論されているリスクは，不確実性に対応する意味でのリスクです．法律学が伝統的に対応すべきだといわれていた「危険 Gefahr」という概念は，逆にある程度結果の蓋然性が，少なくとも合理的な判断能力をもっている人間からすると，予測・予見可能性があるものです．それに対してリスクは，発生の蓋然性を予見することが難しいものを指している．

従来の法律学は政府，橘木先生のおっしゃる公的部門が対応すべきなのは，むしろ結果の予測が可能な危険のほうであって，伝統的な法律学，特に公法学の任務は，政府が私人の自由な活動を必要以上に規制しないように，個人の自由を守ることであるといわれてきました．

個人の活動の場合でも，そこからある程度危険が発生することが予見できるとき，初めて政府が乗り出していってそれを規制すべきだということになっていました．これに対して，現在では，むしろ結果の発生の予測が難しいリスクからも，人々の安全を保護する義務が政府にあるのではないか，そういう問題提起がなされています．

とはいえ，法律学の分野で，そういうリスクの概念の使い方が確立しているかというと，どうもそうではなくて，いろいろな意味で使われています．たとえば，2005 年末に出された小田急訴訟[3]の上告審判決では，原告の訴訟提起する適格を比較的緩やかに認めるための理由づけとして，東北大学の行政法の教授であった藤田宙靖裁判官は，行政には「リスクからの保護義務」があるとし，都市計画事業の認可を攻撃するための原告適格を認める根拠としてこの概念が役立つとしています．これは周辺の住民の健康や生活環境を重大な侵害から保護しなくてはいけないという義務ですので，伝統的な言葉づかいですと「危

---

[3] 小田急訴訟　小田急小田原線喜多見駅付近から梅が丘駅付近までの区間を連続立体交差化する都市計画事業の認可について，周辺地域の住民が，より優れた案である地下方式を採用せず，高架式を採用している点等の違法性を主張して，認可の取消しを求めた訴訟．平成 17 年 12 月 7 日の最高裁大法廷判決は，都市計画事業の認可にあたっては周辺住民の良好な生活環境を保全にも配慮すべきだとして，周辺住民の原告適格を認めた．

険」の概念にむしろ近いと思います.

　サンスティン(**Cass R. Sunstein**)[4]も最近,リスクに関していろいろな議論を展開していますが,彼の言うリスクも,橘木先生がおっしゃるような意味で,不確実性とは異なる,ある程度確率を客観的に割り当てることが可能なもののことを指していますね.

今田　豊かな社会を目指して生活水準を上げていくという従来の産業社会の体制のもとで,曲がりなりにも豊かな社会が到来しましたが,副作用もいろいろなところで噴出しています.最大の問題が環境問題,公害問題であり,これらに特化した議論がなされていた段階ではまだ,リスク社会への関心はそれほどでもありませんでした.しかし,原発事故,薬害問題,過労死,ストレスによる人格障害,植物人間と安楽死など,人間の生きる権利の問題にまで広がるようになったのを受けて,リスク社会がとみに問題視されるようになりました.

　社会学のリスク論には,2つの側面があります.1つは,産業社会では,富を生産するという,いわば動脈系の活動にばかり焦点が当てられて,これがもたらす負の側面(環境汚染や放射線被曝など)を適切に処理し浄化する静脈系の活動をおろそかにしてきたために,そのしっぺ返しを受けていることです.これはベックが指摘するリスク社会論の特徴です.

　もう1つの側面が,ルーマン(**Niklas Luhmann**)[5]のリスク論です.彼によると,近代化が進むとともに,職業選択の自由,結婚相手を探す自由,居住地選択の自由など生活諸領域において人間活動の自由度が高まった結果,人はいろいろな場面で選択を強いられるようになった.しかしこの選択が,必ずしも期待通りの結果をもたらさないケースも多く,選択の自由に伴うリスク意識が高まってきたことです.

　この2系列のリスク論が社会学ではあるのですが,現在の社会学でのリスク論の扱いはルーマン・タイプのほうが主流です.選択や自由の問題は,社会学

---

[4] キャス・サンスティン(**Cass R. Sunstein**)　1954-　シカゴ大学教授.憲法学,行政法学,法哲学の分野で多数の業績がある.リスク論に関しては,社会心理学の知見を活用しつつ,主に費用-便益分析に基づく合理的アプローチに基づく政策の立案・実施を提唱している.

[5] ニクラス・ルーマン(**Niklas Luhmann**)　1927-1998　ドイツの社会学者で,20世紀最後を代表する世界的に著名な社会学者.フライブルク大学卒業後,ハーバード大学に留学し,タルコット・パーソンズのもとで機能主義の社会システム理論を学ぶ.主著『社会システム理論』(84)では,オートポイエシス概念を導入して斬新な理論を展開した.

の対象になりやすいからです．大まかにいえば，かつて経済成長，発展というイメージが支配的であった時代には，生活リスクの少ない人生を選択することができました．というかそのようなライフコースが用意されていました．典型的には，学校で教育を受けて就職し，結婚して家族を形成し，子どもを産んで子育てをして，仕事を引退した後は老後の年金生活に入るというコースです．このコースを地道に歩みさえすれば，自由さはある程度制限されるものの，リスクの少ない人生が送れるということでした．しかし現在では，教育現場が荒れ，非婚化が進み，幼児虐待や家庭内暴力が多発し，失業や非正規雇用が増えるなど，かつてのライフコースが不安定になって揺らいでいます．その背景には，低成長時代になったこともさることながら，豊かな社会が訪れたことで，生活の自由さや快適さを確保する欲求が高まり，これらを確保するために多くのリスクを背負わざるを得なくなった状況があるように思うのです．国民は，自由や快適さが侵されることに対する不安意識から安全・安心に敏感になっているとも言えます．要するに，人々の関心は成長・発展から安全・安心へと緩やかに移行し，リスクに敏感になってきたことです．

　こうしたことは，データにも現れています．内閣府（旧総理府）が1958年から実施している「国民生活に関する世論調査」によると，バブル経済期までは，人々が日常生活で「悩みや不安を感じている」割合と「感じていない」割合はおよそ5対4でした．しかし，バブル経済が崩壊し，リストラの嵐が吹き荒れだした95年から不安が顕著に増加していって，2005年には「不安を感じている」が約7割，「感じていない」が約3割となった[6]．広い意味で，社会不安，生活不安の高まりが，生活リスクの高まりと相関していると考えられますので，この十数年のリスク社会への関心は，上記のような人々の意識変化にも現れている気がします．

　橘木　高度成長期の1950-60年代の成長率が，年あたり10％前後であったように，失業もなく，皆が豊かになることを経験する社会であれば，皆が不安を感じていなかったといえるかと思います．今田先生の話のように，バブル以降，バブルが崩壊して日本が大不況期になって，皆が生活不安を感じるように

---

[6] 時系列の変遷を表す図は，http://www8.cao.go.jp/survey/h17/h17-life/images/z27.gif に掲載されている．

なったのは，低成長時代を迎えたからだとすると，日本がもう一度，高度成長の時期に戻ったら，人々の生活不安はなくなるのかといったら，私は，必ずしもそうではないと思うのです．

経済学は，高成長のときは不安なし，低成長のときは不安ありという解釈をしがちですが，今田先生の話に多少悪乗りするならば，経済成長率の差に加えて，やはり，家族のあり方が変わり，都市化が進み，昔は皆が地方にいたのが，いまは多くの人が都市に住んで，いろいろな人間が摩擦しあいながら住んでいる時代を迎えれば，やはり，不安も高まるわけです．

したがって，生活不安は経済力がなくなったことによる結果でしょうけれども，人間社会における生活のあり方，家族のあり方，都市化の現象なども不安を高める要因になっているのではないかという気がします．経済成長がもう一度，日本で復活したら，不安はなくなるという解釈はできないのではないでしょうか．

今田 私は経済成長をしたがゆえに，それによって引き起こされる諸問題がリスクを増やし，人々の不安を高めているのではないかと言いたいのです．低成長になったからといって，それまでに作り出されたリスクが自動的に処理されるわけではありませんから，それをどう処理するかが今後問題になっていくでしょう．リスクによる生活不安の手当てもせずに，低成長を続ければ何とかなるというものでもない．かといって高度成長が再来したら，さらに多くのリスクが生み出され，かえってその処理が大変になるかもしれません．

橘木 高度成長が復活したら，食べていけない，失業するなどの生活不安はなくなると思うのです．今田先生が言われたように，もう1回，高度成長するとまた環境問題がもっと深刻になる恐れもあるわけで，生活不安は減少するかもしれないけれど，社会的な生活の不安はむしろ高まる恐れがあるということでしょう．

今田 経済的な悩みや不安もあるのですが，このデータの背後にある不安のポイントのひとつは健康不安です．

橘木 健康不安は明治の時代だって江戸時代だってギリシャ・ローマ時代でもあったでしょう．なぜいま，健康の問題が大事になってきたのでしょう．

今田 最近のリスクは，食品添加物や放射能や大気汚染のように手にとって

見ることのできない，不可視のものがほとんどです．こうしたこと自体が大きな不安の原因になっているのではないでしょうか．

益永 健康への関心が高まっているのは確かです．健康リスクの結果として現れるのは死や寿命の短縮のはずですが，実際には，寿命は延びています．癌が増えていると良く心配されていますが，それも，癌が年齢と共に増えることと，平均寿命が伸びていることを考慮すれば，癌もほとんど増えていない．実際には，健康に対するリスクが高まっているわけではないにもかかわらず，社会ではそのようには認識されていない．一つには，生きていくこと，食べていくことに一所懸命だった人々が，健康のためにこれまで以上にお金も，時間も，注意も割ける余裕をもったということでしょう．もう一つは，科学的で正確なリスク情報が一般に流布しにくいということがあるのではないかと思います．現代社会ではマスコミが情報伝達の大きな役割を担っているわけですが，一般に危険情報は注目されるので伝えるが，「それほど危険ではなさそう」という情報は積極的に取り上げてもらえない傾向があります．

科学技術関連のリスクでは，原子力，放射線のリスクがよく取り上げられます．放射線のリスクが問題になるまでのリスク管理は，安全か危険かの2通りで，「安全な状態で管理をしましょう」ということでした．たとえば，危険物は爆発しない状態に管理して使いましょうとか，有害物質の暴露では，健康に影響のない閾値(いきち)の範囲内で使いましょうという形で，「安全管理」がなされてきました．

ところが，放射線はどんなに少量の暴露でもそれなりの影響がある．安全な範囲がないという認識が受け入れられ，原子力にしろ，放射線を使った医療にしろ，それで便益を得ようとすれば，必ず危険が伴うということになりました．これが，科学技術におけるリスク管理の考え方を大きく変えることになりました．便益を得るためには，ある程度のリスクを我慢し容認しなければならないということで，では容認すべき程度とはどの程度が妥当かを定量化する必要がでてきました．具体的には，自然放射能のレベルまでは我慢しましょうとかいった提案がなされたわけです．

定量化していくことは大事なことですが，定量化して見せたところで，やはり人間には感情がありますから，その通り受け入れられるわけではない．スロ

ヴィック(**Paul Slovic**)[7]がいっているように，身近でない未知の事象のリスクは大きく認識されます．例えば，交通事故のように少しずつ日常的に起こるリスクは低く認識されるけれども，飛行機事故のように一気に大勢の人が死ぬ事故は大きなリスクと認識されます．また，大地震のように非常に低頻度で大きな被害をもたらすリスクは，定量化し難いという問題もあります．

　一つ例を上げますと，遺伝子組み換え作物に対する不安は非常に大きいようです．しかし，外国では大豆などの組み換え作物は大量に栽培されていますが，何か悪いことが起こったかというと，それはほとんどなく，リスクもそれほど大きくないと考えられます．他方，ダイエット食品やサプリメントでは，かなり怪しい物が出回っています．現段階では消費者は遺伝子組み換え食品で直接の利益を受けていないのですが，不飽和脂肪酸が多くて健康に良い植物油が採れるとなれば，たぶん遺伝子組み換え食品でも受容されていくだろうと思うのです．利益を感じるか，慣れている物か，未知の物かと言った人間の感情的な側面があって，それが学問的で定量的なリスクと相容れないところがあります．そうは言っても，リスクを出来るだけ定量化し，比較できるようにする努力は，リスク管理を進める上では最も大事な仕事だと言えます．

　今田　考えてみると，自動車事故は頻発しているので大きなリスクですよね．いっぽう遺伝子操作された作物はリスクとしては自動車より小さいのに，人々はそちらのほうに敏感で，自動車に乗ることにはあまり目くじらを立てない．これは，自動車運転は自分がコントロールできるからですか．

　益永　おっしゃるとおり，自発的か非自発的かも大きな違いです．自分が便益を受け，自分がコントロールできると思っているものに対してはあまり敏感ではないようです．

　今田　原子力発電は99.999999……％と9が小数点以下十数桁あるくらい安全で事故が起きないと言われたりしますが，人々は原発事故に対してものすごく敏感で，ゼロリスク要求が高いですよね．こうしたリスクと，そうでないリスクは，科学技術の分野ではどう分けられているのですか．

　益永　自動車事故は常時起こりうるので，保険による対応も容易です．原子

[7) ポール・スロヴィック(**Paul Slovic**)　1938-　オレゴン大学の心理学の教授．意志決定やリスク認識に関する著作が多数あり，リスク解析学会(Society for Risk Analysis)の会長も務めた．]

力や地震の場合も，何十年かの長期にわたっての被害者数を取れば，同じ程度になるかもしれないのですが，低頻度の大災害ですから，対策の立てやすさは格段に難しくなります．科学的には長年の間の平均リスクは同じという評価になりますが，後者の場合はよりリスクを低くすることが求められる場合と放置される場合に分かれるのではないでしょうか．

橘木 経済学の立場からすると，被害を受ける人の数の違いだと思います．自動車はせいぜい1人から数人でしょう．ところが原子力発電は，何千人，あるいは何万人にのぼり，発生確率は非常に小さいけれど，被害を受ける人の数で掛け合わせると，膨大な数になりますから．自動車事故の場合は保険制度があるから，ある程度保護される可能性があります．事故を起こして誰かの自動車をへこませても，保険会社が補填してくれるとわかっているわけですから．ところが，地震や原子力などの大事故は誰も保護してくれないし，保険もない．

長谷部 原子力発電所の場合は非常に低リスクだけれども，カタストロフィックな結果をもたらす恐れはゼロではない．ただ，原子力発電所について，リスクをゼロにはできないのだからやめてしまうということになりますと，化石燃料等の代替エネルギー手段が必要になり，その使用が長期的にはさらに深刻でカタストロフィックな結果を引き起こすおそれがある．簡単に答えは出ないだろうと思います．

今田 心理学で，人間の心理にはゼロリスク要求があって，いくら科学技術的な安全性を高めても，絶対に安心できない種類のリスクがあると言われています．ゼロリスクは無理なので，ある程度安心できるようにするにはどうしたらいいか，というのは大きな課題ですね．この観点から，先進社会ではリスクコミュニケーションに力を入れるようになっています．特にアメリカでは，社会生活を取り巻くリスクに関する正確な情報を，市民や専門家や行政など関係者間で相互に話し合い，リスクの社会的受容や対応への合意形成へ向けた取り組みがなされるようになっています．そのあたりがリスクマネジメントの1つの柱になると思うのですが．

益永 リスクコミュニケーションでは，リスク情報を出す人がどれぐらい信頼されるかが重要なポイントだと思います．

今田 日本の電力会社が，かつて原子力発電の安全性をPRしようとして，

使用済燃料の再処理をし，プルトニウムを除去した水を子どもに飲ませるコマーシャルをテレビ放映して，世論のひんしゅくを買った経緯があります．リスクの可能性がゼロとは言い切れない水を子どもに飲ませるなど，とんでもない考え違いだと．単に安全だけでは安心できないことを十分に理解しないと，科学技術のリスク問題対応は大きなしっぺ返しにあうわけです．

II　リスク回避は自己責任の問題か

今田　リスクとは「人が何かをおこなった場合にその行為に伴って生じる危険」を意味するのが一般的です．そこには，事故や災害など自己が責任を負いきれない出来事をあらわす危険(danger)や人間の力では避けることのできないハザード(hazard)とは異なり，自己の責任において引き受ける危険という意味合いがあります．社会学的にリスクを定義する場合は，ある程度自己の意思決定，ないしそれに伴う責任において引き受ける危険と位置づけられています．

とはいえ，責任主体を明確にできないリスクもあって，それほどすっきり割り切った定義をしづらいのが現状です．ギャンブルや投機行為でリスクを冒したり，誰も試みたことのない冒険をしたりなど，明らかに自分で統制できる意思決定や行為をおこなう場合には問題はないでしょう．しかし，たとえば，自然災害でもその危険性が事前に指摘され，国が予防対策をとるべきであったのにそれがなされなかったために多くの人が被害を被ったり，年金(政策の失敗により)の手取りが目減りして老後の経済生活が支え難くなったりするケースは，個人による予見は不可能であり，統制可能なことがらではありません．リスク対応の帰責(責任の所在)をどのように定めるかはリスク学にとって悩ましい問題であります．というのも，それは単に学問的課題であるだけでなく，リスクを災害や危険へと読み替えることにより，責任が回避される可能性があるからです．

リスクと責任の所在について，どう考えていけばいいのでしょうか．

長谷部　ご指摘のとおり，リスクの2つの側面が問題になってくると思い

ます．1つの側面は，どういう結果が起こりそうか，確率の割当ができそうだというリスクです．確率論が学問として成立したのは，だいたい近代社会の始まりと同時期で，パスカル（**Blaise Pascal**）[8]やフェルマー（**Pierre de Fermat**）[9]が先駆者だといわれていますね．近代社会の始まりとともに，個人は自分の行為を自分で自由に意思決定して行動するものであり，したがって結果については自由な行為主体で個人が引き受ける，帰責がありえる．そういう考え方が支配的になります．

ところが，最近のリスク社会論が指摘しているのは，そういう意味での，特定の行為主体への帰責が難しいリスクが，人為的なリスクについても増えているというイメージが広がっているということで，人間の活動の帰結として環境破壊が起こっているというケースとか，誰の責任とも分からないプロセスを経て欠陥商品ができたりするというのがその典型例です．責任がいったい誰にあるのか，厳密に突き止めるのは非常に難しい．また，突き止めることにどれほどの意味があるのかも，実はよくわからない．現代はリスク社会だといわれているとき，個人は自分の行動がどういう確率でどのような結果をもたらすのか，予測すること自体が難しくなっている．もはや，合理的な自由に意思決定する行為主体だと，人間は自分を思えなくなってきているという事態が表現されている．

この事態に対する1つの解決の方向は，そういったリスクを社会全体で引き受けるべきだというものです．起こってしまった損害は，社会連帯の理念にしたがってたとえば国庫を使って救済する．もう1つの案としては，製造物責任についてとられているようなやり方があります．伝統的には，製造物責任は不法行為であって，個人なり企業なりが，過失によって人に損害を与えたときは，その損害を賠償せよという議論です．しかし製造物責任に関しては，誰がどういうミスを犯したか証明することは――不法行為についてはそれを被害者側が

---

8) ブレーズ・パスカル（**Blaise Pascal**） 1623-62 フランスの物理学者，哲学者．幾何学，数論および確率論の分野で，数学の発展にも大きく貢献した．キリスト教の信仰を弁証する遺稿集『パンセ Pensée』では，神の存在に賭けた方が合理的だとの議論を展開している．
9) ピエール・ド・フェルマー（**Pierre de Fermat**） 1601-65 フランスの数学者．フェルマーの定理（p を任意の素数，a を p と互いに素な自然数とするとき，a^{p-1} を p で割ったときの余りは1となる）で知られる．パスカルとの往復書簡は系統立った確率論の嚆矢とされる．

証明しなくてはいけないのですが——，とても難しい．それを証明することにどれほどの意味があるのかもよく分からない．そこで，客観的な意味における欠陥，つまり，通常の安全性が欠けているということさえ証明できれば，後は過失があるかないかに関わらず損害を賠償すべきだというのが1つの考え方で，現在の日本の製造物責任法もそういう考え方をとっています．

　そうなると，企業としては，少なくとも安全性に対して投資するコストがその投資に見合う，期待されるべき損害賠償の低下額よりも少ない限りにおいては，安全性を高めるために投資するのが合理的ということになります．さらに，企業としては，保険に入ってそのコストを製品価格に上乗せすることで，効果的にコストを分散させることもできる．

　ただ，社会全体として，あるいは企業と消費者との関係において，どういう法制をつくることが全体としてコストを低下させるのか，あるいは，便益を高めるのかという議論をしていきますと，先ほど申し上げたような，自由に意思決定あるいは行動をし，その結果について自分で責任を取る近代的な意味における自律的な個人像はますます薄れていくことになって，法律学として果たしてそれでいいのかという問題は残ります．法律学はそういう近代的な個人像を前提にしてできているはずで，「あなたはそういう悪いことをしたのだから，責任を取りなさい」といえるような，そういう個人像がもたなくなっているのかもしれません．

　今田　近代社会の論理は，自由で自立した個人を前提としています．共同体の中に埋もれて集団の眠りについているような個人ではなく，自立的・主体的に意思決定ができる人間を前提に社会の組み立てを考えてきました．近代社会には本来，個人化の論理が大前提としてある．ただ，これまでは，個人と社会の間に中間集団といいますか，緩衝地帯としての組織や共同体，たとえば労働組合，地域共同体，労働者階級，血縁集団，企業組織があって，これらの中間集団が個人に代わってリスクヘッジを受け持ち，リスクを回避したり，低減したりする役割を——もちろん個人もやるのですが——果たしてきました．

　ところが，個人化がどんどんと進み，かつての中間集団が弱体化したり，解体したりして，次第に自己決定・自己責任の論理が強まっています．その結果，リスクの緩衝地帯が失われ，リスク処理を個人レベルでやらなければならなく

なっています．失業という運命に見舞われた者は，自分一人でそれに耐え忍ばなくてはならないというように，失業が私的なことがらに転嫁され，個人的な人生の失敗として個人を襲うようになりつつあります．しかも，失業はしばしばハンディキャップを背負った人々──子供を持つ有職女性，低教育層，病人，中高年，外国人労働者など──に襲いかかりますが，これらは失業統計ではきちんと把握されていません．それが社会的な問題であるにもかかわらず，リスクが自己責任という美名の下に個人に転嫁されてしまう場合が少なくないのです．

　リスクを個人へ責任転嫁する動きは，このところとみに高まっています．特に1990年代以来吹き荒れているネオリベラリズム（新自由主義）の嵐により，リスク責任の個人への転嫁が顕著に進みました．たとえば，雇用の流動化という名のもとに進められている就業形態の多様化は，リスクを働き手に分散させる試みでもあります．最近の雇用事情の特徴として指摘できるのは，失業とは言えないが，いわゆる正規就業でもない働き方が増加していることです．契約社員，パートタイマー，派遣労働，フリーターなど，従来の雇用契約や勤務形態とは異なる就労形態が増えています．そうなると，リスクヘッジがきちんとできる個人（＝強者）とそれがうまくできない個人（＝弱者）のあいだに大きな溝ができる．経済格差もさることながら，リスク処理能力の格差が出てくることのほうが，さらに問題です．

　経済格差については，税制を用いた再分配など，是正のための処方箋を考え実施することは可能ですが──といっても実際におこなうか否かは政治的判断になるので簡単ではありませんが──，このリスクヘッジの能力格差とどう向き合うかは，今後とても大きな問題になると思います．

　橘木　リスク対処は自己責任かという問題について，2つの例を挙げて考えてみたいと思います．

　1つは年金制度です．政府が公的年金制度を運営して，皆の老後の生活に不安がないように老後の所得保障制度をつくった．なぜ，政府がつくったかと考えますと，理由は簡単で，世の中には自分で老後に対処しない国民が必ずいる．働いているあいだに貯蓄せずに，全部消費してしまう人がいたら，その人たちは老後に蓄えゼロだから，あなたはもう死になさいとなる．このような社会は

いけないとなって，政府が出てきて強制的に国民から年金保険料を徴収して，引退したあと，老後の所得保障を政府がやるというのが，年金制度です．

では，政府厚生労働省は年金制度の運営をうまくしているかといわれると，必ずしもそうではなく，いろいろな意味でミスを犯している．ただ政府にばかり責任を押しつけるわけにはいかない事情もある．その理由は，日本において予想以上に少子高齢化が進行したことと，日本は高度成長期からずっと経済成長があるので，将来も潤沢な社会保険料の収入があるだろうと予想していたけれど，突如として日本が低成長時代に入った．少子高齢化と低成長時代の突入は，政府も予測できなかったし，国民の多くも予測していなかったわけで，いま公的年金制度が非常に不安になって，「政府は何をしているのか」という意見が強いですが，公的年金制度がこんなふうになったのを，政府ばかりに押しつけるのは酷で，私は国民も，やはり，その責任の一端はとらなくてはいけないと考えています．

もう1つの例は，失業保険です．失業保険は，失業したときに生活に困るだろうから政府が失業保険制度を運営して給付をやる制度ですが，保険料は労働者と企業の折半です．なぜ，折半かというと，失業するには2つの理由があって，自分の意思で会社を辞める場合と，企業が倒産したり，解雇，レイオフをするという，企業がイニシアティブをとって失業者を生む場合です．そういう意味で両方に責任があるから，両方に保険料を負担せよという論理になって，労働者と企業が折半するのです．

ところが，アメリカはそういう考えをとりません．アメリカの失業保険料は企業しか負担せず，労働者は負担しません．労働者が意図的に辞めるのは労働者自身の責任だから，失業保険の給付を行なう必要はないというのがアメリカの論理です．アメリカの失業保険が企業のみ保険料を負担するのは，労働者からみると，企業が雇用したのだから私の責任ではない，企業の責任だけだから，企業が保険料を払って，それを財源にして失業保険給付をやるというわけです．

アメリカは責任の所在が明確なのです．だから，保険料の徴収の仕方を変えているのです．失業保険の例を挙げれば，アメリカでは，誰が負担すべきか，どういう理由でもって失業したのかに注目した扱いをやっているから，意外とアメリカのほうが立派な制度だという解釈もできるのです．日本はそういう点

では企業が解雇しようが，自分が辞めようが，失業給付を受けられるのは，責任をあいまいにしているという解釈もできます．

　そういう意味で，誰がリスクの責任を取るべきか，あるいは保険制度の運営をどうしたらいいか，まさにその問題がはっきりすることによって，少なくとも保険制度の運営という立場からすると，おのずと明確な制度が出てくるかと思います．

長谷部　今田先生は，中間団体が崩壊して個人が裸で放り出されたときに，面倒をみるべき国家がもはや面倒をみないと仰いましたが，私は，これは冷戦の終焉に関係しているのではないかと思っています．フランスで社会学という学問が確立したのは第三共和制の初期，デュルケーム(**Émile Durkheim**)[10]によってですが，そのきっかけはドイツに負けたことでした．それまでの教会を中心とした伝統的な道徳原理では社会の紐帯としてはもう役に立たない．すでに個人化は進行しているから，多様な価値観を抱く個人が存在することを前提として，いかにそのあいだに社会連帯の意識を構成していくかという課題が1つの要因だったはずです．かつ，そういう意味での社会学および社会の構成原理が必要になったのは，戦争の仕方が変わったからです．これは，バビット(**Philip Bobbitt**)[11]が強調している点ですが，プロイセンは，いままでの国と戦争のやり方が違う．それまではナポレオンの戦争のやり方が主流だったわけで，国民皆兵で安上がりに集めた兵隊を敵陣の弱点に向けて一点集中で投入するという方法です．ところが，銃火器の精度が極端に向上すると，敵陣に到達するまでに，皆，やられてしまいますから，この方法がとれなくなる．

　代わりに始まったのがビスマルク指揮下の高度に規律のとれた大量の兵を展開させて，敵軍を包囲・殲滅するというやり方で，これがうまくいったので，他国もみな真似をするわけですが，そのためには，長期にわたる徴兵制が必要になってくる．また，全国民がいつ戦争に引っ張られるかもしれないというこ

---

10)　エミール・デュルケーム(**Émile Durkheim**)　1858-1917　フランスの社会学者．前近代社会において支配的であった機械的連帯と異なり，近代社会の調和のとれた機能のためには分業を前提とする有機的連帯が必要であると説いた．

11)　フィリップ・バビット(**Philip Bobbitt**)　1948-　テキサス大学教授．専門は憲法学，戦略論．主著に *The Shield of Achilles : War, Peace, and the Course of History* (Anchor Books, 2002)がある．

とになりますと，全国民の福祉をなるべく平等に，格差の生じない形で向上させないといけないし，同時に，大衆を政治に参加させて国政の動向との一体感を強める必要が生じます．

　この社会の構成の仕方，あるいは政治の動き方は，冷戦下でも基本的には変わっていません．核兵器をもって，支配原理の異なる政治体制が相互に対立していた状態ですから，ある意味では子どもから老人にいたるまでが日常的に動員されていた時代です．そうである以上，われわれの政治体制のほうが優れた政治体制，優れた民主主義だというためには，やはり全国民の福祉を格差なしに向上させる必要がある．

　しかし，冷戦が終わった以上，もう，そういった意味で全国民を動員する必要がなくなった．そうすると，国家は福祉の領域から撤退していく．あるいは福祉以外の領域でも，個人の生活の安全を守るための活動領域から，政府は少なくとも撤退することができるようになった．

橘木　長谷部先生に非常に触発されて，ビスマルクの例をしゃべりたいと思います．国の社会保険制度を定式化したのは，ビスマルクが最初なのです．ビスマルクはご存知のように，ドイツはイギリスの産業革命に遅れた，工業化をやらなくてはいけないといって，戦争による拡張政策もあったでしょうが，国力を強くするためには産業革命でプロイセンを強くしなくてはいけないという意識が非常にあった．そこでビスマルクは，労働者が安心して働けるような体制を徹底するために，労災保険，医療保険，失業保険などの社会保険制度を充実させて，ドイツ国民が一生懸命に産業化に貢献するような制度を導入したわけです．

　そのビスマルクの政策は，よくいわれる「飴と鞭」の政策でありまして，飴というのは，社会福祉制度を充実させることによって国民に安心して働いてもらえる機会を与えることです．鞭というのは，国民はそれに応えて一生懸命に働いて，国の隆盛に貢献せよというものです．いま，長谷部先生がいわれたビスマルクの戦争への対処の仕方と，ドイツ経済を強くするための政策は，まさにリスクと大いに関係がある．

今田　エスピン-アンデルセン（**Gosta Esping-Andersen**）[12]という比較福祉国家論者が言うように，対価計算ができる「良性のリスク」はリターンが見込

めるから企業は保険の対象とするので何とかなりますが，保険の対象にならない「悪性のリスク」をどうするかが社会保障や社会福祉の問題なのです．このこととの関連で，責任の蒸発が起きてしまうリスクがけっこうあることに注意が必要です．

　たとえば，インフォームド・コンセントがそう．インフォームド・コンセントとは医療措置に関して，医者が患者に十分な説明をおこない，その上で患者が納得して治療法を選択することです．こうすれば，医者は然るべき治療を一方的に患者に押しつけたのではなく，患者の意思と選択により合意のうえでおこなったことになるわけです．しかしながら，通常，患者には望ましい治療法を自身で選択するだけの専門的知識と判断能力がありません．ですから，実質的には，医学について素人である患者がいくら熟慮したとしても適切な治療法を自己決定することなど到底不可能で，その決断について「自己責任」を受け入れることなどできないはずです．インフォームド・コンセントは，十分な説明をしたうえでの合意という有意義な視点を与えてくれますが，リスク責任を医者から蒸発させてしまうための手にも使われかねないのです．

　さらにいえば，車の排気ガスによる大気汚染にみられるように，意思決定者（ドライバー）の数が多すぎてその責任の所在を特定することのできないリスクもあるわけです．責任が社会全体に蒸発してしまって誰がリスクを処理する責任を負うかが不明確になってしまいます．こういうリスクがけっこう世の中にはあって，これに対してどうするかに関しては，いまのところ，手の打ちようがない状況ではないでしょうか．

　長谷部　大量の行為主体が複雑に関与しているために，一見したところ責任が蒸発してしまう場合，法律学ではどういう対処をするかというと，1つのアイデアは，先ほども出てきた話ですが，コストを分散させやすい人に責任をとってもらおうという発想です．大量の自動車が，排気ガスを発生させているために環境汚染が起こってしまうという場合，1つの考え方としては，自動車の製造会社に責任をとってもらう．自動車会社はきわめて効率的にコストを分散

---

12) イエスタ・エスピン-アンデルセン（**Gosta Esping-Andersen**）　1947-　デンマーク生まれの社会学者．ウィスコンシン大学マディソン校博士課程修了．現在，スペインのポンペウ・ファブラ大学政治社会学部教授．福祉国家類型論の専門家であり，『福祉資本主義の三つの世界』(90)で自由主義・保守主義・社会民主主義の3類型を提示した．

してくれるのではないかという話です．

　ただ，この解決法にも，やはり問題がありまして，実際にそういう結果をもたらしたことに，本当に自動車会社は責任があるのかということとは，いちおう別の問題として責任を取ってもらうことになりますので，これは擬制に基づく解決だということになります．

　もう1つの問題は，受益者とコストの負担者が最終的に大体一致しているときには社会の納得が得やすいのですが，これは必ずしも一致しない．最終的に自動車を買った人が負担しているとすると，受益者と負担者が食い違っているのではないかと，不審に思う人もいるかもしれない．

益永　激甚な公害の時代は，善悪や犯罪という捉え方を背景に汚染者負担の原則で済んでいました．今では，被害が見えにくくなったが，なくなった訳ではなく，影響は非常に薄く広く存在するわけで，発病する人もいれば，運良くしない人もいる．因果関係はほとんど分からない．そこで，動物実験あるいは疫学調査などから何らかの毒性情報が得られますから，この物質はこの程度は癌の発生に寄与しているだろうと，推論のうえで計算するわけです．いろいろな化学物質について同じ仮定のうえで計算すれば，類似の化学物質については，相対的なリスクの大きさの比較はできるだろうという考え方です．そうすると，最初に対策をとるべき対象を決められる．こういったことが，いま，われわれが環境リスク解析でやろうとしていることだと思います．もちろんそのあとに，その物質の生産者なり汚染者なりを特定しなくてはいけませんが，この部分は今，長谷部先生がおっしゃったとおりです．

　また，地球環境問題にせよ，新技術の開発にせよ，被害はまだ起こっていなくても，もう少し先になって出てくるかもしれないから，事前に対策を始めるべきではないかという命題がいま環境リスクの分野では議論になっています．予防原則と呼ばれ，何か悪いことが予想される場合，先回りして対応すべきという主張です．しかし，予想は外れるかもしれませんから，あまり過剰に対策するのも経済的には引き合わないわけです．

今田　体の健康を守るために，最近，予防医学が流行っていますね．予防医学は，健康リスクを事前に察知して，病気にかからないように手当てをしようということです．科学技術の分野でのリスクで，リスクの発生を事前に防止す

るような予防医学的な処方はありませんか．

　益永　先ほどの予防原則になりますが，リスクが予想される時に予防的に禁止とか管理をしようという主張です．しかし，どの程度のリスクがどの程度の確かさで予想されているのかが問題です．少しでもリスクが予想されれば禁止すべきという考えもありますが，それだと新技術の実用化はほとんど不可能になりかねません．技術や製品の実用化に当たっては，事前のリスク評価で管理の程度を決めながら，少しずつ応用範囲を広めていく，あるいは狭めていくということが必要です．このようなリスク管理のやり方を，順応的管理と言います．「リスクの程度がよくわからない」「何らかの対応をしても，それが良い対応かどうか確信がもてない」というときに，とりあえず，あまり強力ではない対策を試みて，その結果を見ながら修正していくという方法です．

　たとえば，資源の管理などがわかりやすい例ですが，漁業管理で，いま，資源が減少しているようだから，漁獲を少し減らしましょう．それで，回復すれば良いし，ちょっとくらい減らしても効果がないなら，もっと大幅に漁獲を減らすというようなことを，試行と結果の観察をしながらやっていこうということです．

　化学物質の場合，人への影響を正確に知るのはとても困難です．疫学調査は実施が大変ですし，ラットやマウスを使った毒性実験もけっこう費用がかかります．化学物質でも大量に使うものは，そういった厳しい試験を課す必要があるけれども，新しく出てきて，まだ大量には使っていないような時点では経済的にもそれほど負担にはならない，例えば，細胞を使った毒性試験などの簡易な試験を課す．使用量によって試験項目を増やし充実させ，規制もそれに応じたものに変えていくわけです．

　橘木　リスク処理能力の差についてひと言述べますと，リスク処理能力の高い人は裕福な人が多く，リスク処理能力の低い人は，そもそもリスク管理できない低所得者が多いだろうという区分はできると思います．

　そういうときに，両者のあいだで，誰がリスクを管理運営したらいいのかという問題が出てきたときに，やはり，先ほど言われた新自由主義的な考え方と，いわゆる公共性を大事にする考え方とで，国民のあいだで一種の対立が起きる可能性があるでしょう．そういう問題が起きてきたときに，日本の国民はどう

いうリスクの体制にもっていったらいいかというのが，私は今後，日本の社会で大きな問題になると思います．

　リスク処理能力の高い人からは，「政府は不用で，自分でリスク処理するから，保険制度は民営化でいい」という意見が出てきます．年金制度を代表にすれば，民営化論が出てくる．一方，リスク処理能力のあまりない低所得者は，どうしても政府に依存する傾向が強いから「民営化には反対」という意見が強くあるわけです．その両者のせめぎあいが，今後の日本の社会リスクをどう考えていけばいいか，私も大きな問題になると予想しています．

Ⅲ　各分野のリスクの事例

　今田　では，次に「各分野における典型的なリスクの事例と，そこから得られる知見」を話し合いたいと思います．

　リスクという概念や発想法は，元来，科学技術がもたらす便益の影の部分，つまり副作用として問題にされるようになりました．しかし，環境科学や公衆衛生学や（食品などの）安全学，原子力工学など様々な分野では，リスクの発生は科学技術によりもたらされる副次的な問題というだけではなく，科学技術がもたらす現代社会の本質的な問題だという認識が深まってきました．リスクは単に科学技術の発達にともなって生じた問題であるだけでなく，現代社会の本質的な問題を反映していることです．科学技術と人間社会の調和をはかり，民主主義のあり方を再考するためにも，もはやリスク問題は避けて通れない状況です．

　そこで，先生方には，各専門分野でリスク社会を象徴していると見なせる事例を取り上げていただき，その特徴や社会に対する反省的視点について，ひとしきり議論できればと思います．

　益永　おっしゃられた通り，科学技術による便益の裏側には何らかのリスクが付随しています．近年，ダイオキシンや環境ホルモンに対する懸念が社会的に非常に大きく取り上げられ，また，遺伝子組み換え作物については，リスクコミュニケーションを失敗したのではないかともいわれています．食品につい

ても，BSE，農薬，また許可されていない食品添加物が混入してしまっていた事件などもありました．

　これらの問題において，実際のリスクよりもかなり大きなリスクを思い描かせるようなマスコミによる取り上げがあったのではないでしょうか．リスクを過大でも過小でもなく伝えるというのは難しい．しかし，科学技術リスクに対する社会の対応を決定するところでマスコミの役割は非常に大きいのです．マスコミに関わる人の科学技術に関するリスクのリテラシーを上げてもらうことが，まず大事ではないかと感じています．

　たとえばダイオキシンの問題では，すでに汚染がひどかった時期は過ぎていたにもかかわらず，緊急対策がとられました．環境ホルモンについては合成化学物質よりも人の排泄するホルモンのほうが，実際の魚のメス化には効いていたのだろうということがわかってきています．食品のリスクでも，健康上は問題ないレベルであるのに，自主的に企業が回収するというような，過剰な対策が行われています．もちろん，規則に従わなかったという意味での罰則は当然として，食糧がなくて困っている国もあることを考え合わせると複雑な心境です．不必要な対策のためにお金や資源を投入することは，他の環境リスクを増やしていることになるわけです．また，一方で，遺伝子組み換え実験が近くで行われることには反対運動が起こりますが，他方で，遺伝子治療には期待しているということもあります．社会の中でリスクを俯瞰的に捉える努力がますます必要になっていると感じます．

　今田　高級魚であるヒラメの養殖を効率化するために，染色体を操作して3倍体魚の（通常の染色体の3倍の染色体を持つ）ヒラメを作っているそうですが，ある分子生物学の専門家に「失敗することもあるのでしょう」と聞いたことがあります．「もちろんあります」というので，そのような場合どうするのかと聞くと「多くは川に流しているのでは」という．「それが海に行って突然変異したらどうなるのか．突然変異して他の魚に変化する確率はどれぐらいなのか」との質問に，「ほとんどないけれど，たまにあるかもしれない」という返答が返ってきたので，「それで変な生物ができたら，海の中に拡散して人間の手では制御しようがなくなりますね」と問題点を指摘したら，「そこまで考えて対処する段階にありません」と言われて，これは怖いなと思いました．

このほか，ミニブタ[13]の腸や腎臓などを使って，移植用の臓器をつくる試みもなされているようですが，これなどは倫理の問題が問われますよね．

益永 研究者や開発者が自由に実験したり，実用化したりしてもよい時代は終わったと思います．事前の評価と事後の継続的な管理は不可欠です．そこで，どこまで認めるかは，社会的あるいは倫理上の合意によるべきでしょう．しかし，実際は，赤ちゃんがほしいという生殖医療もそうだと思いますが，人の欲望は無限で，結局誰かがやってしまうということが起こります．他方，遺伝子組み換え作物などは非常に厳しい規制がとられていて，遺伝子組み換えした作物の花粉が飛んでいって，普通の作物と交配してしまう懸念から，離す距離が決められていたりします．このように非常に厳しい部分と，先走ってしまう部分とが混在しており，統一した合意は得られていません．

長谷部 倫理にかかわる問題は2つの局面に分けて考えたほうがいいと思います．1つは安全性が確保されるかどうかという技術的な問題．ただし，安全性が確保できるとわかったうえでも，倫理は問われます．たとえば，完全な個体としての人間のクローンを産生することは，安全性がほぼ確実となっても，それでもやはり倫理的に問題があるかという議論になりますね．私の個人的な見解としては，それでも倫理的に問題があるという議論にはさして説得力がないと思っています．たとえば，遺伝子の構成が同じ個体が2つあるのは，人間の尊厳に反するという話がありますが，では一卵性双生児はどうなのかということになります．おそらく倫理の問題があるというとき，背景にあるのは，人工生殖が導入されたときもそうだったと思うのですが，人為でできることと，人為にはかかわらない自然にもともとそうであるという世界との境界線が揺らぐわけです．これはリスク社会特有の問題でしょう．それは何となく不安だから，倫理的に問題があるのではないかと思われがちになる．しかし，これは慣れの問題で，体外受精ももう慣れていますね．個体の人クローンの産生も慣れれば，皆，何ということもないと思うようになるかもしれません．

橘木 私は経済学の立場から，典型的なリスクとして，いわゆる寝たきり老

---

[13] ミニブタ　豚の一種で，ふつうの豚に比べて3分の1程度の大きさであるが，臓器の大きさが人間のそれに近いことや幹細胞が人間と同じ遺伝子を持つことなどから，人間以外から移植用臓器を調達するのに最適な動物とされている．

人，認知症の問題を取り上げたいと思います．なぜ，そういう問題を取り上げたかといいますと，昔は人間わりあい早く死にましたから，この問題は深刻ではなかったのですが，医学と栄養学の進歩によって，人間の寿命が最近になって20年ぐらい延びたことによって，今度は逆に，認知症になる可能性，寝たきりになる可能性のリスクが増えた．認知症で寝たきりになった老人を抱えて，家族も困る，社会も困る，お金もかかる，と右往左往している社会がいいのか，寝たきりにも認知症にもならずに，早く死ぬ社会のほうがよかったのか，科学の進歩はいったい何のためにあるのか，という問題を，私は介護の問題から考えたいと思います．

これに対する対処の仕方もいろいろあって，ヨーロッパは，介護保険制度という社会的な介護で対応しようとし，アメリカは介護保険制度を入れるという議論はどこにもなくて，自分で老人ホームに入れというものです．日本はヨーロッパを真似ようとして，ドイツの介護保険制度を5年ほど前に導入しましたが，いまや，いろいろな問題を抱えています．

今田 認知症患者や寝たきり老人などは，言わば社会の進歩が生み出したリスクともいえますね．進歩がなければ，そんなリスクは出てこなかったかもしれない．

これに関連して，私は家族がリスク化していることを取り上げたいと思います．社会の進歩・発展および自由の拡大によって，近代社会では家族形態が拡大家族から核家族へ変化すると言われてきましたが，「それどころではなく，"核分裂家族"になってしまう」のではという懸念を私は持っています．

議論のポイントは，近代の個人化の力学が家族に及び，その存在理由を奪いつつあることです．私生活主義を伴ったゲゼルシャフト（利益社会）化の波が，家族という私的な共同空間（ゲマインシャフト）にまで侵入し，愛情の絆や子供の育成という家族のミニマムな機能までも奪ってしまう可能性が出てきています．家族はゲマインシャフトの最後の砦ですが，その砦も崩壊寸前です．出生率の低下，未婚化・非婚化，幼児虐待，家庭内暴力，離婚の増大など，家族の機能縮小というよりは機能不全というにふさわしい状況です．

出生率の低下や非婚化はリスクを回避しようとしていることの現われでしょう．子供のいない夫婦は育児負担による自由喪失のリスク回避をしているわけ

です．また，家族では家庭内暴力や幼児虐待のリスクが増えている．このままだと家族がリスクの温床になりかねません．

このようになってしまった原因は，従来の社会デザインの方法が，まず理想的な国家や社会像を描き，これを出発点として，望ましい家族のあり方を規定してきたことにあると思われます．要は，まず天下国家ありきで，家族はこれに適応するように強いられてきたことです．現在，その歪みが露呈し，家族は大きなストレスとリスクを背負わされるようになっている．とくに，家族の原点であるケア力の涵養が損なわれつつあり，相互ケアを欠いては共同体はもはや存在理由がなくなります．これは個人化の力学が生み出すリスクの典型です．

社会のしわ寄せの多くが家族に及んでいる時代には，理想的な家族はどうあるべきかを考え，家庭から出発して社会をデザインする方向への発想転換が必要でしょう．さもないと，家族に襲いかかっているリスクに対応できないのではないか．実際，アメリカのノディングズ（**Nel Noddings**）[14]は，家庭から出発して社会政策を考えないと，家族は救えないという議論をしています．

家族は，他者に関心を抱き，関わり，互いに応答的になるために必要なケアリングを習得する原点です．しかるに，この力が人間から奪われてしまって，相手に迷惑をかけなければ何をしても自由というのでは，もはや家族は維持できないのではないでしょうか．ケアリングの重要性をリスク社会との関連で考え直さないと，家族は死に至ると思います．

次に指摘したい例は，福祉のあり方がずいぶん変わったことです．これまでは福祉と言えば再分配による救済措置というイメージが強かったのですが，先に触れた，イギリスのブレア政権による「第三の道」[15]を転機にして，「リスクの共同管理」という発想で積極的な福祉へ転換する試みが現れています．個人と国のあいだにあって，リスクの緩衝地帯として存在した中間集団が弱体化し，

---

14) ネル・ノディングズ（**Nel Noddings**）　1929-　アメリカの教育学者．スタンフォード大学博士課程修了．現在，スタンフォード大学名誉教授．教育と倫理の問題が専門．主著である『ケアリング』(84)では，知識の習得に偏向した教育の問題点をケアの倫理から指摘し，教育は人間性の育成でもあることを強調するとともに，家庭から出発して社会を構想する重要性を説いている．

15) 第三の道　旧来の右派と左派の対立を乗り越えるために提起された政治理念で，市場原理主義を唱えるネオリベラリズム政策がもたらした歪みと，旧来の社会民主主義が提唱する福祉国家の限界とを乗り越えて，新たな市民社会の構築を訴える潮流を指す．イギリス労働党のブレア政権が打ち出した社会民主主義の新たな道として注目を浴びた．

リスクが直接個人に降りかかるようになっています．このために，いろいろな問題を個人で処理しなければなりませんが，それには限界がある．そこで，こうしたリスクを共同管理しようというのが「第三の道」のアイディアです．

ギデンズは彼の著書『第三の道』で，「有効な（個人または集団の）リスク管理は，リスクを最小限にしたり，リスクへの自己防衛を意味するだけではない．リスクのポジティブでダイナミックな側面を活用すること，リスクの引き受け手に対して報奨金を供与すること等を，リスク管理の一環と心得るべきである」（訳195頁）と言っています．リスクを回避しようという消極的な発想はもう無理で，それができたのはベバリッジ（**William Henry Beveridge**）[16]の社会保障制度に関する報告書をベースにしていた20世紀までであると言っています．そして，ベバリッジが掲げた消極的な福祉の対象を積極的なそれに置き換えるべきだとしています．すなわち，不足を自主性に，病気を健康に，無知を教育に，惨めを幸せに，怠惰をイニシアティブに．その指針となるのが，可能な限り人的資本に投資する「社会投資国家」構想です．

社会投資国家は，これが福祉につながるのかどうか少し疑問ですが，その特徴は，①企業家イニシアティブの支援体制を通じた雇用創出，②生涯教育プログラムの充実と自己啓発のための投資の誘導，③公共事業への私企業の参加，④教育の標準化と年金のポータブル化による人の移動可能性（ポータビリティ）の向上，⑤家族にやさしい職場づくり（チャイルドケア，育児，在宅勤務，長期休暇等）による仕事と家庭の両立支援，⑥市民社会の復活を図るボランティア活動やNPO，NGOなど社会奉仕活動の積極的推進，にあります．

要するに，福祉を弱者救済という発想で位置づけるのではなく，それ以上に個々人がリスクに能動的に挑戦するための能力や機会の開発として捉えようというものです．このプログラムは，市場経済と社会的連帯，個人主義と共同体，効率と公正の対立を克服し，能動的な市民社会を構築することをねらいとしています．また「第三の道」では，市民社会の再生を担うものとして，共同体（コミュニティ）を重視しています．ボランティアやNPOなど第三セクターに

---

[16] ウィリアム・ベバリッジ（**William Henry Beveridge**）　1879-1963　イギリスの経済学者．彼が提出したベバリッジ報告——『社会保険と関連サービス』(42)——は，第二次世界大戦後の先進諸国家における社会保障制度のモデルとなった．ロンドン・スクール・オブ・エコノミクス（LSE）の学部長などを務め，イギリスの社会保障制度の整備に貢献した．

よる公的領域の保全，コミュニティを基盤とした犯罪防止など地域主導の生活共同体の再生が強調されています．

ポイントはリスクに対して逃げ腰になったり，これを回避したりするのではなくて，積極的に向きあって管理しよう，という発想を福祉に取り入れようとすることです．もしこれが本格的になされたら，福祉の大転換ですよね．

橘木 今田先生は，イギリスの例を挙げられた．イギリスは昔は「ゆりかごから墓場まで」に象徴されるように，福祉国家といわれていたけれど，福祉が充実し過ぎると人は怠惰になる，ベバレッジのいったようなリスクの対応をやっていると，ますますイギリス経済はダメになって，取り残されるという危機意識があって，サッチャーさんが出てきたわけです．

サッチャー改革は福祉の見直し，市場原理主義，規制緩和，競争促進というような政策をドーンと入れてきて，福祉の見直しを相当やって，イギリスの福祉をアメリカ並みに下げる方向にもってきました．その典型が最低賃金制度をなくしたことや，企業年金の役割重視にあると思います．

ある程度，サッチャー改革は成功して，イギリス経済は立ち直ったけれど，一方で労働党からみると，格差が拡大したとか，福祉に見放された人が出てきたなど，サッチャーがやり過ぎたという反省が労働党から出てきました．そこで，伝統的な労働党とは違う政策をもってきたのが，まさに今田先生が言われたギデンズなどによる第三の道ですね．サッチャー改革のいいところもとりましょう，市場原理主義もいいところはとりましょう，しかし，福祉も維持しないといけないという姿で出てきたのが第三の道です．

それは，ある程度，ブレア政権で成功しましたので，いい姿になっていると思いますが，こういうイギリスの例をみると，やはり，リスクに対する対処の仕方，福祉にどう立ち向かうか——新自由主義でいくのか，社民主義でいくのか，第三の道でいくのか——で，国民が選択を迫られているわけです．

日本では，小泉前首相は，まさにサッチャーラインでいきましたし，いまの内閣もそういうラインで突っ走っている．日本で社民勢力はあるけれど，非常に弱い．第三の道が日本で出てくるかといえば，よくわからないというのが，今の私の解釈であります．

長谷部 確かにサッチャー改革でイギリス経済は立ち直りましたが，基本的

には外国の投資を呼び込むことによってイギリス経済は活性化しているわけで，もともとのイギリス企業の多くは，外資に乗っ取られています．国家が活動領域を縮小していくことによって，税金の負担，社会保障の負担を切り下げていく．企業はその本性上，利潤を追求しますので，税金や社会保障等での負担が少なくて利潤が多く得られそうな市場に投資するという傾向の自然な結果だと思います．

そういうことを1つの国家がやり始めると，他の国家も追随しないと国際的な競争に勝てない．国際的な趨勢としては，どの国家も撤退していかざるを得ない．今田先生がおっしゃった，国家が撤退するかわりに，中間団体にリスクからの保護の役割を委ねようというのは，あり得る1つの道筋だと思います．

今田 グレイ(**John Gray**)[17]は，理想的な意味の自由競争市場は，かつて歴史の中でビクトリア朝時代のイギリスにおいて，ただ一度きり存在し，それも半世紀しか続かなかったと論じています．要は，それ以外に，完璧な自由競争市場は歴史的にありえなかったことです．

市場競争原理で資源配分を処理するという発想にもとづいて，行き過ぎた規制社会を緩和することにメリットがあることを否定はしませんが，逆に自己決定・自己責任という美名の下に，リスクを無節操に個人に転嫁するのでは本末転倒でしょう．人間は相互に支え合って生きるものであって，全てのリスクを個人責任に転嫁するような施策は，人の精神を干からびさせてしまうものです．

社会学は，そもそも自由主義の論理とは相性がよくない学問です．人間は生まれて家族の中で育てられて，集団に参加して他者と関係を持ちつつ人格形成をおこなう，という発想をします．そして，自由で自立した人間が他者に危害を加えない限り，何をやってもいいというような人間像はフィクションでしかないと考えます．ですから，昔のような共同体主義に先祖返りするのはありえないことだとしても，相互的な支え合いを組み込んだ社会作りを前提にして，福祉を考えていくことになります．その受け皿として，地域コミュニティ，NPO，ボランティア団体などが出てきているのです．町内会や地域の自治会

---

17) ジョン・グレイ(**John Gray**) 1948- イギリスのリベラル派の政治経済歴史学者．オックスフォード大学博士課程修了．現在，ロンドン・スクール・オブ・エコノミクス教授．『グローバリズムという妄想』(98)で，アメリカが推進するネオリベラリズムの市場原理主義が幻想にすぎないと批判した．

といった旧来の中間集団は弱体化や形骸化が進んでいますが，新中間集団としてボランティア団体，NPOなどが出てきて，「政府の失敗」や「市場の失敗」をカバーする機能を遂行しつつあります．

もちろん，こうした中間集団にも問題はあります．サラモン（**Lester Salamon**）[18]が指摘しているように，「ボランティアの失敗」がそれです．ボランティアは利益追求を主たる目的としない活動ですが，このために(1)必要な資源の不足，(2)資源の需給ギャップ，(3)パターナリズム（温情主義），(4)アマチュア主義の難点など，多くの問題点を抱えています．しかし，だからといってボランティア活動に意義がないというわけではありません．こうした問題点があるにもかかわらず，ボランティア活動はその後も停滞することなく高まり続け，団体の数と規模が増大し，1998年に「特定非営利活動促進法」いわゆるNPO法が成立しました．市場の失敗，政府の失敗，ボランティアの失敗，それぞれに失敗はあるけれど，相互に弱点を補い合いながらリスクに対処していく必要があるのではないでしょうか．

橘木 中間団体という発想は，私も基本的には賛成なのですが，運営するにはいろいろなハードルがある．NPOは，まだ日本ではなかなか根づいていないという印象をもちます．たとえば不心得な人がNPOをつくって無税であるのを悪用するケースが出てきています．だからといって，そういうNPOを監視する必要が出て，国が管理しようと思ったら，また，コストがかかる．そう考えたら，いっそのこと政府にやらせたほうがコストは少なくいくかもしれないという論理もありうる．

いま，今田先生は極端な自由主義はどこの社会でもないと言われたけれど，いまの日本の社会は基本的にそういう方向に向かっているのではないでしょうか．「労働ビッグバン」といって，労働の規制を全部排除せよ，労働者は自由で規制をはずせという意見が，政府の中枢から聞こえてきたりします．

今田 たしかにどのような制度を作ってもそれを悪用する人は出てくるものです．しかし政府にやらせるとすると，今度は公平性の論理が原則になって，サービスの提供を受けるのに順番待ちというハードルが待っている．「いま，

---

18) レスター・サラモン（**Lester Salamon**） 1943- ハーバード大学博士課程修了．行政府論が専門で，現在ジョンズ・ホプキンズ大学教授．NPO論の第一人者で，主著に『NPO最前線』(97)がある．

老親を特別養護老人ホームに入れてもらわないと世話する家族が崩壊しかねない」と訴えても，順番待ちのためにそれが適わず，1年後にようやくその権利が回ってきても，そのときには「もう，遅いよ」ということになりかねません．いろいろ問題はあるけれど，それぞれの問題点を補い合いつつ，やっていくほかないでしょう．

Ⅳ　リスク社会とどう向き合うか

　今田　現代社会においてリスクは不可避であり，生活の質を向上させるためにも，所詮はリスクから逃れることは不可能です．リスクから逃れることばかり考えて，消極的になっては生活が無味乾燥になってしまいかねません．回避すべきリスクもあれば，積極的に挑戦するのが望ましいリスクもあります．個々人が意思決定して向かい合うべき生活リスク，集団や国が対応すべきリスク，あるいは国境の壁を越えるグローバルな対応を要求されるリスクなど，様々なものが考えられます．ここでは，対応の主体の違いを政治的問題との関連で考えてみたいと思います．
　ベックは，リスクを見極め，対応策を考えるために，不安の共有による連帯と「サブ政治」という考えを提出しています．そこにはますます個人化が進行している近代社会において，リスク不安をきっかけとして，人々の連帯感を取り戻し，共同的な営みを再生させることで，必ずしも国家や行政に還元されない新たな政治の可能性を見出そうとする意図が見られます．リスク問題への対応には高度な科学技術的知識が必要な場合も多いので，単に議会制政治ではなくて，専門家集団ないしリスク管理をおこなうNPOやボランティア団体やNGOが中心となった政治が考えられていいという議論があります．
　また，これと関連して，神戸大学の三上剛史さんは，ベックのリスク社会論を基礎にして，リスク回避という目的を持ったシステム形成に，新しい公共空間の可能性を見出してはどうかという議論もしています（「新たな公共空間——公共性概念とモダニティ」社会学評論，Vol. 48 No. 4, 1998）．リスクに対する不安は個々人の私生活に立脚したものですが，同時に私的世界を超える現象でもあっ

て，リスクへの共感が私性＝プライベートを超えた社会連帯を可能にする場合がありえます．こうした問題の可能性についてどう考えればよいのでしょうか．

長谷部 先ほどのリスクの事例に関する益永先生の話と重なりますが，まず，取り上げたいのは，サンスティンの話です．彼がいっているリスクとは，発生の確率がある程度客観的に推定可能な危険性という意味でのリスクです．これについては，益永先生ご指摘のとおり，メディアの報道の仕方によっては回避が可能なのに，正確に理解されないために，より危険性の高い行動に人々が走ってしまうことがあります．

たとえば，大規模な鉄道事故があると，皆もっと危ないはずの自動車で通勤し始めるとか，土壌中の有害物質の危険性とか事故の可能性について，メディアでセンセーショナルな取り上げ方がされてしまうために，実際以上に危険性があると錯覚してしまうといった事例です．こういう場合には，まずは正確な情報を伝えることが大事でしょう．もちろん，発生の確率自体と違って，リスクに対する評価は，人によって違います．特に，それぞれのリスクに対処するためにどれだけのコストをかけていいのか，所得や富の格差によっても違いがあるでしょうし，人の性格によっても違ってきます．

そういった場合に，冷静な議論を通じて合意の形成に努めることを，まず考えなくてはいけないでしょう．正確な情報を収集し，理性的に危険を計測することが政策形成のインプットとして要求されるわけです．リスクがゼロだと判明しない限り新たに行動を起こさないといった，極端な予防原則をとるべきではない．

次に公害規制，労働災害規制の場合など政策形成過程のアウトプットとしての規制のあり方ですが，この場合も「有害物質ゼロにしろ」ということは，もちろん，実現不可能です．あるいは，いったん決まったことだからと，現在の規制をあらゆる企業に対して規模の大小や立地のあり方にかかわらず，杓子定規に一律に当てはめることは，やめたほうがいいだろうと思います．規制の執行にもコストがかかるので，相手の事情も考えないで杓子定規に一律に規制をかけていくことをやりますと，規制の抜け穴を見出そうとか，いざとなったら法廷闘争で長引かせようとかといった利己的な行動に企業が走りがちになる．これは一種の囚人のジレンマ状況で，こちらが厳罰主義で厳しく規制を執行す

ると，向こうも悪い意味で合理的な行動に走って社会的なコストが高まってしまうわけです．

こうした場合，これはブレイスウェイト(**John Braithwaite**)[19]がいっている，「応答的規制(responsive regulation)」という考え方なのですが，規制の相手方の，公益を目指そうという側面を前面に引き出すような対応が規制する側に必要でして，まずは規制側としてはできるだけコストをかけずに規制の効果を上げるような，また，規制される側としても，自分の事情に応じた規制の下で公益と企業の私益の両立を目指せるような対話が必要だというわけです．ただ，対話ばかりやっていると馴れ合う危険がありますから，馴れ合いの危険を防ぐためにはどうすればいいのか．

今田先生が言われたことと重なるのですが，ブレイスウェイトによれば，対話の場にNPOを監視役として参加させることで，馴れ合いの危険を極小化することができるというのです．ただ，これも長く続けると，NPOも馴れ合いをするかもしれない．そこで，監視役のNPOも相互に競争させる．「あのNPOはもう馴れ合っているから，われわれを今度は参加させろ」といった競争もありうるわけです．NPO相互の競争も含めて，対話を通じた効果的な規制の出現というものを実現していくべきだという話ですね．

以上は，確率の推定がある程度，客観的に可能な場合です．それが難しい「不確実性(uncertainty)」に属する状況では，問題はさらに難しくなってきます．伝統的な法律学の考え方だと，個人の自由な行動をいかに保障するかが本来の任務ですから．確実な危険もないのに，政府がそれを規制するのは，憲法論として非常に難しい．しかも，危険が発生するという立証責任は政府側にあるとすると，養殖のためのヒラメを流す話と同じで，これまた立証は大変難しい(笑)．

こういう場合の1つの問題は，いわゆる学問の自由は人の生まれながらの自由だろうかということです．私は，そうではなくて学問の自由は社会公共の利益のために認められている一部の者，つまり，高等教育研究機関に属する者の特権であると考えています．そうした特権である以上，社会公共の利益の観点

---

19) ジョン・ブレイスウェイト(**John Braithwaite**)　オーストラリア国立大学教授．修復的司法および応答的規制の研究で国際的に著名．

から，たとえ，危険の発生が確実ではないとしても，一定の規制がかぶってくることは，場合によっては認められるのではないかと考えています．

今田 そうなると，科学技術の専門家による意思決定の影響力が高まりますよね．議会制の政治だけではなく，専門家集団の意思決定というか，政治的判断が強くなると思うのですがどうですか．

益永 現在では，多額のお金が科学技術研究費として使われる状況になっていますし，成果が社会に与える影響も大きくなっています．研究者は，自分の分野が大事という考え方をもっていらっしゃると思うのですが，そうなると，先ほどのマスコミが過剰に煽っているという話と同じことが起こってしまいます．自分の分野に研究費が投下されるほうがいいに決まっていますから，自分の分野の研究のリスクが大きいとはあまり言わないで，将来の便益は宣伝するでしょう．したがって，その分野の専門家の意見に従えばよいということにはならない．科学技術といっても分野が広いですから，人類の福祉のためにはどの分野を優先すべきなのか，あるいは，科学技術全般の健全な発展をどのように図っていくかが問われる時代になっていくでしょう．より広い観点からの将来をリスクと便益を見通しつつ，軌道修正を繰り返すしかなさそうです．

橘木 私は，リスクにどう向かうかというのを2つの問題に絞りたいと思います．第1の問題は，リスクを緩和するのに，誰が主体的にリスクのプロテクターになるかという問題です．経済学からみると，保険制度がリスクに対処しているものとしていちばんわかりやすい制度なので，それを例にして話したいと思います．

いま，世の中にどのような保険制度があるかといいますと，第1に生命保険，第2に自動車事故や火災などの損害保険，第3に労働災害保険，第4に失業保険——日本では雇用保険——，第5に医療保険，健康保険，病気になったときのリスクへの備えで，第6に年金制度で，年を取って所得がない人へのサポート，第7に最近制度化された介護保険です．

7つの保険制度を誰が企画運営しているかを調べてみますと，前2者，生命保険と損害保険は民間がやっていて，強制ではないということです．残り5つの保険は政府がやっていて強制加入が原則です．ここに民間に任せておいていい論理と，強制で公共部門がやらなくてはいけない論理とが分かれています．

このままでいいのかという議論も強くあります．年金などは民営化が望ましいという意見が出ていますが，誰がこういう制度を企画運営するかが，今後大きな問題になるでしょう．

　第2の問題はリスクにどう対処するかという際の，ポジティブな側面です．リスクをとることによって，リターンがある．たとえば，自分でビジネスを起こして，リスクは高いけれども，成功すると儲けて億万長者になれることがある．日本とアメリカのビジネス分野を比較しますと，アメリカでは雨後の筍のように，毎日毎日，ベンチャー企業はできている．日本はそういう現象はあまりない．皆，大企業で安泰した人生を送りたいと思っているように，日本ではベンチャービジネスがなかなか出てこない．日本においても，ものすごくリスクは高いけれども，リスクを冒して成功したときのリターンを求めているベンチャーがもう少し出てきてもいいのではないでしょうか．

　今田　リスクに積極的に挑戦するハイリスク・ハイリターンの可能性に対して，私は，リスクから身を守るという視点からの対処方法について話してみたいと思います．リスクに対する不安は，個々人の生活が安全であるかどうかに立脚した側面が強いものであり，階級闘争のような被抑圧集団の解放に立脚したものではありません．ですから，かつての「解放の政治 emancipation politics」という近代の大きな物語とは異なる政治が求められます．解放の政治の特徴は，社会生活を伝統的な慣習や拘束から解放したり，搾取や抑圧を取り除いたりすることにあります．そして，主として富や権力など所有問題にかかわる政治でした．しかし，1980年代半ば以降，豊かな社会が訪れることで，政治のあり方が質的に変化しました．「生き方の政治＝生活政治(life politics)」が台頭してきたことです．これは富や権力の所有関心が問題であるというより，いかに生きるかという存在関心を焦点にしています．そして，いわゆる新しい社会運動の流れと連動しています．

　リスク社会では，生活政治が焦点となるでしょう．私は，リスク社会とは別の観点から，1980年代に，近代社会の位相が所有関心から存在関心へのシフトが進み，これにともなって解放の政治から生き方や存在を問題にする生活政治への転換が進んでいることを議論しましたが(『意味の文明学序説』東京大学出版会，2001: 154-158)，リスク社会での政治は，いかに安全な生活を送るかとい

う問題に立脚している点で，生活政治の範疇に入ります．

　人がリスクと向き合うためには，ボトムアップな「下からの政治」を重視する必要があります．下からの政治とは，議会や行政を通してではなく，これらに対抗する形での市民運動，ボランティア団体，NPO・NGOなどの発言の機会と権利が増大して政治的影響力を持つことをあらわします．現代社会はますます高度な技術＝経済システムに依存するようになっているため，科学技術の専門的判断に依拠せざるをえないことが多いわけです．このため，テクノクラート（技術官僚）が実質的に意思決定の多くを担うことになり，政治決定がなされる傾向が強くなります．テクノクラート的専門家集団が，専門的知識に基づいてリスク対処法を処方するという形での「サブ政治」もありますが，それだけでは「お説拝聴」して，これに従うだけになってしまいますから，下からのサブ政治と権威を付与された政治＝行政システムがおこなう政治の2つがバランスよくおこなわれる必要があるでしょう．

　経済も政治化すると思います．たとえば，私は平成12年に「開発途上国・NGOとの現地交流」で，バングラデシュを訪問しましたが，その際，経済学者のユヌス（**Muhammad Yunus**）[20]教授が設立したマイクロクレジットのグラミン銀行（農村銀行）に感銘を受けました．グラミン銀行は貧困層の主婦向けに，無担保で低利の小口融資をする銀行です．貧困ゆえに教育を受けられず，仕事に就く機会に恵まれない女性に自立する道を開くために考案されました．わずかな資金を元手にビジネスを始めて，貧困を克服する効果があらわれています．また，ふつうの銀行では考えられないほどの融資の回収率（99％）を実現しており，2000年には，融資先はおよそ240万人に達し，バングラデシュ最大の銀行に成長したとのことです．市場は効率的な利益追求を目的としており，福祉のためにあるわけではないのですが，ユヌス教授は市場原理を福祉システムに組み替えたのです．無担保融資というリスキーなことをやっているのですが，普通の銀行では考えられない回収率をあげています．その原因は何かというと，集落のメンバーの連帯なのです．「ここでずっこけずに，頑張ろう．皆で一緒

---

20) ムハマド・ユヌス（**Muhammad Yunus**）　1940-　バングラデシュの経済学者．彼はマイクロクレジット（小口融資）の理論家として有名．貧困問題に取り組むためにグラミン銀行を創設して成果をあげ，2006年度ノーベル平和賞に輝いた．

にやらなくては」という村人たちの支え合いがあって，リスクが担保されている．これは福祉システムを経済制度を利用して作ったものと言えます．

　もう1つの例は世界的に流行をみた地域通貨＝エコマネーです．経済原則には合わない，政府公認ではないプライベートな切符が，自治体で通貨として出回っています．支援したり，援助したりするのは将来のリスクを避けるためで，自分が元気なときに支援をしてエコマネーをもらい蓄えておく．そして将来，そのお金を使って自分のためにサービスを受けたり，介護してもらったりする．これも，お金で労力を循環させるという以上に，地域の連帯を確保しているメディアなのです．経済学的には問題が数多くあって，その有効性を疑問視する向きも多いのですが，地域における連帯，支え合いをメディア化して循環させるために使われています．これは，リスクと向き合うために，地域社会の人々の支援を引き出す方策といえるでしょう．

　橘木　貧困撲滅のためのプライベート銀行みたいなものは，発展途上国だから可能なのであって，連帯や共同体意識が強い国であればうまくいくけれども，日本のような先進資本主義国では，なかなか上手くいかないでしょう．

　エコマネーに関しても，地域でお互いに，自治体みたいなものでやればいいという話があるけれども，経済学からは，「足による投票」ということが発生します．たとえば財政破綻が問題になっている夕張市のことを考えてください．ものすごい赤字で，負担をお互いに助け合いましょうと言っているでしょう．市長も月給を減らして，住民も税金をたくさん負担して，何とか夕張を助けましょうというけれども，夕張の人はどんどん市から逃げています．

　地域だけで連帯を持とうといっても，いまの進んだ資本主義国であれば，住民の移動は自由なわけですから，逃げられたり捨てられたりすると，地域だけで助け合いなどと言っても現実はそれほど甘くない．情報がいき渡って，どこどこはすごくいい介護施設をもっていて税金も安いという情報が伝わると，住民が大量に移る可能性があります．ですから，私はそういう制度，考え方は，日本では無理だろうなと思います．

　今田　財政破綻した自治体はどうするのですか，放置して廃墟となるがままにするのですか．

　橘木　それはもう，座して死すしかないでしょう．

今田　弱肉強食の論理でやるとそうなる．

　橘木　それならば，強制的に「市民は移住できない」という法律をつくれますか．

　今田　移住しないで，どうにか再生することを考えてもいいでしょう．株式会社でも，倒産したら再生するための段取りを周囲が整えることがある．

　橘木　地域の問題は，人が移れるということを，どうやって阻止するかまで考えないと，うまくいかないと私は言いたいのです．

　今田　事業会社で倒産するところがありますから，地域だって倒産（破産）するところが出てきてもおかしくない．会社更生法にならって地域更生法のようなものを法制化してみる可能性を検討したらいいのではないでしょうか．

　橘木　国が強制的に助けるということですか．

　今田　ちょっと話がそれてきたので，本題に戻します．地域通貨というのは，地方自治体を助けるためではなくて，そこで生活している人たちのリスクを通貨に乗せて，これを軽減するためのメディアではないかという意図で言ったのです．

　橘木　それが嫌だという人は，どうするのですか．

　今田　嫌な人は参加しなくてもいい．参加するかしないかは自由意思です．

　長谷部　企業を再生させる場合と，公共団体を再生させる場合では，基本的なところに違いがある．企業を再生させる場合は，借金が積極財産を上回っていて，債権者もいるし，株主もいる．債権者や株主等，利害関係者が話し合って，それぞれが多少損をする．借金はある程度棒引きしたり，株主は当分配当が入らないとか減資されるとか，皆で我慢していれば，そのうち再生して，営業を続けることができて，長期的には関係者全員の利益になるだろうと思うから，再生へ取り組む．

　ところが，地方公共団体の場合は，金を貸した銀行や，地方債を買った人がいる．そういう人たちが，借金を返してくださいというと，行政サービスを削ったり公務員を減らしたりした末，最終的には「税金で返します」ということになる．そういうときに，税金を取られる住民は，サービスが低下して税金だけ余計に取られるのは嫌だから他の町に行くと言えますね．コストを負担しないで逃げることができる．そこを，たとえば他の町に行っても，借金を返すた

めの税金は追いかけていくのだというような制度にしないと，民間企業と同じ土俵にならないですね．とはいえ，そうした制度は貸し手の責任をも勘案したものにすべきでしょうが．

V　リスク社会と自発的な監視社会化

今田　では次に，リスク社会と自発的な監視社会の話に移りたいと思います．フーコー(**Michel Foucault**)[21]以来，監視社会(surveillance society)について関心が払われるようになりましたが，電子メディアの高度化にともなって監視社会が急速に進展しています．これが国家による管理の強化へつながるとの危惧が指摘されてもいますが，管理強化に対する異議申し立ての動きはさして盛り上がりをみせていません．むしろ，公共の場に監視カメラやビデオモニター装置を設置する動きを容認ないし歓迎する傾向が強い状態です．この十数年来，治安の悪化やモラルの低下によるセキュリティ不安が高まってきたことがこうした反応の背景にあると思われます．要は，リスク社会化にともなうセキュリティ不安を IT 技術によって解消してもらいたいということでしょう．

ライアン(**David Lyon**)[22]は監視のあり方には，「見守り」(care)と「見張り」(control)の2つの顔があるとしていますが，電子メディア時代では前者の「見守り」としての監視が主要なものになるとしています．これは「上からの」監視ではなく，逆に「下からの」監視要請を反映したものです．とくに，地域社会での市民生活を巡ってこうした傾向が顕著です．たとえば，「安全と安心の町づくり」と称して，住民団体が町中に自主的に監視カメラを設置したり，パトロール隊を組織して町内を見回ったりしています．リスクというのは，富

---

21) ミシェル・フーコー(**Michel Foucault**)　1926-1984　フランスの哲学者．1970年コレージュ・ド・フランス教授就任．『監獄の誕生』(75)で，権力に従属した身体に対する普遍的な監視技術として考案された，ジェレミー・ベンサムのパノプティコン(一望監視装置)の機能を論じ，「われわれの社会はスペクタクルの社会ではなく，監視の社会である」ことを明らかにしてみせた．

22) デイヴィッド・ライアン(**David Lyon**)　1948-　カナダ，クイーンズ大学社会学教授．『監視社会』(01)で，データベースによる監視を問題にし，社会的仕分け(social sorting)による排除を指摘した．

と違って,手に取って触ったり見たりできないわけで,これらが不安の原因にもなっているのですが,逆にリスクを可視化することで,かえって不安が増殖する側面もあるわけです.リスク社会では「監視社会でいいじゃないか」という素朴な見解が妙に説得力を持ってしまうのですが,この点についてどう考えればよいのでしょうか.

長谷部 都市化が背景にあるのは明らかです.プライバシーが大事というのは,都市生活者だと思います.伝統的な農村の世界だと,どのメンバーがどういう暮らし方をしているかをあらゆる人が知っているという,究極の監視社会です.それが嫌で,近代的,自律的な個人として生きようと思って都市に出てくるのかもしれませんが,ところが今度は生活が脅かされるということになっているわけです.そこで,たくさん監視カメラを取り付けたりするのだろうと思います.

またひとつ大風呂敷を広げますと,『ツァラトゥストラ』の冒頭でニーチェ(Friedrich Wilhelm Nietzsche)がいっている「末人の世界」では,個人の幸福と,個人の安全が第一だと皆が思っている.せいぜい自分の身近な人間,自分の仲間の幸福や安全,小さな幸せが大事で,社会公共の問題には関心がもてません.ですから,自警団を組織するのは,まだましなほうなのです.カメラだけつけて,自分は引きこもっている.それがむしろ典型的な姿ではないか.

最近,コジェーブ(**Alexandre Kojève**)[23]の『ヘーゲル読解入門』を読んでいるのですが,その中に日本社会の描写が出ています.コジェーブは,歴史はいつか終焉すると考えます.歴史がその歩みを止めるのは,すべての個人が自分を平等な個人としてその尊厳を認めてくれるという,承認に向けた闘争が終わったときです.終焉したときにはすべての人間が平等な存在としてその尊厳が相互に承認されている.そこで,歴史は終わる.実質的な価値をめぐった闘争はすべて終わっている.で,そういう社会こそが,実は日本だとコジェーブはいっています.実質的な価値をめぐる闘争はなくなってしまっているから,人々は生け花をやったり,茶道をやったり,能,狂言もそうで,実質的意味は何

---

23) アレクサンドル・コジェーブ(**Alexandre Kojève**) 1902-1968 ロシア出身のフランスの哲学者,外交官.1930年代に,「承認」の概念を鍵として彼がパリで行ったヘーゲル哲学読解の講義には,ジョルジュ・バタイユ,レイモン・アロン,ジャック・ラカン,モーリス・メルロ―ポンティ等が連なり,その後のフランス思想界に大きな影響を与えた.

もない単なる形式美の世界に，耽溺している．知的な関心を持つ者は，究極の知を求める哲学はもはや不可能なので，つまり究極の知はすでに得られているので，ただただ瞑想にふける．

　こういう社会ですと，公と私を区別する意味がないのです．実質的な価値が深刻に対立し，せめぎあって存在しているのであれば，そういう価値は私的な空間に閉じ込める．そうした価値観とは別に，社会公共の問題について，皆冷静に話し合おうとなるのですが，もう価値をめぐる闘争は終わっているのだとすると，公と私とを分けて，個人にそれぞれの抱く実質的価値にしたがって生きるプライベートな空間を保障してこそ，社会公共の問題に関しては，公共の場に出て行って，みんなのために議論しようとするのだという問題状況がすでになくなっていますから，もはや公と私を区別する意味がない．だとすると，安全，安心が大事なのだから，皆で監視しあっていればいいではないかということで，皆さん，監視社会を受け入れているということで説明がつくのではないでしょうか．

　今田　そういう方向に向かわざるを得ないような力学が，リスク社会にあると思われますか．

　長谷部　監視社会というとき引き合いに出されるのは，今田先生もご指摘のフーコーです．フーコーが出した1つのテーゼとして，規律権力から「生の政治(**bio-politique**)」[24]へというものがありますね．国家が人間の誕生から死に至るまで健康状況，衛生状況を含めて全て管理・経営する社会は，先ほど橘木先生のおっしゃった，戦争するプロシアの世界です．ドイツに戦争で負けたくないということで，フランスを含めた他国もそうなりましたけれども，もう冷戦は終わりました．冷戦が終わったいまとなっては，そういう生命を全体的に管理する権力を国家が振るう必要もなくなって，どんどん撤退していく．自分の安全が大事だったら，自分で守ってください，あなた方の「自己責任」だという世界になっている．企業も，年金，雇用保険，税金など負担するのは嫌ですから，国家は活動領域を縮小していき，個人は個人として生きていくしかな

---

[24] 生の政治(**bio-politique**)　規律と並ぶ生権力(bio-pouvoir)のもう一つの極．生殖，誕生，死亡率，健康水準，寿命等およびその条件を調整し管理することで人の生全般を経営・管理しようとする権力のあり方を指す．フーコー『性の歴史I　知への意思』渡辺守章訳(新潮社，1986)第5章「死に対する権力と生に対する権力」参照．

い．そういう世界です．

今田 自己防衛として自主的な監視社会化を進めざるを得なくなる．

長谷部 今田先生のおっしゃるような，中間団体に希望をかけるという解決策が機能しないとすると，最終的には末人たる個人がそれぞれ自分の小さな安心と幸福を目指して，それぞれ個別に生きていくことになります．

橘木 世界は冷戦が終わり戦争もなくなったといわれますが，第一次世界大戦，第二次世界大戦などの世界全体を巻き込んだ紛争はなくなったけれども，アラブとイスラエルとか，パキスタンとインドとか，北朝鮮など，地域間の紛争は逆に増えています．

長谷部先生のおっしゃるように，大きな戦争がなくなったのだから，あとは自分で責任もって生きろとして政府の役割をミニマムにする姿は，夜警国家に戻れという雰囲気が世界に蔓延しているということですか．

長谷部 夜警国家に戻るのは無理だと思います．自由主義政策を徹底的に追求している国家でさえ，かつての夜警国家に比べれば，活動範囲が格段に大きい．ただ，政治体制としての正当性(legitimacy)をかけた対立は，当面の世界にもはやないのではないか．

橘木 それは，資本主義か，社会主義かというイデオロギー対立がないということですか．

長谷部 資本主義か社会主義かというよりも，むしろ憲法原理の正当性ですね．ビスマルクのドイツが戦争の仕方を変えてしまったために，あらゆる国家が福祉国家でありかつ大衆民主主義国家にならざるを得なかった．そうすると，大衆民主主義国家として，全国民の福祉を平等な形で格差なく向上させる正当な憲法原理をもっている国家は，いったいどういう国家か．これが問題になるのです．つまり，ファシズムになるか，共産主義か，あるいは議会制民主主義か．議会制民主主義は，全国民の福祉を平等な形で格差なく向上させていくのは，現実には不可能であることを前提にした体制だと思いますが．

橘木 むしろ，共産主義や全体主義のほうがやりやすい．

長谷部 政治的な決定は勝者と敗者を生むわけですが，議会制民主主義は，格差があまりに開いたりすると多数派－少数派の交代も起こるし，争点ごとの組み換えも起こりえますから，そうした議会政治の過程を通じて，長期的には

社会全体の福祉が大きな格差なく向上していくことを想定している体制です．共産主義や全体主義は，勝者と敗者の違いを階級あるいは民族の敵か味方かという観点で説明して，敗者を排除してしまう．冷戦は，そういう議会制民主主義が正当な憲法原理をもった国家として，競合する他の政治体制に勝ったという戦争です．いまのところ，この議会制民主主義に対抗するほどの正当性をもった憲法原理をもっているという国家は現れていない．

橘木 北朝鮮やキューバはどうですか．

長谷部 新しい体制の候補者になると皆が思っているかどうか．そういう国家が自分たちの憲法原理の正当性をかけて，他の大部分の国家と対抗できる現実的な可能性があるかどうか……．

橘木 そんなことはないということですね．

長谷部 体制の正当性をかけて長期にわたる戦争を遂行するかというと，それはありそうにないと思います．

今田 監視社会といっても，民主化が進んだ先進産業社会では，上から庶民を統制するような，ハードな「パノプティコン(**panopticon**)」[25]は拒否され登場しないと思うのです．逆に，リスクがあって皆が不安だから，何とかケアしてほしいという形の見守り，自分たちの生活の安全性確保への願望という観点からの監視が現れる．

こうした見守りや監視への要求はやむを得ない面もありますが，それを行政が肩代わりするかどうかは大きな問題でしょう．コミュニティの中で住民が自発的にやる分にはいいけれど，フーコー流のパノプティコン(一望監視装置)的な監視も現れるようになっています．電子メディア化が進み様々な情報がデータベース化されることで，壁や窓や看守のいない監視システムが登場しつつある．

ポスター(**Mark Poster**)[26]は，電子メディア時代の監視装置を「超パノプテ

---

[25] 功利主義者のジェレミー・ベンサムが設計した刑務所施設のデザインであり，一望監視装置と訳される．詳細は『パノプティコン』(1791)に示されている．収監された囚人がいつどのように監視されているかが分からない状態で監視されるような構造になっている．

[26] マーク・ポスター(**Mark Poster**)　1941-　ニューヨーク大学博士課程修了．アメリカの歴史学者で，現在，カリフォルニア大学アーヴァイン校教授．電子メディアの発達が社会文化状況に及ぼす影響を，批判的に論じている．主著に『情報様式論』(90)がある．

ィコン」と呼び，人々はみずから進んで監視されることを訓練され，これを受け入れるようになったとしています．たとえば，われわれは社会保障カード，運転免許証，クレジット・カード，図書館カードなどを用意し，つねに利用し，使い続けなくてはならない状態です．これらによる取引は記録され，データベースに加えられる．個人が自分で書類に記入する場合も多い．彼らは情報の源泉であると同時に情報の記録者でもあるのです．ホーム・ショッピングでは，消費者は，製造者につながれたモデムで製品を注文することによって，まさに購買行為によって自分の個人情報を製造者のデータベースに直接入力しているのです．便利な取引に参加するために，自分の特性をデータベースに書き込み，監視装置の肥大化に自発的に加担する．下手をすると自分が記憶している情報よりも，データベースの中のそれのほうが詳しいことになりかねません．人間は忘れますが，データベースは忘れませんからね．

　便利な生活をするために自主的に打ち込んでしまったプライベート情報によって監視され，コントロールされるのと，自警団のように，セキュリティ不安に駆られて町内会を見回るという監視と，２タイプの監視があります．これら双方がリスク社会では高まるのですが，見回りの方はリスクを低減しようとしてやっているけれど，もう一方の便利さのためのオンライン化は，かえってプライバシー侵害というリスクを高めることになる．この２つの按配をどうするかは，今後，考えていく必要があります．こうした個人情報の保護管理について法的規制を設けて上手くいくのでしょうか．

　長谷部　たとえば，入力されたデータのマッチングはやってはいけませんとか，プライバシーを侵害するような行動があった場合には差し止めますということは現在でもできます．データマッチングするなという法律を作ればいいわけで，住基ネットでも個人情報保護法でも，目的外利用するなと謳っています．個人情報の保護とプライバシーの保護とでは厳密には違っていて，プライバシー侵害となると人格権侵害になりますから，裁判所に行けば差止めもしてくれます．

　それなりに法律学として使える道具はないわけではないのですが，人々のイマジネーションの中で，だんだん，自分たちの個人情報が誰か知らない人にプロファイル化される危険性が高まっているのではないかとなると，これは，法

律でも何ともできない．

今田 個人情報がプロファイル化されているかどうかも確かめようがないわけですよね．しかし「資産を売却するなら，うちにお任せください」といった，明らかに個人資産がプロファイル化されていることを前提としたダイレクトメールが来たりしますね．もっとも，登記事項証明書等の公開されている情報でそうしていると言われればそれまでですが．

それはともかく，地域コミュニティで自警団のようなものを組織し，皆で話し合って地域の中に監視カメラをつけることには，問題がないのですか．

長谷部 それも，やり方次第だと思います．たとえば，公道に勝手に監視カメラを設置するのはまずいと思いますけれど，自分たちのコミュニティの持っている土地や私道に監視カメラを置いて，誰が近づいてくるのか見ていましょうということ自体は，よほどの条件がそろわない限りは法的に問題ということはないでしょう．

今田 イギリスでテロなどがあったので，普通の道路に監視カメラをつけていますが，ああいうものはどうですか．

長谷部 普通の道路といっても，私がイギリスでよく見かけるのは建物の入り口や壁につけたもので，それは，日本でもよくあることだと思いますが．

今田 建物の入り口に道路に向かってつけるのはいいのですか．

長谷部 ええ．道路を歩くのは，ごく普通に人がすることですね．道路を歩いているときに，他の人がその人を見るかもしれませんが，歩いている姿を見られたからといって，それが，その人のプライバシーや肖像権を侵害しているとは，普通は言わない．最高裁は京都府学連事件判決[27]で，写真撮影について厳格な要件を課していますが，これは犯罪の証拠として警察官が被疑者を撮影するという典型的な公権力の発動の場面のことで，私人同士の関係に直接にあ

---

27) 京都府学連事件判決　最大判昭和44年12月24日刑集23巻12号1625頁．京都府学連主催のデモ行進の状況が京都府公安委員会が付したデモの許可条件に違反するものと判断した京都府警の巡査が先頭集団の行進状況を撮影したところ，デモに参加した学生が巡査の下顎部を旗竿で一突きし，傷害を与えたため，公務執行妨害罪で起訴された事件．最高裁は，犯罪捜査のための写真撮影と肖像権との関係について，「個人の私生活上の自由として，何人も，その承諾なしに，みだりにその容ぼう・姿態を撮影されない自由を有する」とする一方，「現に犯罪が行なわれもしくは行なわれたのち間がないと認められる場合であって，しかも証拠保全の必要性および緊急性があり，かつその撮影が一般的に許容される限度をこえない相当な方法をもって行なわれる」ときは，裁判官の令状がなく，かつ，本人の同意がなくとも，写真撮影は許されるとした．

てはまるわけではありません．

今田 そうすると，監視カメラを，全国いたるところの道路につけていいわけですか．

長谷部 監視カメラが，たとえばマンションの安全管理など，その場の安全を確保するために必要だという理由があるのでしたら，必要かつ合理的な手段として，そういうカメラをつけること自体，特に問題はないと思います．

今田 原則的に理由が説明できるなら，全国いたるところにつけていいということですね．北海道の根室に私の親戚がいるとか，私の資産が置いてあるとかであれば，つけていいのですか．

長谷部 私人は勝手に公道にカメラをつけるわけにはいきません．私人がつけられるのは，自分の所有物や所有地内です．たまたま公道上もそうしたカメラの撮影対象の一部に入っているかもしれませんが，だからといって，それが人のプライバシー侵害になっているとなるかというと，よほどの条件がそろわないと，そうはならないでしょう．私の住んでいるマンションの中庭にも，公道に向けた監視カメラがついていて，おそらくたまたまそこを通る人の姿も写っていると思いますが，それが人格権侵害になるとは思いませんね．多少，事案は異なりますが，コンビニエンスストアの店舗内に防犯用の監視カメラを設置して客の動静を撮影・録画することには違法性はないといっている下級審の判決があります[28]．

益永 インターネットの特定の問題は，けっこう難しい．匿名で書いた違法なものに対して，今はある程度，管理者に対して公開を求めることができるのでしたっけ．

長谷部 現在，プロバイダー責任制限法[29]という法律ができています．名誉やプライバシーなどの権利を侵害されたことが明らかな人は，発信者情報の開示をプロバイダーに求めることができます．

---

[28] 名古屋高裁平成17年3月30日民事第2部判決．ジュリスト臨時増刊平成17年度重要判例解説（有斐閣，2006）11頁以下に工藤達朗氏による紹介と解説がある．
[29] プロバイダー責任制限法　特定電気通信役務提供者の損害賠償責任の制限及び発信者情報の開示に関する法律．

VI　リスク学の未来

今田　最後は「リスク学の未来」です．リスクアセスメントやリスクマネジメントなどの議論もあったほうがリスク学の方向性をイメージしやすいと思います．

　リスク学が整備されていくには，現実社会のどこにどのようなリスクが存在しているのかをきちんと把握する必要があります．それには，リスク指標の体系化が必要となるでしょう．この指標は量的に測定可能なものだけでなく，質的なものも含まれてしかるべきですが，要は，従来整備が進められてきた国民生活における「豊かさ指標」から「リスク指標」への転換（ないしその追加）という姿勢が必要だと思います．生活領域ごとにリスクに関するデータベースの整備を試みることです．また，こうした指標化をベースにして，リスクアセスメントを試みることになりますが，こうしたことをどのように考えればよいのでしょうか．リスクの計量的測定が進んでいる科学技術分野での動向について益永先生からお願いします．

益永　理工学の分野では，鉱工業の作業現場，危険物の貯蔵，火災，あるいは，事故と言った個々の分野や場面ごとに安全管理としての対策がとられてきました．ここで，安全管理と言ったのは，危険性がある程度明確なものに対して，安全，すなわち危険のない状態に管理するという意識が強かったのではないかという意味です．すなわち，ある便益や対策費用との関係でリスクをある程度許容するということは，もちろん，実際にはしばしば存在したのだと思いますが，表だった理由としてはあまり主張されてこなかった．しかし，人類が地球環境に与える負荷は巨大になり，環境問題という複雑な問題に取り組まねばならなくなっています．例えば，風力発電は二酸化炭素の排出を減らすことに貢献できるのですが，バードストライクと言って，野鳥が衝突することで数が減っている猛禽類などの生存への悪影響を懸念する声があります．新しい科学技術についても，人類の将来のために開発と応用が期待される一方で，新しいリスクが予想されるために，導入への反対が起こります．また，人の健康リ

スクを減らすことと自然を守ることが相反する場合もあります．これらはリスクトレードオフと呼ばれます．こういった複雑な状況の中で，どの対策を優先するか，この新技術の実用化を許容するか，許す場合どんな管理を課すか，そして，他の面での悪影響を考慮してここは我慢しよう，と言った分野を越えた広い視野からのリスクマネジメントが必要になってきています．このためには，今田先生がおっしゃったように，できるだけリスクを客観的に定量化し，共通の基準でマネジメントすることが必要です．

　リスクを比較するには，まず，共通の指標で表す必要があるのですが，人間にとって一番の懸念は死であるということから，死亡率を増加させる度合いでの比較がまず行われました．しかし，死亡率というのは実感し難い，さらに，若くして死ぬのと老人での死亡の違いを的確に評価できないということで，損失余命で表示する方が良いということになってきました．例えば，日本の現在の人口構成では 10^{-5} の死亡率増加というのが，約1時間の損失余命に相当することになり，実感しやすいわけです．また，死を避けたい，寿命を延ばしたいということは共通的な願望ですから，この評価法は受け入れられやすい．

　しかし，損失余命だけでは，死には至らない病気だとか，身体が不自由だということが捉えきれないということで，生活の質(Quality Of Life＝QOL)も考慮しようということになって来ています．死亡のQOLは0，完全な健康は1として，病気などの程度によってその間の値をとり，生存年数にQOLをかけて調整しようとするものです．質調整生存年(Quality Adjusted Life Years＝QALY)や障害調整生存年(Disability Adjusted Life Years＝DALY)といった指標があります．これらの指標により，多様な事象によるリスクが比較できるようになります．ただ，損失余命までは事実として算出できるとしても，QOLを導入すると，どうしても人の判断が評価に入ってくるわけです．QOL値は，多くの人の捉え方の平均値を使ったとしても，感じ方は個々人によって異なりますから，納得できないということも起こるでしょう．客観性の面では問題が残ります．また，別の面から見ると，人の命の質に差をつけるという倫理上の問題もはらんでいます．しかし，共通の比較基準がなければ，合理的かつ効率的なリスクマネジメントは実行できないわけで，慎重に使っていくことが必要でしょう．

生態環境へのリスク評価では，生物多様性や生態系の人へのサービスが指標として取りあげられつつあります．ここでは，生物多様性そのものを目標とするか，それとも，あくまで人の立場からの評価として生態系が人類に与えるサービスを目標にすべきかといった議論があります．

　いずれにしても，類似の事象によるリスクの比較は，容易かつ正確にできますが，違った事象によるリスクを共通の評価指標にのせることは困難かつ不正確になりやすい．限界をわきまえつつ，一般の人々の理解と支持を得ながら進んでいく必要があると言えるでしょう．

　橘木　経済学からのリスクの測定は2つの点で特徴があります．1つは，将来何パーセントの確率でその事象が発生するということに関心を持つこと．たとえば，失業する，病気になる，要介護になる，といったさまざまな人生上の不幸の発生する確率を推定することです．これには，過去の全国民の統計から客観的に将来を予測することと，個人個人が主観的に予測することの，二つの方法があります．

　2つに，平均的に発生の確率を語るのではなく分散に注目して，上限，ないし下限，あるいはばらつきの度合いを推定することです．たとえば，利子率や経済成長率の予想では，ばらつきの度合いの方に関心が高いでしょう．将来の利子率が高い時と低い時では，人々が自分の資産運用を予想する際に，強気になるか弱気になるかの差となって現われるからです．このことは将来の株式市場の予測においてもあてはまることです．

　以上のことをまとめますと，経済学からのリスクの対処としては平均的な確率の話と，ばらつきの程度を示す二つの指標があり，両者をうまく使い分けてリスクの議論をすることが大切なことと思います．

　長谷部　法律学では定量的なリスクの測定が直接に議論されることは多くありません．たとえば，犯罪や不法行為の成立要件としての「過失」があったかどうかは，結果の予見可能性があったかどうかによって判断されます．そこでいう結果は，個別具体の場面における個別具体の結果ですから，繰り返し生起する現象の中での確率という概念に翻訳することが困難であることが多いですね．かといって，当の本人の主観的予想だけが問題となるわけでもない．その場に置かれた普通の人ならどう予測すべきかという評価の観点が入り込みます．

また，リスク論の本来の舞台は，予見可能性が乏しい場合でしょうから，それを取り扱うには新しく工夫をこらす必要があります．

今田 リスク社会で安心できる生活を営んでいくためには，リスクマネジメントを確立する必要があります．現在，金融危機，医療リスク，地球環境問題など，社会リスク管理の制度設計とその評価は大きな問題となっています．また，イギリスのブレア政権が提唱したように，福祉のあり方を従来の再分配からリスクの共同管理へと転換する動きもみられます．リスクマネジメントは，21世紀社会の大きな課題となるわけですが，その考え方や取り組みについて整理しておかねばならないでしょう．

益永 科学の分野では，リスクマネジメントを的確に実施するための基盤として，リスクの共通指標による定量化や順位付けの努力が払われているということを言いました．このような努力は引き続き行われるべきだと考えます．そして，広くリスク要因を見つけ出し，大きさを評価し，対策の優先順位をつける仕事を担う公的な部門ができてしかるべきだと思います．これは，既存の科学分野，あるいは，行政の縦割りの分野を越えたものになっていくべきです．ここでは，基盤情報としての科学的，客観的なリスク評価を行いますが，他方，リスクマネジメントは科学的評価だけでは決定できません．評価された対策のどれを実施に移すのかは，効果や費用との兼ね合いで社会的に判断されるべきです．どの程度のリスクを許容するかは，時代により，国により違って当然なわけです．要は，モグラたたき的なリスクマネジメントから，科学的，客観的な情報と社会的議論が相まってリスクマネジメントが漸進的に進むシステムを作ることです．なお，科学的評価と言っても，新しい情報が加わったり，技術が進歩したりで常に変化するわけですから，マネジメントは常に見直しができるということも必要です．将来についてはこのようなイメージを持っていますが，この座談会でも示されたようにリスク研究が関与しなければならないのは科学技術の分野だけでなく，社会全般にわたっているわけですから，まだ，先は長いのかも知れません．

今田 おっしゃるように，リスクマネジメントは科学的評価だけでは決定できませんよね．益永先生は，社会的判断の必要性を指摘されましたが，私は社会学の立場から，リスクマネジメントのポイントは，技術的な《安全》と社会的

な《信頼》を通じた《安心》の確保にあると考えています．

　技術的な安全性を高めることは言うまでもなく重要ですが，安全性を強調するだけでなく，事故が起きた際の対処法の確立と説明とがどれだけ十分になされているかについて，納得できるかたちで市民に説明することで，いざという場合のリスク回避の指針を示す必要があると思うのです．技術には百パーセント安全ということがないのですから，いざというときのために市民の信頼を確保しておく必要があります．

　たとえば，原子力発電技術や医療技術を初めとして，電子メディアやバイオテクノロジーなど，われわれの知らないうちに技術開発がどんどん進み，その中身や問題点がきちんと知らされないまま生活の中にどんどん導入されています．私たち国民にとって専門的な技術の内容はほとんど理解できませんし，またそれについてわかりやすく説明を受ける機会もないのが現状です．ですから，いざ事が起きた場合，どうすればよいかも十分わからず，疑心暗鬼と不安が募ることが多くなっています．

　今後，技術と人間社会の不調和がいたる所で発生し，われわれの生活そのものを脅かすようになる可能性が強まるでしょう．そのためにも，技術の社会的利用に際しては，十分な説明をした上で国民の同意を求めるような倫理観と社会制度の確立が必要だと思うのです．

　その際のキャッチフレーズとして，医療分野でしばしば用いられる言葉にならって，技術のインフォームド・コンセント（先ほど別の観点から話題にしましたが）ということを考えてみる必要があるでしょう．これは，技術一般の社会的利用に関して，国民に対するインフォームド・コンセントが求められることをあらわします．インフォームド・コンセントとは十分な説明を受けた上での同意ですが，こうした倫理観は，単に医療分野だけでなく，技術一般についても当てはまるのではないでしょうか．

　技術の公共的利用に関しては，単に技術それ自体（ハード）の安全性を強調するだけでなく，技術の操作について信頼が確保できるように絶えず疑問に答える等，専門家と国民との意思疎通を良くすること，またいざ事が起きた場合の危機管理等がしっかりしていて安心できることが大切です．

　要するに，安全と信頼を通じた安心の確立がインフォームド・コンセントを

得るための条件です．技術面でいかに安全でも，それを超えて「信頼」と「安心」を得ることが必要です．事故が起きたときの「危機管理」の仕組みはどのように構築されているのか．また，これについての情報開示と説明義務はどこまで整備されているのか．私の知る限り，こうした点について住民が納得できる制度整備は遅れています．

技術のインフォームド・コンセントは，今後ますます開発が進むバイオテクノロジーや電子メディア技術についてもあてはまるように思います．かつての機械技術とは異なり，これらの技術は人間の身体とともにある，あるいは身体の中に入ってくる技術という側面が強いわけで，このような場合，単に安全というだけでなく，技術の行使に対する信頼と，いざというときの安心がますます重要になってきます．

長谷部　法学の分野でのリスクへの対処の仕方については，政策決定のインプットにかかわる的確な情報に基づく合理的審議，そして，アウトプットにかかわる応答的規制など，すでに述べたところに尽きている面があります．2, 3付け加えるとすると，リスクの発生の可能性について予測の客観性を高めることは，益永先生のおっしゃる通り当然ですし，それぞれのリスクをいかに評価するかについても，社会的合意が可能な限りにおいて，それを冷静に追求していくべきだと思います．ただ，評価の面では，合意が一般的に成り立つことが常に可能とはいえないはずです．抽象的な言い方になって恐縮ですが，セイフティ・ネットというべきミニマムなレベルで確保すべき安全性について一般的な合意を探るとともに，他方では，各人の生き方や考え方に応じてさまざまにリスクを引き受けて生きる自由を保障するという，ごく常識的な方向性が出てくるのではないでしょうか．

また，最先端の科学技術と人の生命・健康がかかわる分野では，今田先生が指摘される事前のインフォームド・コンセントの確保も必要ですが，事後的な後始末の場面でいうと，法学が伝統的にとってきた個々人の過失責任の追及という手立ての妥当範囲をあらためて考え直す必要がありそうです．むしろ，どのような状況でいかなる過失が重大な事故に結びつきやすいか，そうした情報の率直な開示を促すために，責任追及と被害者の損害賠償を結びつけるのではなく，被害の補償については，社会全体でこれを引き受ける，その代わり正確

な情報を開示させて今後の安全確保に役立てる，という枠組みを補完的・代替的に構想していく必要性がこれから増えてくるのではないか，そう考えております．

今田　リスクマネジメントにとって，長谷部先生が指摘された「情報の率直な開示」はとても重要だと思います．こうしたことも含めて，最近では，リスクコミュニケーションの重要性がとみに高まっています．リスクコミュニケーションとは，社会を取り巻くリスクに関する正確な情報を，行政，専門家，企業，市民などの関係者間で共有し，相互に意思疎通を図り，リスクへの対処について合意形成をおこなうことです．リスクコミュニケーションが必要とされるのは，災害や環境問題，原子力施設に対する住民理解の醸成など，リスク問題について，関係者間で安全対策に対する認識や協力関係の共有を図ることが必要とされる場合です．いずれにせよ，リスクアセスメントとリスクマネジメントの方法的かつ理論的整備は，リスク学の未来にとって大きな課題になることは確かでしょう．

第1章
経済学におけるリスクとは

酒 井 泰 弘

　リスクと経済との結びつきは古く新しく，広く深い．リスクはドクでもあり，クスリでもある．つまり，リスクには，被害・事故・失業などという「マイナスの側面」と，夢追い・血気・チャレンジなどという「プラスの側面」とがある．ここでは，「リスク」をできるだけ広い意味で用い，その中で特に「確率が利用可能でないリスク」を「不確実性」と呼ぶ．

　現代のリスク経済学で最も重要な「期待効用理論」は，はるか1736年，数学者ダニエル・ベルヌーイによって始められた．それから240年後の1970年代に，アロー，アカロフ，スペンス，スティグリッツなどの業績によって「リスク経済学」という名の分野が確立し，今日の隆盛を迎えている．

　以下では，リスクの下での意思決定，リスク回避とリスク愛好，不確実性と意思決定，不完全情報とレモンの原理などの問題が順次考察される．21世紀には，経済学だけでなく，心理学・生物学・工学などを含めた，学際的な「リスク学」の発展が切に期待される．

I　リスクと経済学

人間生活とリスク

　人間生活とリスクとの結びつきは，古今東西，人々の注目を集めてきた．例えば，ポンペイの古代遺跡から幾つかの銀容器が出土したが，その一つの上に

第1章 経済学におけるリスクとは

は次のような金言が刻みつけてあったという．

「命をしっかり捕まえよ．明日のことは分からない」

本章の目的は，このような抜き差しならない関係に分析の光を照らし，特に「経済学におけるリスク問題」をできる限り多角的に論じることである．

上述の金言に限らず，人間の英知を凝縮した諺や格言を調べてみると，「人間はリスクにどう対処すべきか」について，色々な処方箋が示されている．一方において，次のように，リスクを避け，リスクから逃げることの知恵が称えられている．

「君子危うきに近寄らず」

「石橋を叩いて渡る」

「卵を一つの袋に入れるな」

他方において，これとは反対に，リスクを避けることなく，リスクに敢えて挑戦することの効用が説かれている．

「艱難汝を玉にす」

「虎穴に入らずんば虎児を得ず」

「失敗は成功のもと」

上記のような二種類の処世訓は，一見矛盾するかのように見えるかもしれない．だが，深く考えてみると，これらの教えは決して相対立するものではなく，どちらも正しいのだ．人間は単純ではなく，複雑な生き物である．世の中には，リスクを避ける人間もいれば，リスクに挑む人間もいる．また，同じ人間についても，ある状況ではリスクを避け，他の状況ではリスクに挑むことが起こりうるのだ．

要するに，リスクはドクでもあるし，クスリでもある．ドクは概して避けるのが得策ではあるが，マムシのドクが有用になることもある．クスリは適度の量なら服用すべきであるものの，副作用がつきものなので，過度の服用はむしろドクとなろう．

伝統的なリスク観を調べると，リスクをドクと考える傾向が強いようだ．例えば，少し前の日本人の間では，次のような言葉がよく交わされていた．

「地震，雷，火事，親父」

火山列島の日本においては，地震のグラグラが最も恐ろしい「自然リスク」

I リスクと経済学

とみなされていた．安政大地震，関東大震災，阪神・淡路大震災クラスの巨大地震は別格としても，樹木や家屋がグラグラ，ミシミシ揺れる程度の中・小地震は，それこそ日常茶飯事のように発生しているのだ．

次に恐ろしい自然リスクは，ピカッとゴロゴロの雷であったらしい．火事の中には，火山噴火や山火事のように「自然リスク」とみなされるものと，放火や失火のように「人間リスク」とみなされるものとの二種類がある．さらに，一昔前の家父長制の下では，親父が絶対権力を持ち，時に「雷を落とす」ことがあった．ところが，今ではすっかり様変わりして，「優しいパパ」の時代となってしまっている．

注意しなければならないことは，リスク観が時代や風土によって大きな影響を受けることだ．現代のリスク観は敢えて要約すれば，「放射能，温暖化，ゴミ，エイズ」とでもいえるだろうか．原水爆は，人類によって作られた歴史上最も凶悪な創造物である．1945年8月，広島と長崎に落とされた「ピカドン」は想像を絶する放射能の嵐を周囲に撒き散らし，その後遺症は今なお消えることがないのだ．それ以後においても，ウクライナのチェルノブイリ，アメリカのスリーマイル，茨城県の東海村などで，重大な放射能漏れ事件が発生し，甚大な人的事故が発生した．

最近のマスコミでは，いわゆる「地球温暖化問題」が取り上げられることが多い．先進国による石油・天然ガスの過剰消費によって，大気への炭酸ガスの大量放出と地表温度の急上昇がもたらされている．南極大陸や他の地域の氷河が溶け出しているために，世界各地の海面が上昇し，少なからざる面積の土地が水面下に沈みつつある．また，何千万人，何億人という人口をかかえる途上国では，その急速な経済発展の代償として，環境対策が等閑にされる傾向がある．

ゴミの問題も深刻だ．ゴミ処理場から排出されるフロンガスやダイオキシンの量は，年々増加する一方で，自然環境や人間社会に与える影響は計り知れない．さらに，現代社会ではセックスの氾濫があり，エイズが世界的な規模で拡大しつつある．日本の大学入学式の折に新入生を前にして，エイズの恐ろしさが語られることも珍しくない．

以上のほかにも，牛乳食中毒，産地偽装牛肉，鳥インフルエンザや，耐震強

第1章　経済学におけるリスクとは

度偽装マンション・ホテルなどの事件に見られるように，企業のモラルの低下は目を覆うばかりである．要するに，「競争」や「能率」が「正義」や「安心」よりも優先される傾向があり，「ドクとしてのリスク」の一面はますます前面に出てきている．

それとともに，「クスリとしてのリスク」という他の一面も，現代社会でますます重要な役割を担いつつある点にも注目したい．例えば，野球は非常に人気のある国民的スポーツであるが，人気の秘密はそれが「筋書きのないドラマ」であることのようだ．各打者にとって，相手投手の次の投球がストレートなのか，カーブなのか，またはフォークなのかは十分分からない．たとえ「読み筋」のボールが来たとしても，ホームランはなかなか打てるものではないのだ．ましてや，いわゆる「逆転満塁さよならホームラン」を目撃すれば，観客は総立ちになり，形容できないほどの爽快感を味わう．この点では，スポーツにおけるリスクの存在は，「強壮剤」や「疲労回復薬」のような役割を果たしていよう．

さらに，現代企業にとって，リスクはますます多様化し，拡大の傾向にある．例えば，自動車メーカーが国外で組立工場を作り，そこで販売活動を行なうときには，色々なリスクに直面する．クルマの品質管理が国内と同じレベルで可能なのかどうか．勤務時間や報酬をめぐる労働争議が発生しないだろうか．現地の顧客の好みに関する情報は正確に入手できているのだろうか．当該メーカーはこうしたリスクにチャレンジし，克服しなければならないのだ．こうした局面では，いわゆる「ハイリスク・ハイリターン」の鉄則が成り立つ．リスクはドクにも，クスリにもなりうるのである．

リスクに関する「古い定義」と「新しい定義」

「リスク」とは一体どういうものなのだろうか．実際のところ，リスクの定義と内容が明確でないと，本書の議論が先に進まないのだ．私見によれば，リスクに関する二通りの定義を考えることができる．

第一に，リスクに関する通常の「古い定義」を与えておくと，次のようである．

「リスクとは，人間の生活維持や社会活動にとって，《望ましくない事象》

の発生する不確実性の程度，ならびに結果の大きさの程度を表わす．リスクが大きいとは，望ましくないものの蓋然性や生起確率が大きいことや，物質的・精神的な被害が大きいことを意味する」

例えば，自動車と自転車という二つの乗り物を比較しよう．自動車は自転車に比べて，「スピーディで便利な乗り物」であるとともに，大事故に巻き込まれる「リスクの大きい乗り物」である．リスク抜きには，自動車の「効用」を論じることができない．マイカーの購入者は，「万一の事故」に備えるために，高額の自動車保険に入る必要がある．

すでに述べたように，リスクにはマイナスとプラスとの両面がある．第一の「古い定義」は，このうちのマイナスの側面を非常に重視しているといってよい．ところが，リスクにはプラスの側面があるので，これらの両面を勘定に入れた「新しい定義」が必要になってくる．

私見によると，日本や欧米で支配的な市場経済システムは，もともと不安定なシステムである．資本主義という不安定で不確実な世界では，株価の激しい変動によって象徴されるように，企業の浮き沈みが極めて厳しいのだ．だが，この色々な市場リスクに敢えて挑戦し，乗り越えていこうとする一群の人々がいる．彼らは，並みの「経営者」と区別されて，特に「企業家」と呼ばれることがある．

バブルの後で，長らく停滞していた日本経済社会において，真の企業家がどの位いるかが，喫緊の重要問題である．リスクを専門に扱う経済学，すなわち「リスク経済学」では，リスク回避者だけでなく，リスク挑戦者も分析対象となる．

こういうわけで，リスクの定義を与えるときには，われわれは第一の通常の定義から一歩踏み出すことがどうしても必要である．つまり，リスクを事故・被害・倒産・失業などという「マイナス面」だけでなく，夢追い・血気やチャレンジ精神などの「プラス面」も考慮に入れなければならない．すると，リスクに関する第二の「新しい定義」は，次のようになろう．

「リスクとは，状態の如何によって，一つの行為から複数個の結果が生まれることを指す．それは人間の生活維持や社会経済に対して，マイナスとプラスの両面を持つ．リスクが大きいとは，複数の結果の間で変動の幅が

第1章 経済学におけるリスクとは

大きく,また結果の程度が大きいことを意味する」

この定義の意味を理解するために,「リスクのない世界」をまず考えよう.そこでは,すべての物事が100%確実に発生するから,人間の「行為」と「結果」との間の関係は単純明快である.かの水戸黄門のドラマのように,悪事を働く代官や御用商人は必ず懲罰を受け,善行をする町人や娘は最後には報いられる.だが,現実の世界がこのようなシンプルな「勧善懲悪」の世界でなく,むしろ「悪い奴ほどよく眠る」というような世界に近いようである.

次の例として,手持ちの100万円を2%の利子率の定期貯金に預けるとしよう.すると,翌年には元利合計が102万円になることが保証されているが,現実の資産がすべてこのようなリスクのない「安全資産」ばかりではないのだ.

いま同じ100万円を,株式購入というような「危険資産」に投資することも考えられる.この後者の場合には,株価変動が事前に予想できないから,100万円の金額が1年後に130万円に上昇したり,75万円に下落したりするかもしれない.そのいずれになるかは,景気の状態,ならびに当該会社の業績次第である.

このように,「リスクのある世界」では,「行為」と「結果」の対応関係が一通りでなく,もっと複雑怪奇となる.図1のパネル(A)が示すように,ある一つの行為から複数個の結果が出るのが普通であり,そのいずれの結果が実際に出るかは,そのときの「状態」に依存する.すなわち,状態1であれば結果1,状態2であれば結果2,状態3であれば結果3,等々ということになる.

例えば,ある人がレストランの開業を計画していると想定しよう.普通の人間は全知全能ではないので,レストランの営業成績が一体幾らになるかは,正確には予想できない.パネル(B)に見られるように,もし景気状態が「好況」ならば営業成績は「良好」であるが,もし景気が「普通」や「不況」ならば,成績はそれぞれ「普通」や「不振」ということになろう.

話はそれだけでは終わらない.レストランの営業成績は一般の景気状態だけでなく,店主の「ヤル気」や「才覚」などのヒューマン・ファクターによっても影響を受けるだろう.当該の店主はそもそも,その営業成績が予め読めないからこそ,開店に踏み切るべきか,それとも断念するか,大いに悩んでいる.

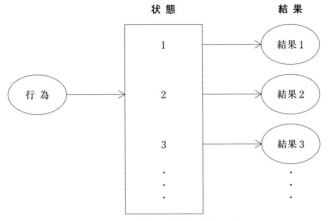

(A) 一つの行為から複数の結果が出る

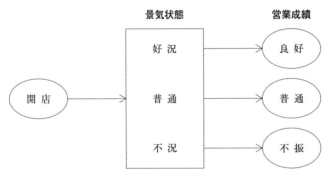

(B) レストランの営業成績は景気状態によって左右される

図1 リスクや不確実性のある世界

リスクのある世界では,意思決定の主体は多少とも苦悩するのであり,苦悩を断ち切るためには,果敢な「決断力」が必要となるだろう.

リスクと不確実性

「リスク」(risk)という言葉は,最近のマスコミを賑わせている.金融リスク,健康リスク,生活リスク,雇用リスク,カントリー・リスクなど,リスクの付く表現が実に目立っている.だが,それは一昔前では「危険」という訳語を当てていたことに注意したい.今の中国では,よく似た表現の「風険」という用

第1章 経済学におけるリスクとは

語が愛用されているのだ．

　ところで，「不確実性」(uncertainty)という類似の表現があるので，リスクと不確実性との関係について一言述べておきたい．

　現代の経済学においては，リスクと不確実性とはほぼ同じような意味で用いられることが多い．特に，1970年代において「不確実性の経済学」(economics of uncertainty)が一つの学問領域として市民権を得て以来，これら二つの言葉の区別はそれほど意識されていないようだ．

　確認しておきたい学史的事実がある．その事実とは，フランク・ナイトが名著『リスク，不確実性および利潤』(1921年)の中で，リスクと不確実性とを明確に区別し，両者の相違を基礎として自説を強力に展開したということである．

　まず，ナイトは「確率的状況」(probability situations)を取り上げて，それが三つのタイプに分類されるという．第一のタイプは「先験的確率」(a priori probability)である．これは，「二つのサイコロを同時に投げるときに，目の和が7になる確率」のように，数学的な組み合わせ理論によって決まる確率である．第二のタイプは「統計的確率」(statistical probability)であり，人間の平均余命や交通事故率など，実際の経験データから決まってくる確率である．第三のタイプは「推定」(estimate)と呼ばれるが，その性格は第一や第二のタイプとは全く異なる．というのは，推定の基礎となる状況が未経験の事柄であるか，大数の法則が成立しない特異事象であるために，確率そのものを形成することができないのだ．

　ナイトは，「不確実性」という言葉をむしろ一般的に用いており，それには「測定可能な不確実性」(measurable uncertainty)と「測定不可能な不確実性」(unmeasurable uncertainty)との二種類があるという．測定可能な不確実性とは上述の先験的確率もしくは統計的確率のことであり，とくに「リスク」とも名づけられる．測定不可能な不確実性とはナイトのいう推定のことであり，とくに「真の不確実性」(true uncertainty)とも言われる．

　現代社会においては，「リスク」という言葉が——測定可能か不可能かに関係なく——きわめて一般的に普及している．そこで，最近の私は——ナイトの分類方法とは異なり——「リスク」をできるだけ広く解釈し，そういう広義の「リスク経済学」が自分の専門領域であると考えている．すなわち，リスクに

は測定可能なものと不可能なものがあり，その中で測定不可能な後者のリスクに限って，とくに「不確実性」という言葉を用いたいと思う．

II　リスク経済学の歴史と現状

未明期，始動期，発展期——1970年代に至るまで

　リスクを体系的に扱う学問領域が「リスク経済学」である．リスク経済学という名称は比較的最近のことではあるものの，内容自体は「古くて新しい学問」であることを注意しておきたいと思う．

　私見によると，リスク経済学の歴史を5つの時代に分けて概観するのが便利である．表1において，左の欄には時代区分，右の欄には代表的な学者(発表年)を書いておこう．

　第一の時代は，有史以来1700年頃までに及ぶ「未明期」である．まるで夜明け前の闇の中にいるような時代であり，経済学自体が未だ学問としての市民権を確立していない．分かりやすく言えば，「ヤミの時代」である．

　もちろん，はるか古代ギリシャ時代から自然哲学や社会哲学が発展し，最後の17世紀にはニュートン(1642-1727)，ライプニッツ(1646-1716)，関孝和(1640？-1708)などの大数学者が世に出た．しかもこの間の時期に，確率の問題が早くも異才カルダーノ(1501-1576)によって取り扱われ，学問としての確率論はパスカル(1623-1662)やフェルマー(1601-1665)によって誕生したといわれている．

　要するに，この時期の特徴は，確率論がすでに誕生していたのに，経済学自体がいまだ確立していなかったために，リスクと経済学との関わりがほとんどなかったことである．

　第二の時代は，1700年頃から1940年頃までの長きにわたる「始動期」である．この期間には，リスクにかんする重要な研究が散発的に行なわれるようになった．なによりも，リスク経済学を展開するための数学——確率論——がこの時期にしっかり根を下ろしたのが大きい．

　今日に見るような確率論の誕生は，既に述べたように，パスカルとフェルマ

表1　リスク経済学の過去・現在・将来

時代区分	代表的な学者(発表年)
未明期 1700	闇の中で，経済学自体が確立していない (だが，確率論はすでに誕生していた)
始動期 1940	ダニエル・ベルヌーイ(1738)　アダム・スミス(1759, 76)　カンティロン(1755)　ベイズ(1763)　ラプラス(1812)　マーシャル(1890)　ナイト(1921)　ケインズ(1921, 36)　ド・フィネッティ(1937)
発展期 1970	フォン・ノイマン／モルゲンシュテルン(1944)　ナッシュ(1951)　ゼルテン(1960, 73)　フリードマン／サベッジ(1948)　トービン(1958)　マーコビッツ(1952, 59)　アレー(1953)　サイモン(1957)　スティグラー(1961)　プラット(1964)
成熟期 2000	アロー(1970)　アカロフ(1970)　スペンス(1974)　スティグリッツ(1975)　マルシャク／ラドナー(1972)　ハーヴィッチ(1973)　カーネマン／トベルスキー(1979)　サンドモ(1971)　ヴィヴェス(1984)　ブラック／ショールズ(1973)　マートン(1990)　アーサー(1994)　ヴァーノン・スミス(1991)
再生期	未知のままか，道が見つかるか，分岐点に立っている (学際的な「リスク学」の発展が待たれている)

ーの二人に負っている．そのきっかけを作ったのが，社交界の花形メレからのギャンブルに関する質問であったことに注目したい．確率論はその後，ベイズの「主観的確率論」によって一層発展させられ(1763年)，ついにはラプラスの大著『確率論』(1812年)によって一応の完成をみたと考えてよい．要するに，17世紀にすでに誕生した確率論は，18世紀に至ってますます発展し，学問として確立したわけである．

　リスク経済学の立場から見ると，「始動期」を代表する三人のスーパースターがいる．その三人とは，ダニエル・ベルヌーイ(1700-1782)，アダム・スミス(1723-1790)およびカンティロン(1680-1734)である．アダムのA，ベルヌーイのB，カンティロンのCを纏めると，始動期は「ABCの時代」と洒落ることもできよう．

　ダニエル・ベルヌーイは，かのニュートンの後を継ぐ偉大な数学者の一人である．ベルヌーイは新設のペテルブルク・アカデミーで数学教授となったが，その外地での経験を生かした画期的論文「リスクの測定に関する新しい理論」(1738年)を『ペテルブルク帝国科学アカデミー紀要』に発表した．この論文は，

リスクの下での意思決定基準としての「期待効用理論」の有効性を説いた史上最初の論文である．この意味において，ベルヌーイはリスク経済学の先駆者の一人であり，しかもおそらく最大の貢献者といってよい．天才ベルヌーイの現代的意義については，節をあらためて論じたいと思う．

アダム・スミスは言うまでもなく，「経済学の父」として名高い．スミスには，『道徳感情論』(1759年)と『国富論』(1776年)の二大主著がある．スミスは，グラスゴー大学の「道徳哲学」の主任教授として，一貫して人間行動のすぐれた観察者であり，道徳・倫理，さらにはリスクとの関わり方について深遠な分析を行なっている．特に，人々が利得の機会を過大評価したりする反面，損失リスクを過小評価する傾向があることを鋭く分析している．このことから，スミスと現代心理学との間には，重要な接点があるといえよう．

カンティロンは，時代的にはアダム・スミスより前の学者である．残念ながら，「ほとんど忘れられた重商主義者」ではあるが，死後出版の主著『商業試論』(1755年)を読むと，カンティロンの企業者論は「リスク挑戦」の立場から展開されたものとして，極めてユニークであることが分かる．その鋭い分析は，時代をはるかに超えて，20世紀の巨人ナイト(1921年)の考え方にも通じている．

問題の「始動期」を飾る業績としては，マーシャルの大著『経済学原理』(1890年)，ナイトの名著『リスク，不確実性および利潤』(1921年)，さらにはケインズの『確率論』(1921年)と『一般理論』(1936年)，ド・フィネッティの個人的確率論(1937年)などがある．このように，1700年頃から240年間に及ぶ長い期間において，リスク経済学の業績はいささか散発的ではあるが，その影響力を次第に高めていった．

第三の時代は，1940年頃から1970年頃までの「発展期」である．この期間はわずか30年という短い期間であるが，リスク経済学を一段と発展させる画期的業績が現れた．その業績とは，数学者フォン・ノイマン(1903-1957)と経済学者モルゲンシュテルン(1902-1977)の共同著作『ゲーム理論と経済行動』(1944年)である．ノイマンの「ノ」とモルゲンシュテルンの「モ」を合わせて，この発展期を「ノモの時代」と形容することもできよう．

ゲーム理論は，20世紀の社会科学の歴史を飾る一大知的建造物である．フ

ォン・ノイマンとモルゲンシュテルンの二人は，ともに「ヨーロッパの破局と転換の時代」を必死の思いで生き抜いた人間である．勝つか負けるか——対立と抗争は常に「ゼロ和ゲーム」である．相手の出方がよく分からないという「戦略リスク」の下で，各プレーヤーは自分の立場から最善の方策を見出そうとする．

ゲームの各プレーヤーが下す意思決定について，フォン・ノイマンとモルゲンシュテルンが特に注目したのは「期待効用理論」である．こうして実に200年振りに，ダニエル・ベルヌーイの妖怪が再び活躍の場を与えられることになった．ただし，ゲーム理論では，2人以上のプレーヤーの利害が衝突する状況を扱うので，各人の効用レベルは自分の戦略だけでなく，相手の戦略によっても影響を受ける．

ゲーム理論はその後において幾つかの紆余曲折があったものの，今日では経済学の確固たる分野として確立している．まず，「非ゼロ和ゲーム」がナッシュによって精力的に研究され(1951年)，その「不完全情報版」がゼルテン(1960, 73年)などによって展開された．これがスティグラーの研究(1961年)などを触発し，産業組織論の分野を飛躍的に発展させることになった．

この時期の特徴は，期待効用理論への関心が大いに高まり，その有効性と限界とが次第に明らかとなったことである．経済学者のミルトン・フリードマンと統計学者のサベッジは有名な共同論文(1948年)において，「人は保険に入りつつギャンブルをするのは何故か」という，アダム・スミス以来の問題を200年振りに再提起し，効用曲線の凹凸を考えることの重要性を説いた．これがプラットなどによる「リスク回避測度」の研究に繋がった(1964年)．それとともに，確率変数が2個以上ある場合に有効な「平均・分散分析」が，トービン(1958年)やマーコビッツ(1952, 59年)によって提案されたのも，この時期のことである．

それと同時平行的に，期待効用理論の有効性への疑問が鋭く投げかけられていたことに注意したい．特に，アレーによる反例やパラドックスの提示(1953年)，ならびにサイモンによる「限定合理性」の指摘(1957年)は，リスク経済学のその後の方向を示唆していたようである．

成熟期と再生期——1970 年代以降

　リスク経済学の歴史において，1970 年は時代を画する年である．というのは，1970 年に，碩学アローの名著『リスク負担理論に関する論文集』と異才アカロフの玉稿「レモン市場——品質不確実性と市場メカニズム」が公表されたからである．これ以後，リスク経済学は学問として成熟し，いわば大手を振って歩いていけるようになった．この「成熟期」は，1970 年頃から 2000 年頃まで続いていたと考える．

　上述のアローとアカロフ，それに才子スペンスと豪傑スティグリッツの輝ける業績が，1970 年代の始めに輩出した．いずれの名前も「A」か「S」のイニシャルを持つので，この成熟期の別名は「アスの時代」であるといえよう．

　リスクの世界においては，情報がものをいう．問題は，情報の分布が人々の間で公平でないことだ．アカロフによれば，中古車の売り手は買い手の無知につけ込んで，「レモン」と呼ばれる欠陥車を市場に持ち込むインセンティブを持つ．その結果，中古車市場はレモンの車であふれ，やがて市場取引の縮小ないし崩壊へと導くだろう，というのがアカロフの鋭い結論であった．

　このような「情報の非対称性」は，他の市場でも作用するのだ．保険市場においては，保険会社が保険加入者の「品質」——高リスクの人間か，それとも低リスクの人間か——を事前に見究めることが難しい．さらには，保険加入そのものが，不注意・怠慢や保険金目当ての詐欺行為などの「モラル・ハザード」を引き起こすかもしれない．

　こういうわけで，リスク経済学は「情報経済学」と親密な関係を取り結んでいるのだ．マルシャクやラドナーは情報の流れの観点から，独自の組織論を構築した(1972 年)．

　その一方で，リスク経済学や情報経済学の成果は，消費と貯蓄の理論や生産と企業の理論，さらには金融デリバティブの理論にも応用され，続々と新しい成果がもたらされた．ここでは特に，サンドモの貯蓄理論(1971 年)，ヴィヴェスの寡占理論(1984 年)，ブラック／ショールズの公式(1973 年)，マートンの金融デリバティブ理論(1990 年)などを挙げておこう．

　しかし，20 世紀末になると，いわゆる「世紀末的現象」が出てきたことを指摘したい．つまり，それまでのリスク経済学自体がややルーティーン化した

ため，輝きがやや鈍ってきたように思えるのだ．そこで，停滞状態を打破しようとする新しい動きが出てきた．実際，心理学者のカーネマンとトベルスキーは，人間行動の「心理バイアス」の存在を指摘し，「期待効用理論の一般化」を図ろうとしている(1979年)．これはある意味では，はるか200年以上も前のアダム・スミスの鋭い観察の「現代版」ともいえるものだ．経済学と心理学との交流が切に望まれるところである．

人間は他の動植物とは異なり，じつに「複雑な生き物」である．単なる効用ないし期待効用の極大化だけでは，「あるがままの人間」の姿が十分把握できないだろう．ブライアン・アーサー(1994年)などによる「複雑性の経済学」では，収穫逓増や経路依存という概念が大きな役割を演じる．これはリスク経済学との関連で，将来性が期待できる分野のひとつである．また，ヴァーノン・スミス(1991年)などによる実験経済学の誕生は，経済学の新しい地平を切り開くものであろう．

このように色々新しい試みはあったものの，総じて1970年頃から2000年頃までの30年間は，既存の経済学が全体として行き詰まり，革命的な「新しい経済学」の誕生が切に待たれる時期であった．現実の経済社会を見ると，豊かな国の貧しい人々の絶望感，都市のスラム化，農村の疲弊と人口流出，公害と環境破壊，豊かな国と貧しい国の格差拡大などの諸問題が山積している．これはリスク経済学の立場から解釈すれば，普通の人々の生活リスク，健康リスク，環境リスク，制度リスク，地域リスクなど，色々なリスク問題が世界中にゴロゴロしていることになる．しかし，残念ながら，既存の主流派経済学は古い枠組みにとらわれるあまり，斬新な回答を十分提出できないでいるといえよう．

われわれはいよいよ21世紀に入った．この新しい世紀がどういう世紀になるかは，漠然としていて，はっきりした予想がつかないのだ．

確かなのは，経済学がおおむね閉塞状況にあり，「経済学の再生」が是非必要だということである．そこで，私は2000年頃以降の時期をリスク経済学の「再生期」と位置付けたいと思う．前途は未知のままである．この未知(ミチ)の中から，はっきりした道(ミチ)が見つかるかどうかは，現時点では未だ不明である．

こういう理由から，21世紀の最初の何十年かは，「ミチの時代」と呼んでも

よかろう．リスク経済学が，ミチの時代からの脱出に成功したときには，その新たな再生と一層の飛躍が期待できるだろうと思う．

私は21世紀において，経済学だけでなく，心理学・社会学・民俗学・生物学・工学・医学などを含めた，学際的な「リスク学」の発展と飛躍を期待している．わがリスク経済学は，総合的なリスク学の中核の一つとなるだろうと思う．

III　リスクの下での意思決定

コイン投げゲームとパラドックス

「温故知新」という言葉がある．それは，昔のことをよく学んで，今の社会に新しく生かす，ということだ．リスク経済学は一見今風の学問のようではあるが，実は前節で述べたように，非常に古い学問でもある．

リスク経済学の一番の元祖は，ダニエル・ベルヌーイである．ベルヌーイが250年前に考案した「期待効用基準」ないし「期待効用理論」が，現在のリスク経済学の土台を支えている．人の生命は短いが，学問は長いものだ．本節では，かかる「土台」とは何かを端的に説明しよう．

ベルヌーイは精気あふれる30歳代前半，当時のヨーロッパ北東端の新興都市サンクト・ペテルブルクで過ごした．プーシキンは有名な叙事詩『青銅の騎士』(1833年)の中で，サンクト・ペテルブルクを次のように叙述している．

　「われわれがヨーロッパへの窓をあけ
　海辺にしっかと足をふまえて立つのはここだと
　自然がきめてくれているのだ．
　やがてとりどりの旗をかざした客人たちが
　未知の波濤を越えてここにやってくる」
　（木村彰一訳『プーシキン全集2』河出書房新社より）

サンクト・ペテルブルクは，「ヨーロッパへの窓」を開けるために作られた人工都市であり，幻想都市でもあった．その地に「未知の波濤」をはるばる越えてやってきた客人の一人が，ダニエル・ベルヌーイその人であった．

表2　ダニエル・ベルヌーイのコイン投げゲーム

事象	オモテが出るのが1回目	2回目	3回目	…	N回目	…
賞金	2	4万円	8万円	…	2^N万円	…
確率	1/2	1/4	1/8	…	$1/2^N$	…

　当時のサンクト・ペテルブルクでは，人々の間でギャンブル遊びが流行したらしい．ベルヌーイは，創刊間もない学術雑誌の中で，表2のような「コイン投げゲーム」に言及している．

　コインには，オモテとウラの両面がある．ある人がオモテが出るまで，コインを投げ続けるものとしよう．オモテが何回目に初めて出るかによって，その人が獲得できる「賞金額」が異なる．もしそれが1回目ならば2万円，2回目ならば4万円，3回目ならば8万円……，一般にN回目ならば2^N万円が賞金として獲得できるとする．ただし，コイン投げゲームへの「参加料」は一定額の100万円である．

　興味ある問題は，人は100万円の大金を支払ってまで，コイン投げゲームに参加するかどうか，ということだ．普通の常識からすれば，参加を見合わせるに違いなかろう．ところが，ゲームの期待値を計算すると，それは無限大になり，参加料の100万円よりはるかに大きくなる．この点を確かめると，次のようになる．

　先ず，オモテが1回目に出る確率は1/2であるから，そこから獲得可能な利得の期待値は，賞金2万円の1/2，つまり1万円である．次に，オモテが2回目に出る確率は1/4であるから，獲得可能な期待利得は，4万円の1/4，つまり同じく1万円である．以下同様にして，一般に，オモテがN回目に出ることから獲得可能な期待利潤は，2^N万円の$1/2^N$，つまり常に1万円となる．したがって，コイン投げゲームから獲得可能な期待利得の総額を計算すると，次のように無限大の大きさとなる．

$$(1/2)(2) + (1/4)(4) + (1/8)(8) + \cdots\cdots + (1/2^N)(2^N) + \cdots\cdots$$
$$= 1+1+1+\cdots\cdots+1+\cdots\cdots = +\infty$$

　このことの意味する所は重大である．仮にもしも人の行動が単なる「期待利

得基準」(expected-payoff rule)に従うならば，コイン投げゲームから獲得可能な期待利潤の大きさは，100万円の参加料をはるかに大きく上回る．だから，人は喜んでゲームに参加するはずだ．かくも非常識な結果は，今では「サンクト・ペテルブルクのパラドックス」として非常に有名なのである．

パラドックスの解消と期待効用理論

ダニエル・ベルヌーイの偉大さは，単にサンクト・ペテルブルクのパラドックスを指摘したにとどまらない．さらに突き進んで，彼はパラドックス解消の方法までも提案しているのだ．

ベルヌーイの議論の出発点はこうである．それは同じ1万円アップといっても，所得ゼロからの1万円アップの「値打ち」と，所得10万円からの1万円アップの「値打ち」とは決して同一ではない，という「生活の知恵」である．一般に，ある人の所得が次第に上昇していくような状況を考えると，その値打ちの増加分，つまり「期待効用」は同じでなく，むしろ漸次減少していくはずだ．上述のコイン投げゲームの参加者が考慮に入れるのは，各賞金額の期待値を総計することではなくて，各賞金額から獲得可能な「効用」の期待値を総計することである．そして，こういう期待効用の総量が，参加料から獲得可能な効用の量とが比較されるのだ．

ベルヌーイは上のように推論を進めて，リスクの下での人間行動を説明するさいの「期待効用基準」(expected-utility rule)，ないし「期待効用理論」(expected-utility theory)の有効性を説く最初の学者となった．経済学の歴史に照らしてみると，ベルヌーイはゴッセンやジェボンズ，メンガー，ワルラスよりも100年以上も前に，現代経済学でいう「効用関数の凹性」，つまり「限界効用減少の法則」に注目していた．

いま人の効用関数を所得 x の関数として，$U(x)$ と書こう．ベルヌーイによれば，$U(x)$ は単調増加の凹関数である．このとき，コイン投げゲームから獲得可能な期待効用の総量は，次のようになる．

$$EU = (1/2)U(2) + (1/4)U(4) + (1/8)U(8) + \cdots\cdots + (1/2^N)U(2^N) + \cdots\cdots$$

ここでの問題点は，上の EU が，参加料100万円の効用 $U(100)$ より大きいかどうかである．もし効用関数 $U(x)$ を具体的に特定化しないならば，議論は

ここで立ち消えになってしまうかもしれない．そこで，ベルヌーイは勇気を奮って，このような効用関数として，対数関数 $U(x) = \log x$ が最も適当であると考えた．そのときには，上式は具体的に次のように計算されるだろう．

$$EU = (1/2)(\log 2) + (1/4)(\log 4) + (1/8)(\log 8) + \cdots$$
$$+ (1/2^N)(\log 2^N) + \cdots$$
$$= (1/2 + 2/4 + 3/8 + \cdots + N/2^N + \cdots)\log 2 = 2\log 2 = \log 4$$

このようなわけで，人はコイン投げゲームの参加から $\log 4$ の期待効用を獲得できる．この数値はもちろん，ゲーム参加料の効用レベル $\log 100$ よりはるかに小さいから，人はゲームには参加しないだろう．かくして，パラドックスは無事解消し，常識が再びものをいうようになる．

期待効用理論の有効性と問題点

ダニエル・ベルヌーイが18世紀中頃に始めた期待効用理論は，あまりにも時代を先取りしていた．そのために不幸にも，以後の経済学の歴史において長い間，軽視ないし無視され続けた．だが，期待効用理論が20世紀中頃に完全復権を果たすやいなや，縦横の大活躍を見せるのだ．現代においては，期待効用理論なしには，リスク経済学の華々しい発展はありえないと言っても過言ではないだろう．

このように，期待効用理論の有効性は歴史において裏打ちされている．とりわけ，対数関数などの凹関数を愛用する点は，現代のミクロ経済学の中核部分とよく共鳴するところだろう．

ところが，「好事魔多し」というのが現実である．期待効用理論も決して「万能薬」ではなく，色々な「副作用」があるのも事実なのである．

第1の問題点は，確率をどう捉えるかに関係している．人が問題とする確率は，コイン投げでオモテが出る確率のような「客観的確率」とは決して限らないのだ．それはむしろ，安心感，信頼感，恐怖感などに関係する「主観的確率」に連なることが少なくない．さらに，確率分布自体が定かではなく，ぼんやりとした「不安」や「不確実性」がむしろ重要な場合すらある．

第2の問題点は，効用曲線の安定性に関係する．人は何故ギャンブルやロマンを好むのだろうか．人はギャンブル参加から独特の「興奮」や「高揚感」を

得るかもしれない．もしそうであれば，効用曲線そのものが安定しておらず，上下にシフトする可能性も視野に入れる必要があるだろう．この点については，次節でもっと詳しく議論したいと思う．

IV　リスク回避とリスク愛好

リスク回避と保険

　人間とは一体どういう生き物であろうか．人間とは「政治的動物」であるかもしれないし，「エコノミック・アニマル」であるかもしれない．また，「生まれた時には4本足で歩き，それから2本足へ移行し，最後には3本足で歩く動物」であるとも言えるかもしれない．

　私自身は，リスクや不確実性との絡みで，人間を次のように定義したいと思っている．

　「人間とは，安心を求めつつ，夢を食べる贅沢な動物である」

　伝説によると，動物のバクは夢を食べる動物である．我々人間も，大いなる夢とロマンを希求する動物である．だが，人間は基本的には，リスクをなるべく避けて，安全・安心を得たいと望む動物であろう．

　以上をまとめると，人間はリスクを避けると同時に，リスクにチャレンジする，というような贅沢な動物であるといえよう．つまり，人間は保険に入りつつ，ギャンブルに興じる一見奇妙な動物なのである．

　以下において，リスク回避とリスク愛好の問題について，もう少し分析的に論じてみよう．そのためにまず，人がいま次のような選択問題に直面していると考えよう．

　　（A）　50％−50％の確率で「変動所得」$x_0 \pm h$　（ただし，$0 < h < x_0$）
　　（B）　100％の確率で「確定所得」x_0

　二つの選択肢（A）と（B）がある．変動所得か，確定所得かの選択肢である．両者の平均値は x_0 で同じであるが，分散値が異なるわけだ．リスク回避の人は，不確実な（A）よりも，確実な（B）のほうを選好するにちがいない．このことは標準的な期待効用理論によれば，次のような不等式の成立を意味する．

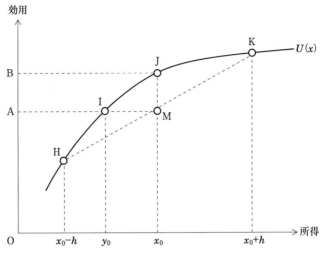

図2 リスク回避と「凹型人間」——保険プレミアムの意味

$$(1/2)U(x_0-h) + (1/2)U(x_0+h) < U(x_0)$$

　図2において，横軸は所得，縦軸は効用の大きさを測る．明らかに，上式の左辺および右辺の大きさはそれぞれ，点M(ないし点A)の縦座標値および点J(ないし点B)の縦座標値によって示される．もし効用曲線が図のように凹曲線であれば，弦HKの中点Mは弧上の点Jの下方に来る．したがって，縦軸上において点Aは点Bの下方に位置する．要するに，リスク回避の人はこの意味で「凹型人間」なのである．

　次に，確実な所得 x_0 を徐々に減らすことによって，上の不等式を等式に変えることを考えてみよう．いま，x_0 が $y_0 = x_0 - \rho$ のときに，次のような等式が成り立つものと想定しよう．

$$(1/2)U(x_0-h) + (1/2)U(x_0+h) = U(y_0) = U(x_0-\rho)$$

　このような y_0 を不確実な所得(A)の「確実性同値額」と言い，ρ を「保険プレミアム」ないし「保険料」と呼ぶ．保険プレミアム ρ の大きさは，人が所得変動のリスクを避けて，確定所得 y_0 を得るために支払ってもよいと考える最大額である．図2においては，線分MIの長さが保険プレミアム ρ の大きさを表わす．

　要するに，人がリスク回避者であれば，(凹型の効用曲線を持つという意味

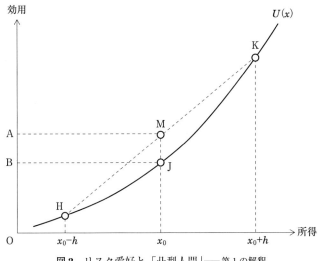

図3 リスク愛好と「凸型人間」──第1の解釈

で)「凹型人間」であり,幾ばくかの保険料を支払ってもよいと考えている.したがって,リスク回避の度合いが大きいとは,効用曲線の「凹度」が大きいことであり,保険料が大きいことに他ならない.

リスク愛好と「凸型人間」──第1の解釈

諺に,「蓼食う虫も好きずき」という.人はリスクの存在を前にして,それを回避することなく,むしろ真っ向からチャレンジする場合がある.

このようなリスク愛好の問題を分析するために,上述の(A)か(B)かの選択問題に立ち戻ろう.この場合,二つの解釈が可能であることに注意したい.第一の解釈は,リスク愛好をリスク回避の単なる「裏返し」と捉えるものである.つまり,リスク愛好の人は,リスク回避の人とは対照的に,平均値が同じならば,変動所得(A)のほうを確定所得(B)より好むと解釈するわけだ.したがって,不等号の向きが反対の次式が成立すると考える.

$$(1/2)U(x_0-h)+(1/2)U(x_0+h) > U(x_0)$$

図3において,問題の効用曲線が凸曲線であるとしよう.すると,弦HKの中点Mが弧上の点Jの上方に位置する.したがって,縦軸上において,点Aのほうが点Bより上方に来ることになる.こういう意味において,リスク

愛好の人は「凸型人間」であり，曲線の「凸度」が大きいほど，リスク愛好の度合いが大きいと解釈されよう．

人間の世界を観察すると，同じ人が保険に入り，ギャンブルに興じている．このことは，第1の解釈によれば，人はあるときは「凹型人間」になり，あるときには「凸型人間」になることを意味する．フリードマンとサベッジはかつて，人の効用曲線がはじめ凹曲線，途中で凸曲線，そして最後に凹曲線に戻るものと考えた．したがって，保険とギャンブルを同時に行なう人間は，凹凸並存の「凹凸凹型人間」ということになるだろう．

リスク愛好と「凹シフト型人間」——第2の解釈

読者は，上述の「凹凸凹人間」という考え方をどう評価するだろうか．それはなるほど，才気ある鋭い見方であるだろう．だが，私の感じるところ，「才子，才に溺れる」というような印象を持たざるをえないのだ．

まず，効用曲線が凹凸を適当に変化させるという考え方は，そもそも，通常のミクロ経済学の想定，つまり凹型効用曲線の想定とは相容れないのだ．次に，凹型効用曲線の基本的枠組みを崩さないままで，ギャンブル参加の分析が可能となるような「別の道」が立派に存在することを忘れてはならない．

この「別の道」を模索するための「導きの糸」は，プーシキンの名作『スペードの女王』(1833年) の巻頭に出てくる，次のような「題詩」である．

「お天気の　わるい日は　皆の衆　寄り合って
五十から　穴かしこ　百両と　場を張った
当たったり　外したり　白墨で　しるしたり
お天気の　わるい日の　皆々の　稼ぎはこれ」
(神西清訳，岩波文庫，2005年改訳)

帝都サンクト・ペテルブルクに住むプーシキンは，カルタ勝負に大変夢中であったらしい．カルタ勝負に限らず，宝くじ，競馬，競輪，花札，マージャンなど，各種のギャンブル行為の背後には，人々の気持ちを酔わせる「心理ファクター」が介在しているのだ．例えば，計算合理的にのみで考えれば，人々が「年末ジャンボ宝くじ」の売り場に殺到することなどは，「割に合わない」行為に相違なかろう．だがここでは，「一獲千金の夢」を買うというような計算外

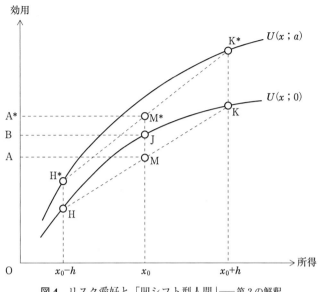

図4 リスク愛好と「凹シフト型人間」──第2の解釈

的要素が,人々の心理に微妙な影響を与えていると解釈できるだろう.

問題となるのは,効用曲線の形状と変数である.人々は基本的にリスク回避とみなせるので,その効用曲線は全体として凹曲線であると想定してよい.だがここでは,効用曲線の変数を一つ増やして二つとし,ギャンブル参加によって効用曲線が上にシフトするものと考えよう.つまり,効用関数はいまや $U=U(所得額)$ だけでなく,$U=U(所得額;心理ファクター)$ となるわけだ.

いま心理ファクターを α によって表わし,当該のギャンブルの内容が上述の選択肢(A)のごとくであるとしよう.もちろん,ギャンブル参加以前では,心理ファクターの介在は無視できるので(つまり $\alpha=0$),ギャンブル参加以前の効用レベルは次のようである.

$$EU(参加以前) = U(x_0;0)$$

図4において,これは「古い」効用曲線 $U(x;0)$ の上の点Jの縦座標値,つまり線分BOの長さによって示されている.

ところが,人がギャンブルに参加すると,効用曲線が上方にシフトするために,参加以後の効用レベルは次のようになる.

$$EU(参加以後) = (1/2)U(x_0-h;\alpha) + (1/2)U(x_0+h;\alpha)$$

それは図表の中では，「新しい」効用曲線 $U(x;\alpha)$ の弦 H*K* の中点 M* の縦座標値，つまり線分 A*O の長さによって測られる．

もし効用曲線が凹曲線であって，そのシフトが図4のごとくである場合には，縦軸上の点 A* が点 B の上方に位置するだろう．このことはもちろん，ギャンブル参加によって人々の期待効用がむしろ増大することを意味する．

私見によると，この新しい第2の解釈のほうが，古い第1の解釈よりすぐれていると思う．基本的にリスク回避者である人間でも，時にギャンブル参加によって気持ちを高揚させることが十分起こりうるからである．

V　不確実性と意思決定——確率が利用可能でない場合

テレビドキュメンタリー「プロジェクトX」とリスク挑戦者たち

「リスク」とよく似た言葉に「不確実性」という用語がある．もしリスクを上述のごとく広く解釈するならば，その中には実に色々なリスクが存在する．そしてそれは，事象が繰り返し生起し確率分布が確定できるもの(つまり測定可能なもの)と，そうでないものとに大別できる．前者が狭義のリスク，後者が特に不確実性と呼ばれる．以下では，不確実性下のプロジェクト選定問題を分析しよう．

数年前のことだが，NHK のドキュメンタリー『プロジェクトX——挑戦者たち』が大変な人気を博していた．そのオープニングテーマ曲は中島みゆきの名曲「地上の星」であり，人々の間に大きい感動を与えていた．

番組に登場するプロジェクトXの担い手たちは，ことごとくリスク挑戦者たちであった．彼らは，何処にあるのか定かでない「地上の星」をひたすら求めて，リスクの大きいプロジェクトに果敢に挑戦したわけだ．

ここで，注意すべき点がある．その点とは，世の中の出来事がすべてプロジェクトXのように上手く運ぶわけではない，という現実である．実際のところ，山のあなたに空遠く「地上の星」を楽天的に求めるよりは，もっと山のこなたを見据えて慎重に，一歩一歩踏みしめるのが得策の場合も少なくないだろ

表3 不確実性と意思決定——楽観シナリオと慎重シナリオ

プロジェクト	シナリオ Ⅰ	Ⅱ	最大	最小	平均	心理ファクター
X	10	−12	10	−12	−1	大
Y	5	−3	5	−3	1	中
Z	1	−1	1	−1	0	小
最大			10	−1	1	

う.

不確実性の世界では，何しろ生起確率が利用できず，人々は漠然とした状況下において意思決定を行なわなければならない．利用できるのは，いろいろなプロジェクトである．そして，各プロジェクトに応じて，人々は時には楽観的なシナリオを描き，時には慎重なシナリオを採用することが求められるのだ．要するに，不確実性下の意思決定は，リスクの下での意思決定より複雑怪奇であり，それだけに興味深いわけである．

不確実性下のプロジェクト選定——三つの判断基準

話を簡単にするために，表3のように，当該のプロジェクトがX, YおよびZというように三つあるとしよう．各プロジェクトに対しては，「楽観的なシナリオⅠ」と「慎重なシナリオⅡ」という，二つのシナリオが用意されている．ただし，各シナリオの生起確率はよく分からず，プロジェクト担当者の「心理ファクター」が微妙に作用するだろう．

三つのプロジェクトの中で，プロジェクトXはいわゆる「ハイリスク・ハイリターン」のプロジェクトである．それが生む利得は，楽観シナリオでは10であるが，慎重シナリオではマイナス12である．これに対して，プロジェクトYとZはそれぞれ，「ミディアムリスク・ミディアムリターン」と「ローリスク・ローリターン」のプロジェクトである．勇気，血気，ロマンなどの心理ファクターは，プロジェクトXのときに最も大きく働き，プロジェクトZのときに最小であると想定しよう．

これら三つのプロジェクトの中で，どれが最適であるかは先験的にいえない．実際，プログラムの選定作業は，判定基準ならびに心理的ファクターによって

大きく左右されよう．よく採用される判断基準として，次の三つが挙げられる．

第1の判断基準は，「最善の中で，なお最善を目指す」というような，非常に前向きな基準である．もっと正確には，「各プロジェクトについて最善のシナリオを想定し，その最善シナリオをさらに最善にするようなプロジェクトを選定せよ」という「マキシマックス基準」である．表3の場合には，プロジェクトXがこの基準によって選定されよう．

第2の基準は，「最悪の中で，最もましなものを選ぶ」というような，大変慎重な基準である．もっと正確には，「各プロジェクトについて最悪のシナリオをまず想定し，その最悪シナリオを最善にするようなプロジェクトを選定せよ」という「マキシミン基準」である．この基準では，プロジェクトZが選定されよう．

第3の基準は，「まず平均をとり，その中で最善なものを選ぶ」というような，中庸かつ常識的な基準である．この「マキシ平均基準」によれば，プロジェクトYが選定されよう．

上記三つの基準は，時と場合に応じて有効策となったり，行き過ぎたものとなったりする．第1の基準について想起されるのは，20世紀最大の経済学者ケインズが述べた次の言葉である．

> 「企業が将来の利益の正確な計算を基礎にするものでないことは，南極探検の場合とほとんど変わりがない．したがって，もし血気が鈍り，自生的な楽観が挫け，数学的期待値以外にわれわれが頼るべきものがなくなれば，企業は衰え，死滅するであろう」

（塩野谷祐一訳『雇用，利子および貨幣の一般理論』東洋経済新報社）

ケインズはナイトやシュンペーターと同様に，企業行動における「血気」の役割を重視する．南極探検やエベレスト探検を敢行する人は，基本的にはリスク挑戦者であろう．新機軸や新市場の開拓に励む企業家にも，単なる計算合理性だけでなく，それを超えた血気やヤル気が不可欠であろう．

ところが，公共工事プロジェクトの選定にあたって，もし役所がむやみに第1の基準に頼るようになると，色々問題が発生しがちである．たとえば，空港・新駅・娯楽施設など，公共施設の建設が問題になる場合に，プロジェクト担当者は形式的には「費用対効果」の分析を行なうのであるが，費用を過小評

価し，効果を過大評価する傾向に陥りやすい．とくに環境面への配慮を十分に行なうためには，「行け行けどんどん」の第1基準よりも，「将来を見据えて慎重に」という第2基準のほうが良策であることが多い．

　第3の基準は，第1と第2の中間に位置する基準である．理論的には面白みが少ないが，現実の政策決定の世界では案外採用されているようだ．とくに中庸を好む精神風土の中では，独特の心理的安心感が働くのかもしれない．

VI　不完全情報と経済社会のワーキング

不完全情報の世界

中国最古の兵書『孫子』の中に，次のような言葉がある．
　「彼を知り己を知れば，勝すなわち殆(あや)うからず．地を知りて天を知れば，
　　勝すなわち全うすべし」
人間社会においては，情報戦に勝つことが何よりも重要である．自分のことを知り，相手のことを知るならば，戦いを有利に進めることができる．もし情報の分布が社会の成員の中で平等でないならば，社会経済のワーキングとパフォーマンスが非常に悪くなるのだ．

　例えば，一方において，医療サービスの世界では，供給者の医師サイドは，需要者の患者サイドに比べて圧倒的な情報優位に立つ．そのために，過剰検査，過剰投薬などの「モラルハザード」が発生しやすいのだ．他方において，損害保険の世界では，保険者(供給者)のほうが，非保険者(需要者)の「能力」や「資質」について，十分な情報を持つことが難しい．そのために，「上等な顧客」が損をし，「下等な顧客」が得をする傾向がある．

　こういう不完全情報，とくに非対称情報の下での市場のワーキングの問題が，1970年代以降においてアロー，アカロフ，スペンス，スティグリッツなどの学者によって取り上げられた．以下では，簡単なゲーム理論の手法を用いながら，不完全情報の効果分析を行なおうと思う．

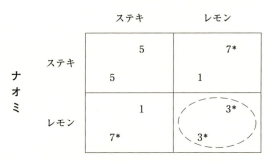

図5　非対称情報の効果——レモンの原理

中古車市場とレモンの原理

　アカロフが取り上げた「中古車市場」においては，情報の非対称性が顕著である．というのは，売り手のほうは自分のクルマのことはよく知っているのに，買い手のほうにはクルマについての情報がほとんど入らないからだ．

　話を明快にするために，クルマの売り手が「ナオミ」と「マサミ」の二人であり，相互の間で図5のごとき「中古車ゲーム」を行なうと考える．売りに出されるクルマについては，品質上等の「ステキ」と，品質下等の「レモン」の二種類であると想定する．

　二人のプレーヤーと二つの戦略ということだから，全体で四つのボックスが現れる．もし二人の戦略が同じならば，問題は簡単である．すなわち，両者の戦略がステキ（あるいはレモン）である場合には，二人ともに5の利得（あるいは3）を得る．ここではもちろん，ステキのほうがレモンより高い評価を受ける．

　ところが，二人の戦略が異なると，事態が一変する．たとえば，ナオミが良質のステキを出すが，マサミは悪質のレモンを出すとしよう．クルマの買い手にとっては，市場に出ているクルマがステキなのかレモンなのかの判別がつかない．そこで，買い手は窮余の一策として，目の前のクルマの品質が並程度だと考えて，ステキより安く，レモンより高い値段をつけるだろう．そのときには，損をしたステキの売り手（ナオミ）は1の利得，得をしたレモンの売り手（マサミ）は7の利得を得る．

中古車ゲームが図5のようであると，ゲームの均衡解を求めることは容易な業である．まずマサミの戦略を「ステキ」に固定したとき，ナオミが戦略「ステキ」をとると5の利得，戦略「レモン」をとると利得7が得られる．これら二つの利得の中で，より大きい数値7に星印「＊」をつける．次に，マサミの戦略が「レモン」に固定されれば，ナオミの最適戦略はレモンであり，3の利得が得られる．この3に「＊」をつける．

同様な作業は，ナオミの戦略を固定し，マサミの戦略を動かしたときにも行なえよう．その結果，右下のボックスだけが二つの星印「＊」がついたボックスとなり，それが中古車ゲームの均衡ペア（レモン，レモン）＝（3,3）を表わす．左上のボックス（ステキ，ステキ）＝（5,5）はより優れたペアを示すが，ゲームを通じて実現されることはない．

中古車市場の均衡においては，ナオミもマサミもレモンを売りに出す．市場に出回るのは，買い手の期待を裏切る欠陥車のみとなるので，やがては市場の機能停止に陥るだろう．これは「悪貨は良貨を駆逐する」というグレシャム法則の「市場版」である．

非対称情報の世界では，上述の「レモンの原理」は極めて一般的に働く．他の例として，「高速バスの運行ゲーム」がある．地方から大都会に至るルートを運行する競合バス会社にとって，二つの採用可能な運行戦略があるとしよう．一つは，補助の運転手を付け，制限速度を遵守する「安全運転戦略」である．他の一つは，補助の運転手を付けずに制限速度も守らない「スピード運転戦略」である．このゲームの均衡では，双方のバス会社がスピード運転の戦略を選ぶだろう．目前の利益だけにとらわれるあまり，「安全」が損なわれる公算が大きいわけである．

モラルハザードと社会の品格

レモンの原理は，いわゆる「社会の品格」を分析する際にも有効である．中古車市場においては，各人が当初より，品質の異なる2種類のクルマ——良質のステキと悪質のレモン——を所有していると想定されていた．ところが，たとえ新車の時には同じでも，時が経つにつれてクルマの状態が多少とも異なってくるのが普通である．それは何故だろうか．理由は色々あるだろう．まず考

えられるのは，気候や走行距離など，客観的条件の違いである．それに加えて，クルマの手入れの状態，運転マナー，事故歴など，主観的条件の違いも無視できないだろう．

　ここで問題にしたいのは，後者の主観的な人的条件の違いの方である．いま，ある個人が新車を購入したとして，5年後には別の新車に買い換えるつもりだと考えよう．5年後のクルマは，運転者の手入れや運転マナー次第によって，良質のステキのままであったり，悪質のレモンに劣化する可能性がある．もし中古車市場においてステキとレモンの選別が出来ず，同一の価格が付けられる場合には，クルマの所有者は5年間のクルマの維持に対してどういう態度をとるだろうか．たとえ購入時に人品のステキな「君子」でも，5年後にはレモンのような「小人」に堕することは起こらないだろうか．もしそうならば，レモンの原理がここでも働き，人格低下というような「モラルハザード現象」が世の中に氾濫するだろう．

　20世紀は社会主義の世紀だった．ソ連が1922年に世界史上最初の社会主義国として誕生し，アメリカと張り合うまでに発展し，そして1991年に無残にも崩壊した．このようなソ連の栄枯盛衰の歴史を見ると，不完全情報と社会経済のワーキングとの間に密接な関係があることは確かであろう．

　どのような社会においても，情報の流れが偏ったり，一方的になると，社会経済のワーキングが非常に悪くなる．とくに非対称情報下においては，悪貨が良貨を駆逐し，レモンがステキを追い払い，品格の劣る人々が世の中にさばるようになろう．このような現象は，市場経済だけに特有なものではない．それどころか，歴史の教える所によれば，社会主義経済において，もっと大々的に発生する可能性がある．というのは，社会主義国では，党・政府による情報の集中管理が大規模に行なわれるからだ．

　この点について，当時のソ連大統領 M. ゴルバチョフは，次のように述べていた．

　「言うことと行うことの間に大きな開きがあるため，発表されるスローガンに対して大衆は，無力感と不信感を抱く．こういった状態では，信頼感の欠如が生じるのも当然である．すなわち，政府の発表，新聞記者，本に書いてあることをすべて疑ってかかるのだ．大衆のモラルも低下しはじめ

ている」

(ゴルバチョフ，田中直毅訳『ペレストロイカ』講談社)

　わが日本社会の現状を謙虚に観察してみると，上述のゴルバチョフの嘆き節は決して他人事ではないように思われる．日本はいわゆる「格差社会」に突入している．経済格差，地域格差，医療格差だけが，格差のすべてではないのだ．教育格差，大学格差，ネットワーク格差など，各種情報の流れに関わる「情報格差」の問題が年々拡大する傾向にある．

　現在ほど，国家の品格，社会の品格，人間の品格など，品格やモラルの問題が問われているときは他にない．こういう重大問題を解くためには，経済学的アプローチだけでは十分ではないだろう．心理学的・社会学的・生物学的・工学的・医学的アプローチを含めた「総合的・学際的アプローチ」が絶対不可欠であるように思う．そのための中心的な支柱の一つとして，リスク学ないしリスク研究は今後ますます重要性を高めていくことだろう．

参 考 文 献

池田三郎・酒井泰弘・多和田眞編著(2004)，『リスク，環境および経済』勁草書房．
酒井泰弘(1982)，『不確実性の経済学』有斐閣．
酒井泰弘(1991)，『リスクと情報――新しい経済学』勁草書房．
酒井泰弘(1996)，『リスクの経済学――情報と社会風土』有斐閣．
酒井泰弘(2006)，『リスク社会を見る目』岩波書店．
ジョージ・A・アカロフ著，幸村千佳良・井上桃子訳(1995)，『ある理論経済学者のお話の本』ハーベスト社．
フォン・ノイマン／モルゲンシュテルン著，銀林浩・橋本和美・宮本敏雄監訳(1972-73)，『ゲーム理論と経済行動』東京図書．
水島一也編著(1995)，『保険文化――リスクと日本人』千倉書房．

第2章
リスクと法

中山 竜一

　思いがけない事故が発生したとき，必ず問題となるのが，それを未然に防げなかったのかということ，そして，その責任を誰が負うのかということである．このように，潜在的なリスクに直面し，不幸にもそれが現実のものとなるとき，法にはいったい何ができるだろうか．本章では，民事上の責任に焦点を当てながら，「リスクと法」にかんする全体的な見取り図を描きだす．とりわけ(1)因果関係の把握と過失責任，(2)統計データから得られる確率と無過失責任，(3)予見不可能なリスクと予防＝事前配慮原則といった，法的責任の三つの体制を取りあげ，様々なリスク類型と法的手立てによるリスク対処との関連にかんして検討を加える．これにより，「リスク社会」における法的リスク管理の重層的な構造が提示されることとなるであろう．

はじめに——リスクと法的責任

　1　「リスクと法」は切っても切れない関係にある．だが，その一方で，このテーマを正面から取りあげる研究は，必ずしも多くはない．そこで，まず手始めに，リスクと法がどうかかわるかということから確認しておくこととしよう．
　私たちはいまや，日常生活の隅々にいたるまで，様々なリスクに囲まれて暮らしている．寝覚めにシャワーを浴びようとしたら，ガス給湯機の欠陥のため，一酸化炭素中毒になってしまうリスク．ヨーグルトを食べようとしたら，期限

第2章　リスクと法

切れの牛乳でつくられていたため，ひどい食中毒に苦しむことになるリスク．いつもの通勤電車に乗ったら，人身事故のため到着が遅れ，取引先との契約が台無しになってしまうリスク．クラブ活動中に倒れ，その後適切な処置がなされなかったために一生の障害を背負うこととなるリスク．持病の治療のため新薬を処方してもらったところ，かえって調子が悪くなり，病気をもう一つ抱え込んでしまうリスク．住みやすそうな町だと思い，なけなしの貯金で家を建てたところ，放漫財政のため自治体が破産し，住民税が一挙に跳ね上がるばかりか，市民サービスまで劣悪となるリスク．経済状況の悪化とそれに伴う社会不安のため治安が悪化し，通り魔的な凶悪犯罪に巻き込まれることになるリスク，等々．このように，リスクにかかわる言葉を使って表現することのできる潜在的な災厄は，数え上げたらきりがない．

　不幸にして，こうしたリスクが現実のものとなるとき，私たちの心にまず浮かぶのは，誰のせいでこんなひどい目にあったのかということだろう．たとえば，病院で出された薬を飲んだ結果，自分や家族が大きな障害を背負うことになった場合，私たちはおそらく，その責任が誰にあるのかを問うことだろう．間違った薬を処方した，ないしは危険性の高い薬をあえて使った医師や病院を責めるべきなのか，製造元の企業が十分な安全性のテストを怠ったのが悪いのか，その薬が市場に出回ることに公的な認証を付与した管轄省庁に問題があったのか，あるいは，いい加減な病院選びをした自分が悪いのか――言い換えれば，これらはみな「誰に責任があるのか」にかかわる問いと言ってもよい．そして，この「責任」なるものをさらに分解すると，大きく二つに分けることができる．まず，(1)患者の信頼を裏切り，社会秩序に重大な害悪を及ぼしたことに対する責任，そして，(2)この事故により生じた損害の費用――すなわち，医療費，通院費，介護費用，住居をバリアフリー化するための改築代，もし事故にあっていなければ仕事などを通じて稼ぐことができたであろう賃金等の逸失利益といったもの，これら全てを賠償する責任である．そして私たちは通常，前者を刑事責任，後者を民事責任と呼んでいる．

　ただ，日常的なリスクを考える場合には，民事責任の方が差し迫った問題となる場合が多い．というのも，刑事責任は個人の基本的な自由や権利を損なう重大な制裁をもたらすため，刑法典にあらかじめリストアップされた行為し

か責任を追及できず，しかも，その担い手は，検察官等の公務員に限定されるからである．これに対し，民事責任は私たちが常日頃から関わり合うものであり，そればかりか，自らが主体的にこれを活用しなければ，損害の回復に必要な費用は二度と返ってこない．以上の理由から，本章では，ひとまず民事責任に焦点を絞って議論を進めることとしよう．

2　ところで，不慮の事故などを通じ潜在的なリスクが現実のものとなり，誰かがその責任を負わなければならないとき，伝統的に最も重要な役割を担ってきたのが，民法が準備する諸制度のうちの一つ，不法行為法である[1]．不法行為法とは一言でいえば，事故などで失われた損害の回復に必要な費用を，被害者から加害者へと転嫁する制度であり，その意味で損害費用の回復をその主たる働き＝機能とする．これと同時に，不法行為法は「〜をすると損害賠償の義務が生じて結局は損ですよ」というメッセージも併せ持つ．その意味で不法行為法には，逸脱行動の抑止という（刑事法にも似た）副次的な働き＝機能もあると言える．実際，アメリカのように，刑事処罰的な抑止効果を明示的にねらう「懲罰的損害賠償」の制度を設けている国もある．

ただ，損害の抑止を言うのであれば，そもそも事後的な損害費用の回復を主眼とする不法行為法に期待するよりも，リスクをはらんだ行為，ないしは，リスクを含む商品やサービスの提供や流通をあらかじめ禁止したり，これに何らかの規制の網をかけるための別個の制度をつくった方が，実効性の面でもさらに期待が持てるに違いない．こうして，潜在的なリスクにかんして法が為すことのできるもう一つのアプローチとして，差止請求や，さらには環境法，食品衛生法，薬事法などの行政法的な規制を通じたリスク現実化の未然防止という手立てが構想されることとなる．

このように，いまや法を通じて行われるリスクへの対処は，伝統的な不法行為法による事後的救済にとどまらず，私たちの認識枠組とリスク観，さらにはこの両者が大きく影響する被害者の意識の変化と歩調を合わせながら，多様なチャンネルを開きつつある．また，それに伴い，不法行為法をはじめとする伝

1）　契約法も，リスク現実化の際の費用の分配を事前に取り決めるという意味で，一定のリスク管理的な機能を担うと言うことができる．この意味で，契約法はいわゆる予防法務的なリスクへの対処と関連するが，本章ではこれについては省略する．

統的な救済制度の内実も，その姿を大きく変容させつつある．そこで，本章では話を単純化するために，個別分野の細かい論点には深入りせず[2]，「リスクと法」にかんする全体的な見取り図を，時間軸を追って描きだしてみたい．

I 予見可能性と過失責任

1　すでに述べたように，事故などのかたちで潜在的なリスクが現実のものとなり，誰かがその責任を負わなければならない場合，いまも真っ先に持ち出されるのが不法行為法である．民法709条はこれを次のような一般的・包括的な仕方で規定する．

　「故意又は過失によって他人の権利又は法律上保護される利益を侵害した者は，これによって生じた損害を賠償する責任を負う．」

つまり，生命・身体・財産・生活・名誉，等々に損害を受け，その損害が他者により意図的に，ないしは，その落ち度から生じたものであるならば，その回復に要する費用は，その損害を生みだした当人が負うことになるということである[3]．

日本民法のこの規定のルーツは，フランス民法典1382条「他者に損害を引き起こす人の行為については，それがどのようなものであれ，その損害が過失から生じた場合には，その者に損害を賠償する義務を負わしむる」という文言にあり，さらに遡れば，古代ローマ法にまで辿りつくとされている．もちろん，法学説史の混み入った話をしようというわけではなく，次の点に注意を促したいのである．たしかに，日本民法やフランス民法典における「過失」の概念は，古代ローマ法の「善良な家長の注意深さ」をもって行為しなかった「落ち度culpa」という考え方にその起源を持つ．しかし，さらに重要なのは，これが17, 18世紀を通じ，グロティウス，プーフェンドルフ，ドマといった近代自然

---

2)　これについては，本シリーズ第3巻『法律からみたリスク』を参照されたい．
3)　民事的な法関係にあっては，まずは「損害を回復する費用を誰が負うべきか」ということが問題となるので，損害が故意により生じたのか，あるいは過失によるものかということは，必ずしも重要とはならない．よって，以下では過失に的を絞り議論を進めることとする．（ただし，社会秩序の維持を目的とする刑法においては，故意と過失の違いは決定的に重要である．）

法論の思想家たちにより，近代的な世界観，ないしは認識論的枠組に合わせて書き換えられているという点である(Zweigert and Kötz, 1998)．つまり，現在の過失責任の基盤には，通常の知性と判断力を有する「理性人」という近代的な人間像と，それを中核とする新たな認識＝行為連関が存在するのである．

2　やや図式的ではあるが，この新たな認識＝行為連関は次のように説明される．まず第一に，人間には理性が備わっており，これを使って自己の外部の世界にある事物の因果関係を知ることができる．たとえば，高い場所から花瓶を落とせば，粉々に割れるばかりでなく，たまたまその落下点にある物や人に対しても大変な被害を及ぼすといったように．物理学をモデルとする伝統的な自然科学の基本的発想は，こうした原因と結果の知識を蓄積することだろうし，私たちが初等教育で学ぶ理科的な教育も，こうした因果関係にかんする知識の修得を目指すものであったと言えるだろう．

次に，近代的な人間像のもう一つの特徴は，それが理性だけでなく，自由意思を行使する力を持つとする点である．これにより，理性の行使により獲得された知識は，ただ無闇に蓄積されるのではなく，外部世界のコントロールに活用されることになる．たとえば，花瓶がベランダから落ちそうで危ないと判断するのであれば，自分の自由意思を活用し，花瓶を安全な場所に移すとか，柵を作るといった自己決定を行えばいいのである．

理性による因果関係の把握と自由意思による外的世界への介入というこの近代的な認識＝行為連関は，今日では，コペルニクスやニュートンらによるいわゆる「科学革命」によって生まれたと言われている．この「革命」を通じ，人間を取りまく自然的世界と人間の内部の精神的世界，ないしは，客体としての「事物」の世界と主体としての「自己」の世界が分離され，物理学を中心とする自然科学と哲学等の精神科学がそれぞれの道を歩み始めることとなったとされるのである(Koyré, 1957)．そして，本章の議論にとってとりわけ重要なのは，この新たな認識＝行為連関，あるいは認識論的枠組が形成されたことにより，「自分の行為がどんな結果をもたらすか」にかんする予見可能性が飛躍的に増大したということにほかならない．マックス・ウェーバーやフランクフルト学派の思想家たちが指摘したように，この予見可能性は，科学・経済・政治等々といったいわゆる近代社会の諸々の営みの前提となるばかりか，法的責任の観

念にも決定的な影響を及ぼしている．

3 予見可能性と法的責任，とりわけ民事上の過失責任との関連は次のように説明される．まず理性による原因と結果の連鎖の認識，自由意思による介入という図式を前提とすれば，次のような推論が自ずと導かれる．通常の理性と判断力を備えた人間であれば当然に回避すべき——すなわち，事物の因果関係を理解することにより予見が可能であり，自由意思の適切な使用によって回避すべき損害を，自己の不注意のために引き起こしたならば，その責任は損害をつくりだした当人に帰せられ，よって損害により生じた費用もその者が負担しなければならない．つまり，結果が予見可能であったにもかかわらず，回避のための適切な措置を講じなかったという点に，過失責任のそもそもの出発点は存在するのである．

4 現代に生きる私たちからすれば，過失責任の原則を導くこういった推論は，ごく当たり前のことのように思われるかもしれない．だが，同じくこの推論から導き出される次の帰結に対しては，あまり目が向けられていないようにも思われる．

第一に，結果の予見可能性が過失責任の前提条件であるとすれば，通常の理性と判断力を持った人でも因果関係を把握できず，したがって予見不可能な損害については，誰にもその責任を帰することができないことになる．その結果，こうした損害は，誰のせいでもない一種の不運や災難と見なされ，被害者本人が損害の費用を引き受けざるを得ないこととなる．わかりやすい例は，地震や津波などの天災被害だろう．事実，これらについてはごく最近まで，慈善活動等の他者の善意や，共同体的な相互扶助を期待できる場合を除けば，被害者本人が損害回復費用の全額を負担するほかなかった．つまり，被害に遭った人々は，単に「運が悪い」とされたのである．

第二に，何らかの損害を被り，自分以外の誰かの過失のため，その損害が引き起こされたと主張するには，相手側に過失があったこと——なかでもとりわけ損害結果が予見可能であったということを，被害者の側で立証しなければならない．なぜなら，加害者側は，当然に「結果は予見不可能だったので自分には責任はない」と主張するはずだからである．こうして，過失の立証は，基本的に被害者側の負担となる．そして，これは現在もなお，不法行為法の基本原

則として通用している．

　だが，ここで少し立ち止まって，次のようなケースを考えてみて欲しい．インフルエンザの特効薬だとして医師から処方された新薬を飲み，取り返しのつかない障害を負うこととなった被害者に，その新薬と障害の間の因果関係を立証することは，はたして可能だろうか．なぜなら，その新薬にかんする情報を最も豊富に所有しているのは，それを処方した医師，ないしは製薬会社や許認可権限を持つ監督官庁だからである．同じことは，安全装置の不具合のために仕事中に大怪我を負うような場合や，列車の脱線事故のために大量の死傷者が出るといった場合にも当てはまる[4]．

　このように情報の格差が存在するために，予見可能性という要件が，事故の被害者に対する過酷な要求となる場合は決して少なくない．しかも，さらに悪いことに，過失責任の前提となった同じ認識＝行為連関を基盤として大規模な産業化が推し進められた結果，こうしたタイプの事故被害者の数は，その後，劇的に増えていく．このような被害者たちを救済するための，何かよい手立ては存在しないものだろうか．

II　統計・保険・無過失責任

　1　前節の終わりで触れたように，過失責任の前提となった近代的な認識＝行為連関，ないしは認識論的枠組は，社会それ自体にも一大変化をもたらした．これが一般に産業化と呼ばれるプロセスであるが，それは同時に，これまでにない新たなタイプの事故を大量に産み出す結果ともなった．産業化の進展は，見方を変えれば，事故の歴史と言っても言い過ぎではない(Virilio, 2005)．

　産業化の時代たる19世紀がまず目にしたのは，工場や炭坑で頻発する労働災害である．労災事故の被害者である労働者たちが不法行為法により損害賠償を手にするためには，事故の原因が劣悪な労働環境や機械の整備不良等にあり，

　4）　また，異なる論点として，「事故防止という観点からすれば，過失責任の追及は単なる加害者探しに終止しがちであり，将来の事故防止に資するための原因究明にとっては障害となる場合もある」という安全学からの指摘もあり，傾聴に値する．

それが経営者の過失に帰因するということを立証することが必要であった．だが，すでに述べたように，これは，ほとんど絶望的な要求と言わざるをえない．こうして労災事故の被害者たちはほとんどの国で，何の救済の手立てもないまま，長らく放置され続けたのである．たしかに，このような法制度は経営者たちからすれば，労働費用を圧縮して安価に商品をつくり，市場競争で優位に立つために好都合であった．しかし，勃興しつつあった国民国家からすれば，それは国力を大幅に減衰させ，その結果，国家間競争に重大な悪影響を及ぼす，由々しき問題にほかならなかった．こうして，「社会問題」という新たな問題設定と，これと密接に結びつく統計に基づく「リスク」という観念が，にわかに歴史の舞台に登場することとなる．

2　ところで，本章ではこれまで，リスクという言葉をそれほど厳密には定義してこなかった．たとえば，最近よく耳にするリスク・テイキング，ないしは「リスクを取る」といった言い回しは「損失を被る可能性もあるが，逆にそこから大きな利益が得られる可能性もあるので，敢えてやってみる」といった意味だろう．言い換えれば，これは，確かではないことやわからないこと，つまり「不確実性」や「非知」の存在を知りつつも，それを十分承知の上で行為することであり，近年の意思決定理論や組織理論においては，こうした広義の用法が支配的であるように思われる[5]．だが，ここで目を向けておきたいのは，「リスク」という表現がもともとは保険用語として使われ始めたということ，そして，それがやがて確率や統計の観念と結びつくようになったということである(Ewald, 1991)．

保険の歴史をここで詳しく論じることはできないが，少なくとも近代的な保険について言えば，その核心は，統計と確率の発想を社会的事象に当てはめた点にある．つまり，次のようなことである．さいころを何度も振り続けると，

---

[5] ニクラス・ルーマンによる有名な「危険／リスク」の二分法もこの文脈に置くことができる（山口，2003）．たしかに，「あらゆる知には不確実性や非知がともなう」という指摘はもっともであるし，災難に曝されるだけの受け身の立場からすれば(自分の行為とは無関係の)外部からの「危険」としてしか認知されない事象も，意思決定者としてセカンド・オーダーから観察すれば自己の決定に内在する「リスク」と見なされるというルーマンの考えは，たとえば住民と行政機関のリスク・コミュニケーションが問題となる場合のように，紛争の解消につながる何らかのヒントを提供してくれるかもしれない．ただ，このようなリスク理解は，どんな時代であれ適用可能なものであり，法的責任の変遷を追う本章の試みとはその関心を異とする．

一の目が出る確率は限りなく六分の一に収斂していく．保険という実践が発見したのは，「大数の法則」と呼ばれるこの原理が，人の生死をはじめとした社会的現象にも当てはまり，それゆえ，あらかじめ統計を取って年齢ごとの死亡率等の確率を割り出しておけば，損失補塡のために必要な資金額を，保険料のかたちで事前に合理的に算定できるということである（中山, 1995）．そもそも「断崖の狭間を巧みに船を操る」という意味のラテン語を語源とし，やがては大航海時代の冒険資本主義——そして，この時代の投機的な海上保険——とも関係深い「勇気をもって敢えて試みる」という意味となった「リスク」という言葉は，こうして，統計データを前提とする損失発生の確率，ないしは損失額の期待値を意味するようになる（ちなみに，このような統計データの収集と予見される損害の配分という基本原理に則った最初の近代的保険事業が，1762年にイギリスで設立されたエクイタブル社であった．エクイタブル社の創業者たちは，合理的保険事業の礎となる年齢ごとの死亡率一覧表——「生命表 life table」——の作成を，ベンジャミン・フランクリンやアダム・スミスの友人でもあり，また数学者トーマス・ベイズの論文「偶然性の問題解決に向けての小論」を譲り受けたリチャード・プライスに依頼している．）

3　ところで，統計データと確率に立脚するリスクの新たな捉え方は，労災事故のような大量現象にも適用することができる．労災事故は，使用者や労働者等の個人の注意深さ——別の言葉で言えば，理性による因果関係の把握と自由意思による介入——によって左右されるものと言うよりも，工場の運営という事業に一定の確率をもって内在する「リスク」と捉えるべきなのである．こうした労災事故のリスクは，事故にかんする過去の統計データを収集し，事故の発生率を割り出すことにより，一定の合理的な算定が可能である．それゆえ，工場運営のような危険を伴う事業を行う経営者は，事業にともなうリスクと事業収益を天秤にかけ納得ずくでそうした事業を行っている以上，専門的知識と資金を動員し，そうしたリスクが現実のものとなることを未然に防止する責任がある．そして，万が一そうしたリスクが現実のものとなった場合には，たとえ経営者には何の過失もなかったとしても，一定のリスクを内包する事業から利益を得ていることの責任を引き受け，その損害を賠償する義務を負うはずである．これが「無過失損害賠償責任」という新たな責任の捉え方にほかならな

第 2 章　リスクと法

い．

　日本法の形成に大きな影響を与えたフランスでは，こうした新たな責任の捉え方が，ボイラーの爆発事故に使用者側の責任を認定した 1896 年 6 月 16 日の破毀院判決において，判例法のかたちで出現した．この事件の裁判官たちは，本来は過失責任の体系内での補助的規定に過ぎなかった民法 1384 条 1 項――「人は自己の行為により生ぜしめた損害のみならず，自己が責任を負うべき他人または自己が保管する物の行為により生じた損害についてもまた責任を負う」――を，経営者の無過失責任を規定するものとして読み替えた．こうして，無過失責任というこの新たな責任観は，やがてサレイユやジョスランといった当時の法学者たちにより「リスクの理論 théorie du risque」として定式化され，次いで，1898 年の労働者災害補償法として立法化される (Ewald, 1986)．そして 20 世紀に入ると，こうした判決を通じての無過失責任化の流れは，1930 年の破毀院判決により，新たな大量現象たる交通事故にも波及する．自動車の普及は，現代社会に多大の恩恵を及ぼす一方で，数多くの事故被害者を産み出した．飲酒運転や無謀運転のように運転者の刑法上の過失を厳しく問い質すべき場合もあるが，かといって，運転者の過失が立証されない限り，被害者はいかなる補償も得られないとすれば，それは被害者救済の観点からして，あまりに酷と言わざるを得ない．そこで，自動車の運転という行為それ自体に一定のリスク――しかも，これは過去の交通事故統計から算出され得る――が含まれると見なし，運転者はそうしたリスクを引き受けた以上，過失の有無にかかわらずリスクの現実化に責任を負うと認定したのである(ちなみに，自動車運転という行為を運転者全体のリスクと捉え，運転者の全員を強制的に保険に加入させ，万が一交通事故が起こった場合には，運転手の過失の有無を問わず，被害者に事故の費用を補償するといった制度を構想することもできるだろう．わが国の自動車損害賠償保障法はこれに近い制度である)．

　もちろん，個人主義的な過失責任の原理から，集合的リスク概念に基づく無過失責任への転換は，フランスだけの現象ではない．フランスに続き日本法に大きな影響を及ぼしたドイツでも，労災被害者やその家族の救済のために制定された 1871 年のライヒ損害賠償法により，無過失責任原理が導入されている．こうしてドイツでは，鉄道，自動車，航空機，鉱業にかんする特別法や「危険

責任 Gefahrdungshaftung」論をめぐる学説を通じて，無過失責任の体制への転換が進むこととなる(浦川, 1985)．またドイツでは，サリドマイドによる薬害事件を契機とした 1976 年の薬事法改正により，医薬品の副作用にかんする無過失責任が早くも認められたことも特筆すべきだろう．

　海を渡ったイギリスでは，少し遅れて 1898 年に労働者損害賠償法が制定され，それと並行して，労働者に不利なコモンロー法理が順次廃止され始めた．そして最終的にはその延長線上で，第二次世界大戦中の国民総動員体制を背景に，過失についての被害者側の立証を全面的に免除するばかりか，労働災害のみならず疾病や癈失による損失補償や最低収入保障までもカバーする，トータルな福祉国家のプログラムが実現されることとなる(Bartrip, 1987)．さらには，個人の自由を重視する政治文化を特徴とするアメリカでも，1960 年代の諸判例を通じ，「厳格責任 strict liability」の名の下に無過失責任を採用する製造物責任法が発展し，その後，ヨーロッパ諸国やわが国の立法にも大きな影響を与えている(Stapleton, 1994)．

　4　ここで，わが国における無過失損害賠償責任制度について，まとめて整理をしておこう(浦川, 1985)．

　(1) 他国と同様，日本でも無過失責任導入のきっかけとなったのは，明治以降の急速な産業化がもたらした労働災害である．農商務省は早くも 1882 年(明治 15 年)から労働者保護のための施策を模索しているが，様々な反対にあい，ようやく 1911 年(明治 44 年)の工場法 15 条において「職工自己ノ重大ナル過失ニ依ラズシテ業務上負傷シ，疾病ニ罹リ又ハ死亡シタルトキハ工場主ハ勅令ノ定ムル所ニ依リ本人又ハ其ノ遺族ヲ扶助スベシ」と経営者の無過失責任が明記されることとなる．日本型社会保障制度のコアは，やがてここに後の労災保険や社会保険が結びつくことによって形成された．

　(2) 次に，公害被害者救済の分野である．明治後半から足尾鉱毒事件や別子鉱山事件をはじめとし，大規模な土壌汚染や煙害，石炭採掘にともなう地盤陥没事故をめぐる激しい社会運動が日本各地で繰り広げられ，その結果，鉱害被害者には故意や過失を問わず企業が賠償を行うという慣行が次第に形成されていった．1939 年(昭和 14 年)の鉱業法改正は，この慣行を追認するかたちで，鉱害にかんする無過失責任制度を確立する(現行鉱業法 109 条以下)．だが，第

二次世界大戦後の高度経済成長により，水俣病，イタイイタイ病，四日市ぜんそくといった，深刻な公害被害に対する補償問題が再浮上する．こうして1972年の法改正により，大気汚染防止法25条，水質汚濁防止法19条に，工場から排出される有害物質による健康被害に対する無過失責任が明記されることとなる．今日では1993年(平成5年)制定の環境基本法の下に統合される諸々の環境立法は，こうした流れのなかにある．

(3) 自動車事故をめぐる無過失責任にかんしては，すでに1935年(昭和10年)に内務省が，社会保険方式による被害者救済制度の試案を公表している．この試みも戦争のために一時立ち消えとなるが，戦後の急速なモータリゼーションを受け，1955年(昭和30年)には，ドイツの制度をモデルに(先ほども少し触れた)自動車損害賠償保障法が制定される．同法3条は，加害者に過失がないことを立証しない限り，加害者に損害賠償の責任があることを明記しており，加害者の過失がゼロと判示されることはほとんどないことを考えれば，事実上の無過失責任制度と言うことができる．

(4) 新しいところでは，製造物責任法が1994年(平成6年)に制定され，翌年7月より施行されている．同法3条により，欠陥製品により生命，身体，財産に損害を受けた場合の，メーカー側の無過失責任が規定されることとなった．ただし，製品に欠陥があったこと，ならびに，欠陥と被害との因果関係の立証は，やはり被害者側が負うことになっている．

(5) 1961年(昭和36年)には原子力損害賠償法が制定され，その第3条に原子力事業者の無過失責任が明記されている．万が一原発事故が起こった際の損害の回復は，事業者間の協力，再保険などの保険的手法，国の援助などで行われるとされるが，次節で論じるように，リスク社会における「新たなリスク」という観点からすると，その実効性にかんしては多くの課題を残していると言わなければならない．

このように，わが国では規制領域ごとに特別法を制定するという方式で無過失責任制度が導入されてきたが，そこには問題もなくはない．まず，事故多発に対する社会的な圧力があって初めて立法化へ向けて動き出すため，どうしても規制対象が散発的で細切れになりがちである．たとえば，自動車事故については無過失責任が認められているのに，同じ高速交通機関である航空機や鉄道

での事故には認められなかったり，原発事故には無過失責任が適用されるのに，それ以外のエネルギー関連施設には適用されないといったことである（浦川，1985）．たとえば，1985年の日航機墜落事故や2005年のJR福知山線列車事故の被害者やその遺族たちが仮に不法行為法による損害賠償を求めるとすれば，日航やJRの企業としての過失を立証しなければならず，その負担はあまりにも大きいと言わざるをえない．こうして，散発的かつ細切れの規制は，深刻な制度間不公平という正義論上の問題を惹起することとなる．

また，わが国の無過失責任制度のもう一つの問題点は，それが立法過程において，あくまでも過失責任原則の例外と位置づけられてきたため，現実の裁判実務でもこうした無過失責任規定は必ずしも有効に活用されず，やはり過失責任による解決が優先されてきた点である．実際，大気汚染や水質汚濁にかんする数多くの訴訟が提起されてきたにもかかわらず，大気汚染防止法25条を適用した判例はたったの五例，水質汚濁防止法19条にいたっては一例も見当たらない．しかも，その全てが過失責任の有無にかんする詳細な検討を併記しているというのが現状である（橋本，2006）．

5　ところで，無過失責任制度が導入される前提は，リスクがあらかじめ算定されていること，すなわち，想定される損害とその費用にかんする統計データが存在するということであった．だが，歴史を振り返ればわかるように，様々な社会的損害について統計データが収集されるという事態は，決して自明のことではない．

興味深いことに，1990年代，トマス・クーンやイアン・ハッキングといった研究者たちを世界各地から集め，ドイツのビーレフェルト大学で組織された学際的研究グループは，コペルニクスやニュートンのそれにも匹敵するもう一つの「科学革命」が，18世紀の終わり頃から20世紀初めにかけて起こったのではないかという仮説を提起している．彼らはこれを「確率革命 Probabilistic Revolution」と名づけたが，そこではおおよそ次のようなことが指摘されている（Krüger, Daston and Heidelberger, 1987）．

18世紀末から19世紀にかけて，前節で説明したような，外的世界の因果関係把握と自由意思による介入といった近代的な認識論的枠組の上に積み重なるように，統計データと確率に基づく新たな世界像，新たな認識＝行為連関が出

現した．たしかに，確率をめぐる議論自体は，賭博の賭金計算，火災保険や年金などの保険数理，天体観測など，それ以前から始まっている．ところが，そこに国民国家の形成と並行して各国で収集しはじめられた様々な統計データが結びつくことにより，新たな認識＝行為連関が誕生するのである．「大数の法則」が人の生死をはじめとする社会的事象に当てはまることを最初に発見したのが近代的な保険事業であったことはすでに確認したが，勃興しつつある国民国家は，この原理を労災だけではなく，国力の保持と増強にかかわる他の様々な領域──つまり，貧困，衛生，犯罪，老齢，疾病，自殺，等々の様々な「社会問題」に適用し始める．実際，西欧各国は18世紀から19世紀の世紀転換期にかけて，競うように統計局を創設し，「国民」にかんする様々な数値の収集を開始している．問題領域ごとに収集された統計データは，グループ分けされ，階層化され，諸々の「標準 norm, standard」がはじき出される．そして，この「標準」から逸脱した個人や集団は一定のリスクを有するものと見なされ，行政による何らかの介入，ないしは改善措置のターゲットとなる．こうして，諸々の社会問題を社会に内包される不可避的なリスクと捉え，統計データを参照しながら，そうしたリスクの現実化に備える新たな統治(ガバナンス)の技術が誕生したのである(Ewald, 1986; Hacking, 1990)．

　この新たな統治の技術は，現代の行政活動の基本と言ってもよい．かつての統計局は，「印刷された統計指標」を雪だるま式に増加させながら，やがて私たちにも馴染み深い複数の行政官庁へと組織分化して行く(Hacking, 1990)．国民の健康，収入，環境衛生，学校教育，刑事行政，等々──その主題は何であれ，そこで行われる主たる活動は，「標準」からの逸脱というターゲットの特定，調査，施策の立案，実施，評価というサイクルの反復であった．そして，このような活動の基盤となったのが，特定の事象の大量観察を通じ当該事象発生のリスクを特定する統計学的な世界像であり，さらには，こうして算出された確率を参照しつつリスク現実化の未然防止を試み，万が一リスクが現実となる場合に備え，損害の回復に必要な費用を事前にプールするといった新たな認識＝行為連関にほかならない．だとすれば，いわゆる「福祉国家」の土台となっているものも，まさしく，こうした新しい認識＝行為連関，ないしは認識論的枠組であると言うことができる．なぜなら，少なくとも今日私たちが理解す

る「福祉国家」とは，各種保険や徴税制度を通じたリスクの再分配システム以外の何ものでもないからである．すでに見たように，わが国においても労災，公害，交通事故などによる一連の被害を前に，リスク現実化の未然防止や現実化したリスクの損害費用回復において大きな役割を演じてきたのは，それらを大量現象として観察できる立場にある行政機関であった．いわゆる日本型福祉＝行政国家について考える際も，いわゆる日本的特殊性だけに目を奪われず，こうした普遍史的文脈を念頭に入れておく必要があるだろう．

III　リスク社会と法的規制の限界？

1　ところで，法の一つの局面である司法制度は，すでに起きた事件の解決を主な任務とするという意味で過去指向的な性格の制度実践である以上，そこで採られる手立ても——損害賠償を典型とするように——事後的救済という色彩を帯びざるをえない（もちろん，最近では，憲法上の人格権を根拠に，差止請求による事前介入が認められる点も，非常に重要な論点となってくるが）．だが，法のもう一つの側面を立法や行政活動に求めれば，一定の行為の回避や防止のための措置を事前に命じるという可能性も考えられなくはない．こうして法制度は，損害発生の因果関係，ないしは損害発生の確率やその期待値たるリスクが明らかとなり，一定の予見可能性が存在する場合には，立法や行政を通じて，未然防止のための施策を自ら行なったり，そうした措置をとるよう個人や企業等に命じることになる．建築，食品衛生，薬品，工業製品，等々の安全性にかかわる広大な行政的規制領域は，このような仕方で形成されたのである（ちなみに，法の一般理論では，こうした一連の行政的規制を指して「管理型法」と呼ぶこともある）．

　だが，次の点にも目を向ける必要がある．今日のように科学技術が高度化し，専門的知識もますます細分化されつつある時代にあっては，誰もが複雑な因果関係を把握したり，望ましからざる事象が生起する確率や損害の期待値，すなわちリスクを算定できるわけではない．私たちの多くは，最新型自動車の内部構造についても，建て売りマンションの耐震基準やその審査方法についても，

遺伝子組み換え食品や新薬の製造過程やそこに含まれる潜在的リスクの測定方法についても，保険料算定の前提となる統計データや保険数理についても，投資信託のポートフォリオ作りに使われる複雑な数式についても，その詳細をほとんど知らない．そうした商品やサービスは私たちにとって，いわばブラックボックス以外の何ものでもなく，ただ，生産者や提供者(そして，それらに認証を与えた行政諸官庁)を信頼して，それらを購入するという判断を下しているにすぎない．そうした商品やサービスの安全性に一抹の不安を覚えるとき，私たちに可能な選択肢は，購入それ自体を差し控えるか，各種の私保険に加入するかといった程度しかない．こうした現実を，あえて「リスク」という言葉を使って表現するとすれば，未然防止のために専門的知識や技術を動員して積極的に働きかける専門家とは異なり，一般の個人に可能なことは，(広い意味で)リスクを取るか否かということ，そして，リスクを取る際には，万が一の損害回復に備えどれだけの支出ができるかという判断に限定される．

　このように今日の社会では，専門家と一般の個人の間の知識の不均衡はきわめて大きい．こうして，因果関係の解明やリスクの算定を通じて予見可能性を確保すること，そして，これに基づき迅速に未然防止のための措置をとることは，事実上，科学的知識や技術的手段を所有する企業や行政機関の専門家の責務と見なされるようになる．しかし，もし高度な知識と技術を備えた専門家ですら，因果関係の解明はおろか，一定の信頼性を持ったリスク算定も不可能となるような場合が存在したとすれば，どうだろうか．そのような場合，専門家の判断に全てを委ねることは，はたして賢明と言えるだろうか．ところが，このような事態こそ，まさしく私たちがいま直面しつつある「リスク社会」の新たな現実にほかならないのである．

　2　今でこそ「リスク社会」という言葉は当たり前のように用いられているが，そもそもこの表現は，ドイツの社会学者ウルリッヒ・ベックが，将来への見通しをますます不透明にしつつある現代社会を表すキーワードとして用い始めたものである(Beck, 1986)．かつて私たちは，知識の増大や科学技術のますますの進歩が日々の暮らしを便利かつ豊かにし，安心や安定を保障してくれるものと信じて疑わなかった．しかし今日ではどうだろう．マックス・ウェーバーらのかつての近代化理論によれば，近代とは生活と知の諸領域における合理

Ⅲ　リスク社会と法的規制の限界?

化のプロセスにほかならず,それは行為の予見可能性をますます増大させるはずであった.ところが現在では,知識の増大や技術革新が予見可能性の確保に役立つどころか,むしろ逆に予見不可能性の増大をもたらしつつあるのではないか.かつての産業化の時代には,たとえ事故や公害など負の帰結が生じたとしても,知識の増大や科学技術の進歩が,やがてそれらを全て克服してくれるはずだと楽観的に信じることができた.ところが,原発事故や森林破壊,オゾン・ホールや地球温暖化,食品汚染,薬害といった,20世紀後半以降に現れ始めたリスクは,その帰結の規模や深刻さがもはや予見不可能であるという意味で,これまでとは異なる「新たなリスク」と呼ぶべきではなかろうか.これらは,人間の知識や技術が産み出したリスク——アンソニー・ギデンスの言葉を借りれば「人の手で製造された不確実性 manufactured uncertainty」にほかならず,「それがリスクか否か」の認知や同定も含め再び人間の知識や技術に依存するといった再帰的な構造を有するとともに,個人生活,市場,地域共同体を超え地球全体を飲み込むグローバルな性格を持つ点も見逃せない(Giddens, 1999).

　こうした新たなリスクに直面するとき,従来の行政的コントロールは多くの場合,機能不全に陥ってしまう.不十分な情報にもとづく規制が予見不可能な新たなリスクを生み出すこともあれば,そもそも何がリスクで,どこにリスクがあるかということ自体,社会的に構築され,知識や技術により変動する性質を持つので,行政的介入により新たなリスクが発生する恐れすらあるからだ.リスク社会において「近代」は,いわば,近代化プロセスによってもたらされた帰結が自らに折り返してくるような段階,すなわち「再帰的近代化」とでも呼ぶべき段階に突入しているのであり,そこでは専門的知識と行政的介入による制御に全てを委ねることは,もはや不可能なのである.

　もしリスク社会がそうしたものだとすれば,そこでは個人の生活様式のみならず,集団的な意思決定のあり方も変容せざるを得ない.こうしてベックは,食品の衛生管理や,ごみ焼却場や発電所等の設置,許容可能な遺伝子診断や生殖技術の程度等々を引き合いに出し,予見不可能なリスクを抱える諸問題にかんしては,その決定権限を専門家や行政官の掌のなかから解放し,市民やNGO等も含む多様な関係者や集団が参加する新たな熟議のアリーナへと移行

第2章　リスクと法

させなければならないと主張する．そして，こうした「政治」の再創造こそが，リスク社会が要求する一つの帰結であると主張するのである（Beck, 1994; 1998）．

　3　ベック自身，ジャーナリストとして活躍していたこともあり，こうした時代診断には，たしかに，優れた嗅覚で新しい時代の核心を摑みとるような鋭さがある．ただ，本章の関心からすると若干物足りない点も残る．一つには，ベックが用いる「リスク」の意味が若干曖昧な点，そしてもう一つは，彼がリスク社会の様々な難問の解決を総じて「政治」に求めているように思われる点である．

　すでに触れたように，「リスク」という言葉は今日では通常，おおよそ二つの意味で用いられる．まず，リスクを「不確実性」や「非知」とほぼ同じ意味に用いるような，意思決定理論や組織理論に見られる用法（いわゆる広義のリスク）であり，もう一つが，統計データや確率と結びつけて理解する，工学・生物学・医学等の自然科学における用法（いわゆる狭義のリスク）である．ところで，本章の議論では，主として第二の用法に焦点が当てられてきた．というのも，この観点をとらなければ，認識論的枠組と社会の変化に対応してその姿を変化させてきた法的責任の流れが見えてこないからである．それゆえ，ここでも，ベックの時代診断をさらに進め，「新たなリスク」の性格を次のように理解しておこう．リスク社会における「新たなリスク」は，単なる「不確実性」や「非知」であるよりも，潜在的リスクが現実のものとなった際の損害規模と影響の大きさを事前に把握することがきわめて難しく，信頼できる統計データの不在，ないしは測定方法それ自体が有する限界のため，その発生確率も負の期待値もおよそ算定不可能であるようなリスクである．

　こう理解すれば，原発事故，地球温暖化，HIV被害，予防接種を介した肝炎感染，BSE汚染などの「新たなリスク」に直面した際，専門家の意見に基づく行政的手法による未然防止も，無過失責任原理と保険的手法を通じた事故費用の事後的回復もなかなか機能しにくい理由もよく分かる．なぜなら，こうしたリスクは，すでに過去の統計データが大量に存在する労災事故や交通事故の場合とは異なり，緊急の対策が必要となる時点では，実験室の一定の制約下で算出された何らかの数値は手元にあっても，過去の実際の統計データがごく

Ⅲ　リスク社会と法的規制の限界?

わずかしか存在せず，さらには損害の波及効果がどこまで拡がるかの限定も非常に難しいため，大数の法則が上手く機能せず，その結果，リスク算定が困難だからである．

しかし，私たちがこれまでに依拠してきた認識＝行為連関，ないしは認識論枠組が根底から変貌しつつあるために，リスク未然防止の重責を専門家だけに押しつけることがもはや困難であるとしても，(これがベックに対する二つ目の不満につながるのだが)「政治」の復興へと一足飛びに向かうだけでは不十分ではなかろうか．たしかに，「新しい市民運動」をモデルとする，問題領域ごとの非党派的かつ暫定的なミクロ政治は，多様な関係者＝ステイク・ホルダー間での討議を活性化し，新たな解決策の個別具体的に創出を促すことにより，リスク社会における重要な意思形成の場となるに違いない．だが，「新たなリスク」に対する緊急の対処が決して避けることのできない日常的な課題となるとすれば，そうした熟議の枠組を確保してくれるような制度的な通路，ないしは，より安定的でルーティーン化された規範や手続きを定式化しておくことも同時に必要ではなかろうか．つまり，リスク社会においても，何らかの「法」の構想が避けられないということである．

ところで，リスク社会の根底にある新たな認識論的枠組は，「法」の領域においてもすでに新たな変化を引き起こし始めている．そして，こうした変化を明確に表すのが，「予防＝事前配慮原則 precautionary principle」という新たな法原理にほかならない[6]．「予防＝事前配慮 precaution」の発想は，環境や健康の保護をはじめ様々な法領域に拡がりを見せており，従来の「未然防止 prevention」型アプローチや，過失責任と無過失責任原理を中心とした従来の法的責任の体制に根本的な再編を迫りつつある．

---

[6] precautionary principle という表現に対しては，通常，「予防原則」という訳語が当てられている．しかし，本章では，因果関係の解明を前提とする「未然防止 prevention」との違いを明確にするため，あえて「予防＝事前配慮原則」という表現を使うこととする．また，Ⅳ節の考察は，かつて別の機会に執筆したもの(中山，2004)に新たな情報を加え敷衍したものであり，内容的に重なる部分もある．

Ⅳ 予防＝事前配慮原則をめぐって

1 「予防＝事前配慮原則」ないし「予防＝事前配慮的アプローチ」とは，たとえ原因と被害の間の科学的証明が明確なかたちで存在しなくても，深刻かつ不可逆的なリスクがある場合には，事前に予防＝事前配慮的な措置をとらなければならないというものである(大塚, 2006)．たとえば，1992年の国連開発環境会議で採択された「環境と開発にかんするリオデジャネイロ宣言」第15原則は，次のように規定している．

「環境を保護するため，各国はその能力に応じ，広範に予防＝事前配慮的アプローチを適用しなければならない．深刻，または不可逆的な被害が生じる恐れがある場合に，完全な科学的確実性がないということが，環境悪化防止のための費用対効果の高い諸々の措置を引き延ばす理由として用いられてはならない．」

この原則は，まず1970年代にドイツの環境政策において産声をあげ，1980年代には，酸性雨による森林破壊や旧ソヴィエト連邦のチェルノブイリ原発事故といった深刻な被害を前に，環境保全と経済発展の両立のための基本原理として確立された(Ewald, Gollier and de Sadeleer, 2001)．やがて，1987年の「北海の保護にかんする宣言」などの国際文書や，欧州連合設立をめぐる1992年「マーストリヒト条約」，先にあげた「リオ宣言」や同年の「気候変動条約」，「生物多様性条約」，2000年「バイオセイフティにかんするカルタヘナ議定書」といった国際条約に採用され，さらにこれらの批准をきっかけにEU加盟諸国やアメリカ合衆国の国内法に組み入れられる．そして今日では，フランス憲法の環境憲章第5条，さらにはEU憲法条約草案Ⅲ-233条といった憲法文書にも明記されることとなり，その拡がりはとどまるところを知らない．

また，その適用領域も環境法の枠を越え，遺伝子組み換え作物やBSE規制等の食品衛生，HIVや肝炎汚染の恐れのある血液製剤の規制など医事法の領域など，人間の生命や生活にかかわる広範な領域に拡がりつつある．このように予防＝事前配慮原則は，科学技術がもたらす負の効果と向かい合う際の重要

Ⅳ　予防＝事前配慮原則をめぐって

な法的手立てとして，その地位を着々と固めつつある．

　しかし他方では，この原則に対しては様々な批判があることも無視できない．たとえば，「予防＝事前配慮原則は「疑わしいものは一律禁止」といったゼロリスクの発想で，科学技術の発展を萎縮させ，自由な経済活動を妨げる」とか，「費用便益分析(cost-benefit analysis)に基づく合理的選択の可能性を無視し，一般大衆の非合理な恐れに安易に迎合する誤ったポピュリズムを招く」といった強い疑念が，産業界や学界の一部から表明されている(Sunstein, 2002; 2005)．また，それとも関連するが，予防＝事前配慮原則の導入に積極的なEU諸国に対し，一般に，予防＝事前配慮原則の導入にかなり懐疑的な姿勢を見せているアメリカといった具合に，各国間の足並の乱れも目立つ(ちなみに，わが国では，2000年(平成12年)12月に閣議決定された第二次環境基本計画に「予防的な方策」の文言が見られるほか，2003年(平成15年)制定の食品安全基本法をめぐり，予防＝事前配慮原則をどこまで明示的に組み入れるかということが争点となっている.)

　もちろん，こうした懐疑や非難もわからないわけではない．しかし，すでに見たように，リスク社会における「新たなリスク」が従来のリスクとは根本的に異なるものであるとすれば，因果関係の解明や統計データの充実を待ち，未然防止型施策が可能となるまで懐手をしているうちに，取り返しのつかない結果となっていたという最悪のシナリオについても，真剣に受けとめなければならない．だが，さいわいなことに，すでに私たちは，予防＝事前配慮原則に対する懐疑や非難を正面から受けとめつつ，その運用可能性について検討を加える，学際的な研究成果を手にしている．それが，これから取りあげる2000年2月2日の『予防＝事前配慮原則にかんする欧州委員会報告』にほかならない (Commission of the European Communities, 2000)．以下では，第5章「予防＝事前配慮原則の構成部分」と第6章「予防＝事前配慮原則適用にあたっての指針」を中心に，その基本的な考えを紹介し，そこから，予防＝事前配慮原則が法的責任にもたらすインパクトについて若干の考察を加えておこう．

　2　『報告』第5章では，まず次のことが確認される．リスク分析は一般に，(1)リスク評価（アセスメント），(2)リスク管理，(3)リスク・コミュニケーションの三段階からなるとされるが，予防＝事前配慮原則はそのうちリスク管理にかかわる法原

107

理である．つまり，科学的不確実性が存在するため，完全なリスク評価が不可能であり，同時に，環境や人間・動物・植物の適切な保護が危機に瀕する恐れがあると決定権者が判断するとき，予防＝事前配慮原則の適用がリスク管理の一環として行われる．具体的には，まず第一に「潜在的な負の効果の同定」が行われ，第二に，そうしたリスクの「科学的評価」が行われる．第三に，そうしたリスク評価の結果が「科学的不確実性」を免れ得ないと判断されるとき，はじめて予防＝事前配慮原則の適用の条件が整う．そして，予防＝事前配慮原則の名の下で具体的にいかなる措置が採られるかにかんする決定は，積極的行動を何もとらないという選択肢も含め，当該社会における世論の行方やそこで許容され得るリスクの程度を勘案した上で，政治的に遂行される．さらに『報告』は，予防＝事前配慮原則への訴えかけが，司法的審査と結びつくような，法的効果を持つ手立てを講じることを必ずしも意味しないとも述べる．研究調査プログラムへの資金提供や，製品やサービスがもたらす有害な影響にかんする情報提供など，決定権者にはあらゆる手段を講じることが許されるのである．

このように，リスク分析と予防＝事前配慮原則との一般的な関係が確認された後，6章「指針」では，予防＝事前配慮原則の適用の際に留意すべき6つの原則が提示される．

① 予防＝事前配慮原則の下に行われる措置は，望ましい保護の水準に見合ったものでなければならず，ゼロリスクをつねに目指すものであってはならない（比例性）．潜在的リスクの性格次第で，完全禁止が行き過ぎとなる場合もあれば，完全禁止しか手立てがない場合もある．

② 予防＝事前配慮原則の下に行われる措置は，同様の状況には同様の仕方で実施されなければならず，どこの国・地域の製品であるとか，どのような生産過程で作られたといった理由で恣意的判断がなされてはならない（無差別性）．

③ 予防＝事前配慮原則の下に行われる措置は，これまでに取られた同様の措置と首尾一貫したかたちで行わなければならない（一貫性）．

④ 長期・短期の両観点から，何らかの措置を行う場合と行わない場合の費用便益の検討が実施されなければならない（費用便益の検討）．だが同時に，何らかの措置の是非を，経済的な費用便益分析だけに還元してはならない．可能かつ適切と見なされる場合は，措置の是非をめぐる議論の一部に費用便益分析

が含まれることは望ましいが，同時に，こうした議論はより広く様々な非経済的考慮も含むものでなければならない．他の選択肢の効果や採用可能性も考慮に入れなければならないし，一般の人々が環境や健康といった利益を保護するために自ら進んでより高い対価を支払うのであれば，そちらを優先すべきである（『報告』は，ここに「委員会は，欧州司法裁判所の判例にしたがい，公衆衛生の保護に関連する諸々の要求は経済的な考慮よりもさらに重要であることを確認する」の一文を挿んでいる）．

⑤ こうした措置は，科学的データが不適切，不正確，不確定的であり，当該リスクがあまりにも大きすぎると考えられる限り，維持されなければならない．しかし，これは必ずしも，科学的知識の進展に合わせた措置の見直しの可能性を排除するものではない（科学的発展の検討）．

⑥ すでに欧州連合とその加盟国は，薬品・農薬・食品添加物といった特定の製品については販売前の事前承認（ポジティブ・リスト）の手続を課しているが，これはまさに科学的な立証責任を転換する一つの方法である．だが，こういった事前承認が機能するのは，アプリオリに有害と見なされる物質や，一定水準を摂取すれば有害であるとされる物質に限られる．事前承認の手続きが存在しない領域では，一般の私人や消費者団体，市民，公的機関などが製品やプロセスの危険性の証明を行うことになるであろうが，予防＝事前配慮原則の名の下に行われる措置のなかには，こうした生産業者や輸入業者へと立証責任の転換が含まれている．ただ，このような義務を体系的に一般原則化することは難しく，個別的な検討が必要となる（立証責任の転換）．

3　以上が，『欧州委員会報告』のあらましである．では，予防＝事前配慮原則がこのような仕方で運用されるとすれば，私たちはそこから何を引き出すことができるだろうか．

まず第一に，予防＝事前配慮原則は，原因と結果の因果関係も，両者間の統計データによる確率や期待値も導きだせない潜在的リスクについてのみ，適用される．因果関係が明白であったり，統計により導き出されるリスクの値が信用できる場合は，従来の未然防止型アプローチを採用すればよいからである．『報告』は有害物質にかんする動物実験をはじめ定量的・定性的調査も推奨しているが，私たちが今日直面する「新たなリスク」においては，損害原因と想

定されるものと結果発生の間に非常に長いタイムラグがあるため，実験室でのデータに基づく未然防止がきわめて難しいという現実も，併せて直視しなければならない．

　第二に，損害の規模と性質である．予防＝事前配慮原則が適用されるのは，個人や比較的少数が被害者となる従来のリスクとは異なり，ひとたび現実化すれば一つの社会全体，あるいは地球全体に壊滅的損害をもたらす恐れもあるリスクである．現行世代では目に見えないが，将来の世代になって初めて被害が顕わになるようなリスクや，金銭的賠償や事後的施策ではもはや取り返しのつかない不可逆的リスクも，そこには含まれる．不法行為法による個別的賠償であれ，社会保障制度等による公的救済であれ，事後的・金銭的な補償という考え方は，これら新たなリスクが産み出す損害の規模と性質には馴染みにくい．予防＝事前配慮原則による措置が，危険性の検査や情報の開示のみならず，最悪の事態が想定される究極的なケースにおいては，製品の流通や事業それ自体の差止も辞さないのはそのためである．

　第三に，予防＝事前配慮原則の発想の背景には，「リスクを取る」という行為をめぐる費用対効果の意味転換を見ることができる．かつて労災や交通事故のリスクが問題となった際には，基本的に，費用便益分析に依拠して問題解決を図ればよかった．たとえば，工場操業の可否にかんする決定は，単純化すれば，工場運営による利益と労災や騒音への補償金等の損失を天秤にかけ，利益の方が多ければ操業継続，その逆なら操業停止，また，自動車等の危険な乗り物なら，社会がそれを許容するか否かの決定は，得られる利便と事故や騒音等により失われる損失とを天秤にかけるといったように．だがこれに対し，予防＝事前配慮原則は，意思決定の段階では損失の拡がりが不確定であったり，計算不可能だったりするようなリスクである．

　たとえば，原子力発電所や関連施設の操業や，食品添加物の是非が問題となる際のように，専門家が実験室データに基づいて算出するリスクの数値が非常に小さく，利益の方が大きく上回るように思われても，一般の人々は万が一を考え，費用便益分析の結果よりもその極めて小さなリスクに反応するといったケースがしばしば観察される．こうした事態に直面する場合，従来なら，「一般の人々には専門的知識が欠けているので，そのリスク認知にはバイアスがあ

る」と指摘した上で，一般の人々と専門家とのさらなるリスク・コミュニケーションの必要性を説けば，それで事足りた．たしかに，近年の行動経済学やリスク心理学が指摘するように，リスク認知には通常，一定のバイアスがあるということはもちろん重要である．だが，それと同時に，リスクの質が根底から変容したために，かつてなら合理的なリスク・テイキングと思われた行動であっても，いまでは合理的とは見なされない場合もあるということを直視しなければならない．原因と想定される物質ないしは過程と結果との間にきわめて長いタイムラグが存在すること，どこまでの波及効果を勘定に入れればよいかの線引きが難しいこと，実験室の特殊な条件下で算定された数値にはそもそも原理上の不確実性が必ずつきまとうこと等を真面目に考慮するならば，そうした数値に基づく費用便益計算の結果を盲目的に信頼することは，必ずしも合理的ではない．『報告』が「費用便益の検討」の項に「非経済的利益」にかんする考慮の必要性を書き込んだのも，短期的な「合理的選択 rational choice」を超えた，一般の人々の長期的な「道理性 reasonableness」を想定するからではなかろうか．

　第四に，専門家の役割の変質，決定参加者の拡大である．すでに検討したように，かつては，因果関係や統計学的な確率の解明により事業・製品・実践がもたらす帰結を保障する専門家が，事実上，様々な施策の決定権者となっていた．しかし，予防＝事前配慮原則が向かい合う新たなリスクにかんしては，こうした期待は彼ら自身にとっても重すぎるのではないだろうか．もしも専門的な知識をもってしてもこうしたリスクの帰結の予見は原理上困難であるとすれば，その決定権限は，当該の潜在的リスクの影響を受ける可能性のある全ての関係者＝ステイク・ホルダーにまで拡大せざるを得ない．こうして，国や国際社会のレベルから地方公共団体や住民活動のミクロ政治にいたる，様々な水準での熟議民主主義(deliberative democracy)が広く活性化される必要が生じることとなる．ただし，そのためには，熟議や決定の前提として，潜在的なリスクに曝される多様な関係者がスムーズに決定プロセスに参与できるための制度的・手続的条件を整備すること，ならびに，たとえそれが本質的に不確実性を帯びたものであろうと，入手しうるあらゆる情報が開示され，共有されること——それがまずは不可欠となるであろう．

第2章　リスクと法

　第五に，予防＝事前配慮原則は，立証責任の転換の流れをますます推し進める．伝統的な不法行為法のように過失責任原理が支配するところでは，過失の有無の立証は危害が現実に加えられた事後に，被害者側が行わなければならなかった．だが，すでに論じたように，労働災害や製造物責任など，無過失責任と保険原理が機能する領域では，立証責任はリスクの有無や程度について最も豊富な情報を持ち，事故を未然防止できる立場にある使用者や生産者の側へと移動した．そして，さらに予防＝事前配慮原則においては，何らかの事業が行われ，薬品や食品などが市場に出荷されるに先だち，そうした事業を行ったり生産したりする側が，事前に，潜在的リスクが許容可能な程度であることを証明する義務を負うことになる．ただし，事業者や生産者の側も，潜在的リスクの程度や性質については不確実な知識しか持たない点では他の関係者と変わらない以上，ここで期待されるのは，かつての無過失責任の時代のようにリスクの現実化を防ぐためのインセンティブを提供するだけにとどまらず，事業や製品にかんする全ての情報の開示を義務づけることを通じて，そうしたリスクに関与せざるを得ない多様な人々がリスクを取るか否かの自己決定を行えるための前提条件を提供することでもある．また，こうした立証責任の転換により，差止請求が行われる機会が増えることも十分に予想される．

おわりに——リスクと法の現在とこれから

　本章では，認識と行為の連関——とりわけ行為結果の予見可能性が法的責任の捉え方にどのような影響をもたらしたかという点に光を当て，法とリスクの関係にかんする検討を行ってきた．そして，これにより，(1)因果関係の把握と過失責任，(2)統計データに基づくリスク計算と無過失責任，そして，(3)「リスク社会」における予見不可能なリスクと予防＝事前配慮原則といった具合に，法的責任の三つの層が析出されることとなった．「事故の費用を誰が負担するのか」という問いを中心とする民事責任のこうした大きな流れは，さらに広い文脈で捉えれば，個人や企業等の行為が単なる「私事(わたくしごと)」で済まされた時代から，その甚大な波及効果ゆえに，公共的な意味を持たざるを得なくなっ

た時代への推移に対応するものと見ることができる．だとすれば，いまや個人や企業に要求される姿勢は，各人が行為の際に「十分に注意深かったか」とか，「未然防止のための十分な措置をとったか」とかいったことにとどまらず，十分な情報開示に基づく関係者間での熟議を含め，「予防＝事前配慮のために可能な手続きをきちんと踏んでいるか」ということにまで及びつつあると言うことができるだろう．

　最後に本章を閉じるにあたり，検討し残したいくつかの論点についてコメントしておきたい．

　一つ目は，過失責任，無過失責任，予防＝事前配慮原則の関係についてである．本章では便宜上，歴史的な出現の順序で説明を試みてきたが，これらは，古いものがより新しいものにより乗り越えられ，廃棄されるといった関係にはない．断層の表面に異なる複数の時代層が露出しているように，この三つの責任原理は互いに共存しながら，現在もそれぞれ重要な役割を果たしている．たとえば，このところ深刻な社会問題となっている産婦人科医や小児科医の不足を解消するためには，まずは信頼できる統計データを整備し，医療過誤リスクをカバーする無過失責任保険制度を確立することが，一つの現実的な対策となり得るといったように．

　さらには，これら三原理は互いに影響を及ぼし合い，各々の具体的な在り方を変容させつつあると言うこともできる．たとえば，無過失責任を生みだした同じ社会変化により，(損害をもたらした本人が実際に結果を予見できていたかではなく，「標準的な人なら予見可能だったか」という客観化された規準に基づき過失の有無を判断するような)「過失責任の客観化」と呼ばれる現象や，個人・企業・行政がとるべき措置をとらず，何もしなかったことの過失を問う，無作為過失責任の強化といったかたちで，過失責任それ自体の内実も変化しており，被害者救済の面では無過失責任と機能的にほぼ等価の効果を生みだしている(橋本，2006)．また，こうした問題を考える際には，民間保険会社が提供する第三者責任保険の普及等の技術的要素を併せて考慮しなければならず，たとえば，遺伝子情報と疾病リスクとの関係がさらに明らかになれば，リスク細分型保険がますます普及し，それと並行して民事責任の捉え方も多大の影響を受けるといったことが想定される．さらには，予防＝事前配慮原則の現在の運

用状況は，欧州裁判所の判例(たとえば，2002年9月11日の「ファイザー・アニマル・ヘルス社対EU理事会」や同日の「アルファルマ社対EU理事会」など)に見られるように，薬品や食品の許認可にかかわるケースが中心であるが，この原則がさらに多様な領域へと浸透していけば，差止請求の位置づけをはじめ，法的責任の全体的編成にはさらに大きな変容がもたらされるものと思われる．すでにわが国でも，シックハウス症候群など「化学物質過敏症」と民事過失責任との関連を追いながら，予防＝事前配慮原則の重要性を指摘する新たな研究が出現している(潮見，2007)．

　二つ目は，本章であえて考察から除外してきた刑事法とリスクとの関連についてである．近代刑法は，民事上の過失責任と同様，因果関係の把握と自由意思の行使という認識＝行為連関に基づいており，それゆえに責任能力や「犯意 mens rea」の有無といった事柄が，処罰するか否かをめぐる重要な論点となってきた．今日大きな論争を呼んでいる心神喪失や心神耗弱，少年の刑事責任能力，触法精神障害者をめぐる議論も，まずはこの文脈において捉えられる必要がある．だが，こうした近代刑法の基本思想に重なるように，統計に基づくリスク管理と同様の発想からする，「社会問題」としての犯罪，「リスク」としての犯罪者からの社会防衛，さらには犯罪者の身体と内面の双方を対象とする矯正ないしは訓育といった19世紀以降の刑事政策的な発想が，いまや社会の隅々まで浸透していることも見過ごせない(Foucault, 1975)．ただ，その延長線上に「リスク社会」を置き，様々な自由の侵害につながる監視技術への安易な訴えかけや，安全の確保の名の下に行われる予防拘禁(preventive detention)を，予防＝事前配慮原則と同様の発想として正当化するとすれば，それはあまりにも短絡的であるだろう．なぜなら，環境や生命の保護のために，やむを得ず経済活動や研究に一定の制約を加える予防＝事前配慮原則と，安全の名の下に適正な手続きを踏むことなく身体を拘束し，譲ることのできない個人の自由に大きな制限を加える社会管理の手法を同列に論じることには，そもそも原理上の困難が孕まれるからである(言うまでもなく，これは複数の自由間の優先順位や「人間の尊厳」の原理をめぐる法哲学上の議論にかかわる論点であるが，ここでは立ち入らない)．

　三つ目は，昨今の国際政治との関連である．「予防＝事前配慮原則」の発想

をイラク戦争のような「予防戦争 preventive war」と結びつける議論をしばしば耳にするが,これは論外と言わざるを得ない.わが国においては,訳語の上で prevention と precaution の違いが明確に意識されず,統一的な訳語も存在しないことが事態をいっそう複雑にしているが,実は,両者の語義上の違いが一定程度明確なヨーロッパ諸国とは対照的に,アメリカなどの英語圏でも,両者の概念上の違いはそれほど明確には意識されていない. prevention と precaution,ないしは未然防止,予防,事前配慮といったものの概念上の混乱が,グローバル化した管理国家のディストピアを安易に招き入れてしまう口実とならないよう,法の制度と実践は,他の様々な社会科学や自然科学との協働の下,そうした概念の思想的内実を明確化し,誰もが共通の言葉で議論を戦わせることができるための条件を,まず整えなければならない.

参考文献

Bartrip, P.W.J.(1987), *Workmen's Compensation in Twentieth Century Britain*, Avebury.

Beck, Ulrich(1986), *Risikogesellschaft: Auf dem Weg in eine andere Moderne*, Suhrkamp Verlag.(U・ベック著,東廉・伊藤美登里訳(1998),『危険社会――新しい近代への道』法政大学出版局)

Beck, Ulrich(1994), "The Reinvention of Politics: Towards a Theory of Reflexive Modernization", in U. Beck, Anthony Giddens and Scott Lash, *Reflexive Modernization: Politics, Tradition and Aesthetics in the Modern Social Order*, Polity Press.

Beck, Ulrich(1998), "Politics of Risk Society", in James Franklin(ed.), *The Politics of Risk Society*, Polity Press.

Commission of the European Communities(2000), *Communication from the Commission on the Precautionary Principle*, COM(2001)1 final.

Ewald, François(1986), *L'Etat providence*, Editions Grasset & Fasquelle.

Ewald, François(1991), "Insurance and Risk", in G. Burchell, C. Gordon and P. Miller(eds.), *The Foucault Effect: Studies in Governmentality*, The University of Chicago Press.

Ewald, François, Christian Gollier and Nicolas de Sadeleer(2001), *Le principe de précaution*, Presses Universitaires de France.

Foucault, Michel(1975), *Surveiller et punir*, Editions Gallimard.(M・フーコー著,田村俶訳(1977),『監獄の誕生――監視と処罰』新潮社)

Giddens, Anthony(1999), "Risk and Responsibility", *The Modern Law Review*, vol. 62, No. 1.

Hacking, Ian(1990), *The Taming of Chance*, Cambridge University Press.(I・ハ

ッキング著，石原英樹・重田園江訳(1999)，『偶然を飼いならす——統計学と第二次科学革命』木鐸社）

Koyré, Alexandre(1957), *From the Closed World to the Infinite Universe*, Johns Hopkins University Press.（アレクサンドル・コイレ著，横山雅彦訳(1973)，『閉じた世界から無限宇宙へ』みすず書房）

Krüger, Lorenz, Lorraine Daston and Michael Heidelberger(eds.)(1987), *The Probabilistic Revolution*, vol.1, MIT Press.（L・クリューガー／L・ダーストン／M・ハイデルベルガー編著，近昭夫他訳(1991)，『確率革命——社会認識と確率』梓出版社）

Stapleton, Jane(1994), *Product Liability*, Butterworths.

Sunstein, Cass R.(2002), *Risk and Reason: Safety, Law and the Environment*, Cambridge University Press.

Sunstein, Cass R.(2005), *Laws of Fear: Beyond the Precautionary Principle*, Cambridge University Press.

Virilio, Paul(2005), *L'accident originel*, Galilee.（ポール・ヴィリリオ著，小林正巳訳(2006)，『アクシデント——事故と文明』青土社）

Zweigert, Konrad and Hein Kötz(1998), *Introduction to Comparative Law*, *third revised edition*, Oxford University Press.

浦川道太郎(1985)，「無過失損害賠償責任」星野英一編『民法講座6 事務管理・不当利得・不法行為』有斐閣．

大塚直(2006)，『環境法(第2版)』有斐閣．

潮見佳男(2007)，「「化学物質過敏症」と民事過失」棚瀬孝雄編『市民社会と責任』有斐閣．

中山竜一(1995)，「「保険社会」の誕生——フーコー的視座から見た福祉国家と社会的正義」『法哲学年報』有斐閣．

中山竜一(2004)，「リスク社会における法と自己決定」田中成明編『現代法の展望——自己決定の諸相』有斐閣．

橋本佳幸(2006)，『責任法の多元的構造——不作為不法行為・危険責任をめぐって』有斐閣．

山口節郎(2003)，『現代社会のゆらぎとリスク』新曜社．

第3章

リスクと福祉社会

広 井 良 典

　本章では,「リスクと福祉社会」というテーマを中心に置きながら,まず「リスクと社会保障」という話題についての基本的な概念整理を行い(Ⅰ節),続いて「リスクとコミュニティ」というテーマをいわゆるソーシャル・キャピタル論との関連などを踏まえつつ論じ(Ⅱ節),最後に「リスクと福祉国家」という話題を軸にしながらリスクをめぐる歴史的な動態と今後の展望について考えてみたい(Ⅲ節).リスクというテーマのもつ広がりないし学際的性格から,Ⅰ節では主に経済学的および哲学的な視点が,Ⅱ節では政治学的,社会学的および生物学的な視点が,Ⅲ節ではそれらを総括した視点が含まれる内容となる.

Ⅰ　リスクと社会保障

(a) 社会保障の意味

　「社会保障」とは「social security」の訳語であり,「security」とは語源的にはラテン語の「se＝without」,「cura＝care」に由来し,「ケアがないこと」を意味する.ただしここでの「ケア」は,現在日本語でもよく使われるような"世話,配慮"といった意味でのケアではなく,むしろその原義としての"心配,憂い,悩み"という意味の「ケア」である.したがってsecurityとは,「心配や憂いがないこと」を表していることになる(広井,1999.なお「ケア」の語の意

第3章　リスクと福祉社会

味が時代とともに変容した背景については広井，2000 を参照）．

このように見ていくと，社会保障とは「社会的な次元において心配や憂いがない」状態を実現するための制度ということになり，「リスク」と不可分の関係にある．つまり社会的な次元でのさまざまなリスクに備えるための主要な装置の一つが社会保障なのである．

もう少し一般化して言うと，さまざまな社会的リスクへの対応には，単純化すれば大きく3つの方法がある．それは，

(1)「個人」または「市場」を通じた対応
(2)「政府」(ないし公的部門)を通じた対応
(3) 家族やコミュニティを通じた対応

である．この場合，(1)の中には民間医療保険や個人年金など「民間保険」を通じた対応が含まれる．また，後にも議論するように(3)の中には家族や共同体といった"伝統的"ないし自然発生的な性格のものと，NPO等の自発的な性格のものの双方をとりあえず含めてある．

この三者は，社会保障などの文脈でしばしば使われる「自助」，「公助」，「共助」という言葉ないし概念とそれぞれ対応している．そして，社会的なリスクへの対応において，この(1)から(3)の三者の役割分担のあり方をどう考えるか，あるいはそのいずれに優先順位を与えるかという点に，社会保障ないし福祉国家／福祉社会論の中心的なテーマは存在するといってよい．さらにまた，各国ないし各地域によって，社会的リスクへの対応においてこの三者のいずれを重視するかが相当程度異なっており，それが（たとえばエスピン＝アンデルセンに見られるような）「比較福祉国家論」の基本的な座標軸にもなっている（エスピン＝アンデルセン，2000 等）．

また，以上の議論はいわば"静態的"なものであるが，社会的リスクへの対応という主題の生成や，またそこでの役割分担のあり方といった問題設定は，農業を中心とする伝統的社会から，市場化そして産業化という急激な経済の"成長・拡大"の時代をへて，ポスト産業化あるいは成熟化社会へ，という経済社会の"動態的"な進化と不可分の関係にある．この点は本章のⅢ節においてあらためて主題化していきたい．

(**b**)「リスクの分散」と「所得再分配」

さて本論に戻ると、いまさまざまな社会的リスクへの対応に関する主要な装置としての社会保障ということについて議論を行っているわけだが、一般的に社会保障という制度の基本的な機能は，
(1) リスクの分散
(2) 所得再分配

の二者にあるとされている．確認的に記すと，ここで「リスクの分散」とは，「リスク」ということを「不確実な（＝予測困難な）危険」という通常の意味に解した上で，そうした不確実な危険を複数の個人間で分散すべく集団的ないし集合的に対応することであり，実質的に「保険」と言い換えられるものである．この場合，こうした「リスクの分散」としての保険という仕組みは，"合理的"な主体としての個人が不確実性に対処するために結ぶ契約であり，それ自体は純粋に"利己的"な（私利の追求に基づく合理的な）動機から生じるもの——言い換えれば「市場経済」の中で生成しうるもの——であって，そこに利他的な要素は含まれていない．

歴史的に見れば，こうした「リスクの分散」という仕組みが本格的に展開するようになったのは近代以降であり，具体的には海上保険（15世紀前後，イタリア商業都市），火災保険（1666年，イギリス），生命保険（1762年，イギリス）といった形で生成・展開することになった．つまり，農業等を基盤とする伝統的な共同体の枠ないし秩序を越えて，独立した個人が自由な（かつ"risk-taking"な）経済活動に乗り出す中で生じたのが「保険＝リスクの分散」というシステムであり，それはこの意味での「リスク」という概念の（ポスト近代という以前の）"近代性"，あるいは市場経済というシステムとの表裏一体性を示すものといえる．

さて，いま「リスクの分散＝保険」が市場経済において生成するという点を述べたのだが，これは言うまでもなく「民間保険」の話であり，社会保障の一部をなす「社会保険」はこの枠には収まらない．やや教科書的な確認になってしまうが，民間保険と社会保険との基本的な相違は2点あり，

・民間保険　①任意加入であり，②保険料の設定が「給付・反対給付均等の原則」（個人のリスクに応じた保険料の設定）による．

・社会保険　①強制加入であり，②保険料の設定が「平均保険料方式」(社会全体で保険料を平準化して設定)による．

という形になっている．それではなぜ，あるいはどのような場合に「民間保険」ではなく「社会保険」が必要となるのか．言い換えれば，「リスクの分散」はどのような場合には市場経済に委ねることが可能で，どのような場合には社会保険という公的な制度とすることが求められるのか．

　このテーマはある意味で古くて新しい話題ともいえ，ここではこれ自体に深く立ち入ることはしないが，近年の経済学的な文脈では，"特に「情報」の不完全性ないし非対称性に由来する「市場の失敗」(とりわけ保険市場における「逆選択」)を回避する必要から社会保険という仕組みが求められる"というのが一般的な理解である(Barr and Whynes, 1993)．つまり，市場経済というものは，本来個人にとって必要な「情報」が完全に把握可能であるとの前提に立っているが，そうした情報の完全性(ないし対称性)がうまく機能しない場合がさまざまに存在し，それは「市場の失敗」を導くことになる．それを是正するために政府が介入する必要が生じ，その一つが「社会保険」ということになる．ちなみに保険市場における「逆選択」とは，個人のリスク(たとえばある個人が病気になるリスクやその場合にかかる医療費の規模)を保険会社が完全に把握できないために，結果として相対的にリスクの小さい個人が保険契約から離脱し，結果として保険市場がうまく成立しないという事態を指している．

　したがって以上をまとめると，先ほど「社会保障」には「リスクの分散」と「所得再分配」の2つがあるという議論を行ったのだが，ここまでの議論を踏まえてより正確に再整理すると，社会保障とは，

(1) 社会保険(＝リスクの分散のうち市場に委ねることが困難なもの)……効率性の観点から

(2) 所得再分配……公平性の観点から

という二者からなるという理解となる．ここで(1)が「効率性の観点から」となっているのは，先ほど述べたように，ここでの「社会保険」という公的な対応は，「市場の失敗」を是正し市場本来の機能(＝効率性)を実現するという趣旨からなされるものである，という意味においてである．言い換えれば，社会保険を含む社会保障というシステムは，公平性のみならず効率性に寄与してい

る側面もあるということになる(以上の論点については広井，1999参照).

　なお，議論をやや錯綜させてしまうが，同時に社会保険というシステムは，先ほど社会保険の第二の特質として指摘した保険料設定方式(「平均保険料方式」)に関して見れば，その中に「所得再分配」(という公平性の観点からの対応)の機能を併せてもっている．たとえば公的医療保険の場合，"病気がちの者がそのリスクに応じた(高い)保険料を払うのではなく，病気のリスクと無関係に平準化した保険料を払う"という点において，実質的に"健康な者から病気がちの者への所得再分配"という要素が組み込まれていることになる．

　以上の議論から，「リスクの分散」と「所得再分配」という二者は，吟味していくと実は座標軸(あるいは「時間座標」)の設定如何で"連続的"なものであることが浮かび上がってくる．そしてこの話題は，そもそも「リスク」とは何かという根本的なテーマにつながっていく要素を含んでいる．こうしたことをさらに考えていこう．

(c) ロールズの議論と「リスク」

　ここで，意外にも以上の議論に大きく関わるものとして浮上するのが政治哲学者のロールズの議論である．

　ここでの文脈に必要な限りで確認すると，主著『正義論』等において展開されるロールズの立論は，「正義の二原理」から成り立つ．第一の原理は，「各人が基本的自由に対する平等の権利をもつべきである」という，自由権の保障に関わるものである．社会保障をめぐるここでの主題により直接に関係するのが「第二原理」であり，そのエッセンスは，「社会でもっとも不遇な人の最大の便益となるように」資源配分の是正が行われるべきである，という内容のもので，「格差原理」またはマキシミン原理と呼ばれる．

　ロールズは，以上のような正義の二原理を，よく知られた次のような「原初状態(original position)」における「社会契約」という仮定的な推論から導いた．すなわち，複数の(利己的かつ合理的な)個人が存在し，これから彼らが構成する社会のルールないし規範を合議によって決めようとしている状況を想定する．ただし，いま考えようとしている正義の原理は普遍的なものでなければならないから，次のような基本的な仮定を置く．それは，そうした各個人は，

自らの属性——健康か病弱か，男性か女性か，金持ちか貧乏か等々——について，一切の情報をもっていない，という仮定であり，それが「無知のヴェール」の仮定というものに他ならない．そして，こうした「原初状態における，無知のヴェールの下での社会契約」において導き出されるのが，上記のような「正義の二原理」となる．これがロールズの議論の基本的な骨格である．

　この論理自体はきわめて明快なので，あまり補足的な説明は不要と思われるが，議論のエッセンスが「無知のヴェール」という仮定にあることは言うまでもないであろう．各人は自らの属性を知らず，かつ，各々は「利己的で合理的な」主体である．そして，その「利己性」ゆえに，特定の属性——たとえば病弱であるとか，障害をもっている等々——をもった個人がそれゆえに差別されるような制度は，(自分もそうした存在である可能性があるのだから) 社会のルールとしては選択されない．ここに，「社会でもっとも不遇な人の最大の便益となるように」資源の再分配を行うという先の「格差原理」またはマキシミン原理が導かれる基礎があることになる．

　ところで，「自己の属性がいかなるものか一切わからない」という「無知のヴェール」の仮定の下では，個人にとって，いわば"すべてがリスクの問題となる"という状況が生まれる．たとえば，自分はもしかしたら"出生の時点から何らかの障害をもった個人"であるかもしれないし，"10歳の時点で両親と死別し生活上の苦境に立たされる個人"であるかもしれない．したがって，ロールズが想定するような「無知のヴェール」の下での社会契約においては，人々は出生の時点を含めて，どのような事故や障害等に対しても，相応な保障がなされているような制度を選びとるであろう．そのような，いわばもっとも広い意味での「セーフティ・ネット」としての制度がまさに「社会保障」の制度に他ならず，逆にまた，社会保障制度は，以上のような「無知のヴェール」の下での社会契約において人々が選びとるであろう内容のものとしてつくられなければならない．

　このように，ロールズの「無知のヴェール」論を援用しながら社会保障の存在理由を述べている論者の一人に塩野谷祐一がいる．塩野谷は (ロールズの)「マキシミンの正義原理は基本的に保険の理論」と指摘しながら，社会保障制度について次のように論じている．

I　リスクと社会保障

「人々は自分が不遇な地位に置かれても困らないように，制度の設計をする．……これは保険の原理に他ならない．こうして保険原理に基づく社会保障の仕組みが社会契約によって合意されるのである．このような社会保障の理念は，富者の慈恵でもなければ，国家のパターナリズムでもない．また人々の利他心に基づくものでもない．社会保障の制度は，……本質的には，すべての自律的個人があくまでも自分の利益のために仕組んだリスク分散の制度である．」(塩野谷，1997)

　ちなみにイギリスの経済学者ニコラス・バーも，ロールズを援用しながら，「福祉国家とは，ロールズの無知のヴェールの下で，個人が自発的に結ぶ保険契約として捉えることができる」と論じ，さらに「この観点からすると，社会保険のみならず社会扶助もまたひとつの保険としてとらえられる」，「福祉国家の性格は，時間の地平(time horizon)の選択の問題として決せられるということになる」と述べており(Barr, 1992)，この限りで塩野谷と共通の認識に立つものと言えるだろう．

　ふり返ってみると，先に社会保障に関係する機能として，「リスクの分散(保険)」と「所得再分配」の2つを区別して指摘した．しかしながら，以上のような「無知のヴェール」の仮定の下では，この区別は本質的な意味をもたないことになる．つまり私たちの通常の理解では，"自分に将来起こるかもしれない事故や病気に備える"のは「リスクの分散(保険)」であり，"出生の時点から障害をもっている人に対する福祉施策"は「所得再分配」というように二分されるのだが，「無知のヴェール」の仮定の下では，自分がどのような属性をもって生まれるかを含めて，自己についての情報はすべて隠されているわけであるから，こうした区別は意味をもたないものとなり，すべては「リスクの分散(保険)」の問題として位置づけられることになる．塩野谷が，社会保障の制度は究極においてすべてリスクの分散の制度であるとし，またニコラス・バーが「社会保険のみならず社会扶助もまたひとつの保険としてとらえられる」というのも，こうした文脈においてである．

　このような意味では，ロールズが想定する「原初状態での社会契約」は，いわば"生まれる前に行われる会議"のようなものであり，時間軸を極限(生まれる前)まで遡ることを通じて「リスク」の概念を無限大まで拡張したもの，と

理解することもできる．

　以上の塩野谷やバーのように，ロールズ的な「無知のヴェールの下での社会契約」として社会保障をとらえ，また根拠づけようとする見方は，これまで正面から論じられることのなかった社会保障の原理的な基礎づけという点について，ひとつの統一的で新しい展望を開いてくれるものと言える．このことを十分に確認したうえで，筆者自身は，以上のような社会保障の基礎づけの論理にいくつかの基本的な疑問をもっている．筆者の疑問は，大きく①現実的な次元のものと②理論的な次元のものの2つに分かれるが，ここではより本質的で重要と思われる後者の点について簡潔に述べてみたい（詳細は広井，1999参照）．

(d) リスク・情報・時間

　以上にその骨子を見たように，ロールズの論法は，「合理的で利己的な個人」から出発しつつ，それに「無知のヴェール」をかぶせることで，そこから正義ないし規範の基準を導き出そうとするものである．この場合，「無知のヴェール」をかけるとは，個人の合理性や利己性という要素は維持したままで，いわば（自己についての）「情報」をゼロにすることによって，正義や規範の問題への通路を開こうとするものである．つまり，

```
                    無知のヴェール
合理的・利己的な個人 ──────────────→ 正義ないし規範
                   （＝情報ゼロ）       （特にマキシミン原理）
```

というのが基本的な構図となっている．おそらく，ロールズの議論が経済学者の一部にとっても一定の説得力をもちえたのは，こうしたあくまで「合理的・利己的な個人」から出発するという構図，加えて正義や規範の導出を「情報」の問題を介して行うという論の筋道が，ある意味で市場経済学的な（あえて言えば"アメリカ的"ともいいうる）パラダイムとも通じうる面をもっていたからであろう．

　いま，「情報」の問題と述べたが，先にも少しふれたように，「無知のヴェール」をかける＝情報をゼロにする，とは，すべてを「リスク」の問題にするということに等しい．つまり，通常の個人にとっては，自分自身に関することがらのうち，一部はリスクであり，一部はリスクではない既知の事実である．た

とえば，ある30代の個人にとって"50代でがんにかかること"はその人にとってリスクでありうるが，"生まれた時点で障害をもっていること"は既にリスクではない．これを，「無知のヴェール」をかけることで，すべてを「リスク」の問題にする，というのが上記のロールズの論法である．それは先にも述べたように，いわば「時間軸」を極限まで(生まれる前まで)過去に遡ることで，自分について「すべてが不確実」であるという方向に「リスク」の概念を極大化することと言ってよいであろう．それが「情報がゼロ」ということと重なるのである．

このように，ロールズの議論の構図では，「合理的・利己的な個人」から出発しつつ，しかもあくまでそうした個人に「内在」しながら議論が展開する．先ほど，時間軸を極限まで遡るという表現を使ったが，いわばロールズの議論での個人は，"時間軸は超えるが，人称軸は超えない(＝個人の内部にとどまり続ける)"と言い表すこともできるかもしれない．要約すれば「リスク－情報－時間」というコンセプトが，ロールズの議論の(必ずしも直接的には前面に出ない)重要な道具立てとなっている．

筆者自身は，先にもふれたように，こうした(「無知のヴェール」を使った)論法による正義や規範の根拠づけや，ひいては(塩野谷やバーのような)社会保障制度の基礎づけには，基本的な疑問を抱いている．結論のみを述べれば，規範や正義の根拠は，ロールズのように「(利己的・合理的な)個人に内在しながら『無知のヴェール』を介して導く」のではなく，「個人を超えた地点に立つことを通じて基礎づける」べきであると筆者は考える．先ほど「時間軸」と「人称軸」という点にふれたが，この言い方を使えば，ロールズのように「人称軸に関しては個人(自己)のなかにとどまりつつ，時間軸を超える」という方向ではなく，「人称軸そのものを超える」こと──(人称的な)超越性──によってこそ，はじめて規範や正義は根拠づけられると考えるのである．

つまるところ規範(正義)とは，「異なる主体に帰属する複数の価値ないし欲求をいかに調整するか」というところに発生するひとつの統制原理なのであるから，それは私的な個人の立場(あるいは「人称性の軸」)を超えることを通じて根拠づけるという，いわば積極的なアプローチをとるべきではなかろうか．ロールズの議論は，「情報ゼロ」という操作を通じて規範をひとつの「保険契

約」に還元するのであるが,それはすなわち複数の(利己的な)主体の間にひとつの「共通の利害」(＝リスクへの集団的対応)を見出す,ということである.しかしこのことによって,規範というものが問われる舞台の本質である「主体の複数性」ということを回避する結果になってしまっているのではないだろうか.

　言い換えれば,ロールズの議論は,「利己的な個人」プラス「情報ゼロ」という条件を置くことで,私的な価値(利己)の追求ということを徹底させたその延長に(あたかも議論を反転させるかのごとく)公的な価値(規範)を導く.これは言うならば,いったん「市場」を前提とした上で,その本来の条件である「完全情報」という条件を100％転倒させ,「市場の失敗」としての「政府(公的部門)」の介入を根拠づけるという論理と議論の構図が同じである.この場合,先にも論じたように「市場の失敗の是正」は本来「効率性」の観点からなされるのであるが,ロールズの「情報ゼロ」の条件の下では「市場」はすべてにおいて「失敗」することになり,この結果,効率性の原理と公平性の原理はいわば極限において一致することになる.これがロールズの議論の本質的な構図であるように筆者には思われる.

　しかし,こうした議論の組み立てには,第一にそこでの「もっぱら利己的な個人」という前提において,第二に「保険契約としての規範」という理解において結局価値(ないし主体)の複数性ということが正面から問われない結果になっている点において,根本的な疑問がある.そうではなく,公共的な価値(規範)は正面から,独立かつ積極的に根拠づけられる必要がある.その基本となるのは個人からの「超越性」——人称性の軸を越える——ということであり,それによって可能となる,複数の欲求ないし価値の優先順位づけということである.規範あるいは公共性というものの本質は,こうした個人の立場からの超越性という点に求められるべきではないだろうか.同時にまた,これは「リスクの分散」に還元しえない「所得再分配」の固有の性格という論点とも重なる.社会保障や福祉国家をめぐる諸問題を「リスク論」の視点から論じる場合には,こうした観点からのリスク概念の限界づけがなされるべきではないだろうか.

Ⅱ リスクとコミュニティ

(a) コミュニティという視点

　以上Ⅰ節においては，リスクと社会保障／福祉国家との関係について，①社会保障を「リスクの分散」と「所得再分配」とにさしあたり区分し，②「リスクの分散」を民間保険と社会保険とに分けつつ社会保険が必要となる根拠を（情報の不完全性ないし非対称性に由来する）「市場の失敗」に求めるという議論を確認し（併せて社会保険は所得再分配の要素も含むことを確認し），③その上で所得再分配をリスクの分散に還元する——言い換えれば公平性を効率性に還元する——という主張に対して批判的な議論を展開した．

　これらは総括すれば，すべてを合理的な個人ないし効率性から出発して（かつそれに「情報」概念を付加しつつ）説明しようとする，いわば一元論的な立場に対する批判ということになり，所得再分配あるいは公平性（ひいては公共性）ということがもつ固有の価値を確認したということになる．

　しかし，ここでもう一つ忘れられている（いわば第三の）領域がないだろうか．結論から言えば，それは「コミュニティ」あるいは「共」という概念に関わる領域である．振り返れば本章の冒頭で，「リスクへの対応」という文脈において「自助」，「公助」，「共助」という3つの価値ないし領域を挙げたが，今まで議論していたのが「自助」と「公助」の二者であったとすれば，「共助」という価値に関するテーマである．ちなみにここでいう「自助－共助－公助」の三者は，ポランニーが（人間社会における経済的な紐帯の基本的な理念型として）挙げる「交換」，「互酬」，「再分配」にそれぞれ対応しているともいえるだろう．

　思えばⅠ節の中で，「社会保険」というものの存在意義を「市場の失敗」の是正としての公的介入として理解する考え方について述べたが，これは新古典派経済学的な枠組みの中での理解の仕方である．しかし実は「社会保険」というものについては別の理解の仕方があるのであって，それは「社会保険」というものを，端的に"共同体の相互扶助"つまり「共助」という概念に基づいて説明する考え方である．ここではこの話題には立ち入らないが，このテーマは，

127

表1 「アングロサクソン型保険」と「アルペン型保険」の比較

	アングロサクソン型保険	アルペン型保険
基本的特質	選択,競争	相互扶助,連帯
制度の基本単位	個人	共同体
保険への加入	(個人の)選択	自生的
保険料の設定	リスク比例	平準化
保険者の規模	スケールメリットの追求	小規模運営

(出所)アルベール,1992を基に筆者作成.

ミシェル・アルベールが『資本主義対資本主義』の中で論じた「アングロサクソン型保険」と「アルペン型(またはドイツ型)保険」という対比と重なっている(表1. なおこうした議論について広井,1999参照).

(b) リスクとコミュニティ

以上のような問題意識を踏まえて,ここで「リスクとコミュニティ」というテーマについてもう少し考えてみよう.

このテーマのもつ意味を示すために,まず具体的な例にふれてみたい.2005年の12月に栃木県の今市市で小学校の女児の殺害事件があり,遺体が近隣の町の林の中に遺棄されていたというきわめて陰惨な事件だったこともあり,さまざまな形で報道もされた.犯人が見つからないまま事件から1年がたち,事件後から現在までの近隣住民の対応の様子などを追った番組(NHKの「クローズアップ現代」)が放映されたのを見る機会があった.犯人がまだ見つかっていないこともあり,住民,特に小学生などの子どもをもつ親はなお不安にさいなまれ,交代で子どもたちの通学に同伴したりした.また事件を受けて送迎用のスクールバスの運行を市が臨時に始めたが,予算の制約で継続が困難になってきていた.その存続を求める声や,「既に累積赤字を抱えている自治体のみでは財政的に不可能で,全国的な制度にして国も支援してほしい」といった市の意見などさまざまな議論の様子が紹介されていた.通学への同伴活動などを率先して行ってきた女性の「いつまでこうした活動を続けることになるのか,先が見えないのがいちばん不安」という言葉が心に残った.

同時に,こうした対応のあり方の全体について,都市工学のある専門家が番

組の中で「住民のこうした活動はもちろん意義深いことだが，同時に"昼間に大人や高齢者の姿が見られるような街づくり"をしていくことが最終的にもっとも重要ではないか」というコメントをしていたのが印象に残った．

　犯罪の発生というのは言うまでもなく現代社会における主要な「リスク」の一つであり，そうしたリスクに対するさまざまな対応を行っていくことはもちろん重要かつ必須のことである．けれども，そうした「リスクへの対応」という視点からの対応だけでなく，もう一つの対応のあり方として，上記の"昼間に大人の姿が見られるような街づくり"といったことを含めた，「コミュニティの基盤」そのものの強化というアプローチの仕方がある．もちろん，この両者は必ずしも二者択一のような関係にあるのではなく，補完的であり，かつ相互に重なる部分も大きいわけであるが（たとえば上記のような住民の活動それ自体が「コミュニティ」づくりにつながるといった具合に），それでも基本的な発想の違いという側面があるように思われる．

　それは，先ほど示した「アングロサクソン型保険」と「アルペン型保険」の対比にも通じるものであり，大幅に単純化して対比すれば，

(1) "リスク最小化"としての対応……（競争的な）個人が前提．消極的（防衛的）な性格．個別的（要素的）なターゲット．

(2) "コミュニティづくり"としての対応……コミュニティが前提．積極的（創出的）な性格．包括的（全体的）なターゲット．

ともいうべき対照である．繰り返すように，この両者は二者択一的というより補完的かつ重なりうる性格のものであり，いずれもが重要なのだが，現代社会においては対応が(1)の方向に傾きがちであるのは確かであり，それに対して(2)のような対応の仕方を常に意識し実践していくことが重要な意味をもっていると筆者は考える．さらに言えば，おそらく(2)の対応が十分に機能している場合は，その「コスト」においても(1)よりむしろ"効率的"である可能性があるだろう．

(c) リスクとソーシャル・キャピタル

　こうしたことを筆者が実感として思うようになったのは，アメリカという社会で何年かを過ごした経験が背景にある．たとえば図1は，アメリカにおける

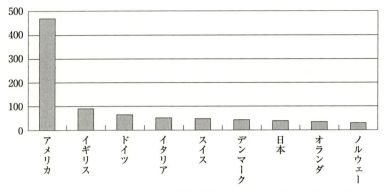

(出所) OECD, *Society at a Glance*, 2003 より作成.

図1 人口10万人当たり刑務所収容者数(2000年)

「刑務所収容者数」を国際比較の中で見たものであるが，アメリカのそれが突出して高いことが示されていると同時に，アメリカという社会のあり方を象徴的に表しているように私には思えるのである．

　こうした極端な刑務所収容者数の多さ(あるいは犯罪率そのものの高さ)ということの背景には，先進国の中で際立って高い貧富の差ないし経済格差(ジニ係数などに示される)という点があり，またこれとも関連するが，街とりわけ都市中心部や公共スペースが，空洞化という次元を越えて限りなく荒廃している，という社会ないしコミュニティのあり方が存在している．こうした社会やコミュニティの基本的な姿を放置したままで，「犯罪というリスク」への対応を強化していくだけでは，"gated community"(塀で囲まれたコミュニティ)と呼ばれるような，外部から遮断され孤立した空間を数多く作り，「セキュリティでがんじがらめになった自由」という逆説的な状況を強化していくことになってしまう(広井，2004参照)．もちろん，こうしたアメリカの状況を他人事として論じられる状況に日本がないことも同時に明らかであり，先ほど地方都市の事件にそくして述べたように，"昼間に大人の姿が見られるような街"という，ある意味で当たり前であるべきことが，多くの地域において既に崩壊しているという現実がある．

　このように「リスク」という話題を「コミュニティ」というテーマと結びつけて考えていくと，ここで自ずと浮かんでくるのはやはり「ソーシャル・キャ

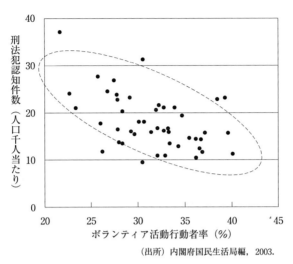

(出所) 内閣府国民生活局編, 2003.
図2 ボランティア活動行動者率と犯罪発生率

ピタル(社会関係資本)」をめぐる議論であろう.ここで「ソーシャル・キャピタル」そのものについて詳細な議論を行う余裕はないが,以上のような文脈において「リスク」と「ソーシャル・キャピタル」という2つの概念が相互に深く関わっているという点は,まず確認しておきたい.

「ソーシャル・キャピタル」という言葉は,さまざまな系譜をもつ概念であるが,近年になって一躍注目を浴びるようになったのは,アメリカの政治学者パットナムが丹念な実証研究をベースにこの概念に現代的な意味づけを与えたことによる部分が大きい.パットナムによれば「ソーシャル・キャピタル」とは「社会的なつながり(ネットワーク)とそこから生まれる規範・信頼」をいい,それ自体は目に見えないものであるが社会のあり方にとってきわめて重要な意味をもつ(パットナム, 2001).

現象レベルでのものであるが,たとえば図2は,日本の都道府県における犯罪発生率とボランティア活動への参加率の関係を示したものである.ここから直ちに何らかの因果関係や構造が示されるというものではないが,「ソーシャル・キャピタル」という概念で表されるような社会ないしコミュニティのあり方と,犯罪,貧困,失業,健康といった(「リスク」概念に関わる)様々な事象

131

との間に何らかの関連がありうると考えることは，必ずしも不合理なことではないだろう(ソーシャル・キャピタルに関する日本での実証研究として，内閣府国民生活局編，2003参照)．先ほどからの議論の文脈でいえば，個別のリスクにターゲットを絞った防御的な対応ではなく，「ソーシャル・キャピタル」の強化という視点からの積極的な対応を行うことが，結果的にむしろ効果的な「リスク」低減につながりうるという発想は重要と思われるのである．

(d) 人間社会の「重層構造」とコミュニティ

ところで，パットナムは「ソーシャル・キャピタル」を大きく「結合型(bonding)」と「橋渡し型(bridging)」の二者に分けている．前者はある組織ないし集団の「内部」における人と人との同質的なつながりであり，場合によっては"閉鎖的"ないし排他的なものともなりうる．後者は「ブリッジ」という言葉が示すように，異なる組織や集団における異質な個人を結びつけるネットワークをさす．この両者がそれぞれ重要であることは確かであるが，日本の場合には，明らかに前者が強くなりがちであり，むしろ後者のような個人をベースとする「つながり」のあり方をいかに構築していくかが最大の課題といえるだろう．

以上の点に関して，議論の土俵を大幅に広げてしまうことになるが，異分野の知見として重要と思われる話題にふれてみたい．

サル研究で著名な生態学者の河合雅雄は，「家族」という存在は進化の過程において「ヒト(人間)」の成立と同時である，という興味深い議論を展開している．つまり，人間において初めて「家族」(という社会的単位)が誕生したということであり，ここでの「家族」とは，実質的には父親が子育てに関わるという点をさしている(母親が子どものケアをするという点は哺乳類に一般的に見られるものであり人間固有のものではない)．

すなわち河合によれば，「サル社会には，父親は存在しない．父親というのは，家族という社会的単位ができる，つまり，ヒトが誕生したと当時に生成した社会的存在」であり，「ということは，父親は家族の成立に伴って創り出されたものであり，極言すれば発明されたものなのだ．一方，母親は生物学的存在であるとともに社会的存在だ，という二面性を持っている」(河合，1990)．

河合は別のところで，人間の社会の決定的な特徴はそれが「重層社会」であるという点にあると述べている．「重層社会」とは，たとえばまず"家族"という組織があってさらにその上に"村"を作るという具合に，社会が重層的な構造をなしていることをいう．つまり人間の社会は，「個人－社会」という形で個人(ないし個体)がいきなり社会に結びつくのではなく，その中間に，より小規模の集団ないし関係性が存在するという性格のものなのである．そしてこの中間的な集団ないし関係性というものが，これまで論じてきた「コミュニティ」ということと重なってくるのではないだろうか．

以上の2つの点，つまり①父親が子育てに関わる，②重層社会ないし中間集団(としてのコミュニティ)をもつ，という人間の特質は，実は同じコインの両面であるように見える．つまり，少なくとも原初的な形態において，そうした親密な中間集団(＝家族ないしコミュニティ)内部においてケアを担うのが母親であり，(子どもを)そうした集団から「外の社会」にいわば"つないでいく"役割を果たすのが父親の役割だったといえるのではないだろうか．

このように見ていくと，ここでの議論は先ほどのパットナムの「ソーシャル・キャピタル」論における「結合型」と「橋渡し型」という二類型と意外なところで呼応していることに気づく．つまり，人間という生き物にとって重要なのは，中間集団としての「コミュニティ」の"内部"での関係性(＝「結合型」)と，「コミュニティ」をその"外部"の「社会」につないでいくという関係性(＝「橋渡し型」)の両者なのである．

そしてこのことは，実は「コミュニティ」という存在自体が，その成立の起源から本来的に"外部"に対して「開いた」性格のものである，ということを示唆しているように思われる．

言い換えると，コミュニティづくりということ自体の中に(逆説的にも)「外部とつながる」という要素が既に含まれているのである．このことは，本節において先に「(1)"リスク最小化"としての対応」と「(2)"コミュニティづくり"としての対応」を区別した上で，両者が異なる側面をもちつつも補完的かつ「重なっている」部分があると述べた点に呼応するものと考えられよう．つまり，「外部とつながる」あるいは「異質な個人を結びつけるネットワークをつくる」という行為は，そこに何らかの「リスク」あるいは不確実性を伴うも

のであるが，そうしたベクトルの存在が，一見それ自体としては静的で閉じた秩序のように見える「コミュニティ」の存在そのものを，相互補完的なかたちで支えているという理解である．あえて単純化した言い方をすれば，"適度のリスクの存在は人間やコミュニティにとってむしろ必要" という表現が可能かもしれない．

III　リスクと福祉国家

(a) 福祉国家の意味とこれから

最後に，以上の議論を発展させる形で，リスクと分配をめぐる歴史的動態について簡潔に述べておきたい．ここで導きの糸となるのは「福祉国家」をめぐる展開である．

もともと「福祉国家」という考えは，資本主義と社会主義のあいだの "中間の道(ミドル・ウェイ)" として，主に20世紀に構想され，特に第二次大戦後のヨーロッパを中心に大きく展開してきた考え方である．現実には，それは冷戦という，「資本主義(米国)と社会主義(ソ連)の間のシステム対立」にあって，そのいずれでもない社会モデルとして発展し，現在に至っている．

そもそも福祉国家とは一言でいえば「市場経済プラス "事後的な" 所得再分配」という社会システムである．つまり，まず「個人の自由な競争」としての市場経済の仕組みを前提とし，そこで生じる経済格差ないし富の分配の不平等といった問題を，社会保障などによっていわば事後的に是正する，という考え方だ(福祉国家はかつて「"修正" 資本主義」とも呼ばれた)．ところが現在，次のような二つの基本的な問題が顕在化している．第一は，福祉国家が発展して社会保障の規模が大きくなればなるほど，そのための財源は個人や企業の所得から差し引かれることになるから，経済活動のインセンティブを損なうものになり，福祉国家の基盤自体を揺るがすという問題である．第二は，まったく逆の方向からの批判であり，日本でも現在話題になっているように，人々の間の資産面等での格差が次第に拡大し，個人がいわば "チャンス(機会)の平等" を有しているという状況が揺らぎ，その結果，福祉国家がもともと想定してい

る「個人の自由な競争」という前提自体が大きく崩れてきているという点である．

こうした中で，発想を大きく転換し，市場経済に対する「"事後的な"所得再分配」ではなく，いわばもっと「上流」に遡った，「"事前的な"分配」とも呼ぶべき対応が必要なのではないかという考えが浮上する．

この発想のひとつの側面は，「個人が"共通のスタートライン"に立てるということ（機会の平等の保障）は徹底して追求し実現させよう．しかしその後で（いわば"レース"の結果）生じる格差の是正については最小限のものでよい」という考え方である．これは一見，非常に「自由（放任）主義」的な，ある意味できわめて"資本主義的な"考え方のようにも見える．果たしてそうだろうか．

そうではない．というのも，真の意味で個人の「機会の平等」ということを保障しようとするならば，そこに相当な"制度的な介入"が必要になってくるからである．たとえば現在の日本のように，同じような社会システムが数十年以上にわたって続いている社会では，各世帯の資産面での格差が世代を通じて累積していくため，個人が生まれた時点で経済的に「共通のスタートライン」に立っているとは到底言い難い状況になっている．個人に均等な「チャンス」を保障するためには，たとえば相続税を強化し，それを通じた富の再分配を行うことが必要になる．つまり「個人のチャンスの保障」という，自由主義的ないし資本主義的な理念を実現するために，ある意味で社会主義的ともいえるような関与が必要になるという，ある種のパラドクスがここにある．

(b) 分配と再分配

このように，平時において「個人の機会の平等」ということを実現するためには，「資産面での再分配」や，教育を含めた「人生前半における社会保障」の強化といったことが課題になる．こうして全体として"事後的な"所得再分配から"事前的な"分配へ，あるいは「フロー（所得）の再分配」から「ストック（資産）の再分配」に重点を置いた社会システムへ，という新たな方向が浮かび上がる（「人生前半の社会保障」という話題については広井，2006参照）．

ここで意外にも関連してくるのが，現在の中国などの「社会主義市場経済」のもつ意味である．既に述べたように，「福祉国家」とはもともと"資本主義

表2 4つのシステム比較

	A.(純粋な)社会主義	B.社会主義市場経済システム	C.福祉国家	D.(純粋な)資本主義
資源配分【生産段階】	公的コントロール(計画経済)	私的(市場経済)［ただし土地等の所有をめぐる公的関与］	私的(市場経済)	私的(市場経済)
所得再分配【消費段階】	——(上記により達成；失業や所得格差は存在しないとのドグマ)	模索中＝社会主義市場経済における社会保障制度のあり方	強＝積極的な社会保障制度(国による多様性あり)	弱

(出所)筆者作成.

の中に社会主義的な要素を取り入れたシステム"として展開してきたものである．一方，中国が90年代前半から打ち出している「社会主義市場経済」というモデルは，福祉国家とは逆に"社会主義から資本主義へ"の接近であり，資源配分を計画経済から市場メカニズムにシフトさせるとともに，そこから派生する所得格差等を社会保障による所得再分配などによって是正するという考え方だ．このように，「福祉国家」と「社会主義市場経済」という二つの理念は，歴史的文脈は異なりつつも，ともに"資本主義と社会主義の中間形態"という点で共通している．

経済システムを大きく「資源配分 resource allocation」(＝生産段階)と「所得再分配 income redistribution」(＝消費段階)の2段階に分けるとすれば，前者そのものを公的にコントロールするのが社会主義であり，前者は市場メカニズムに委ねつつ，社会保障等を通じた所得再分配でそれを是正するのが「福祉国家」の考え方であった．この限りにおいて，「福祉国家」と「社会主義市場経済」は重なりあっている(表2)．両者が分かれるのは，たとえば土地所有や利用に関する公私の分担であるが，新しい福祉国家が先ほど述べたような「事後の再分配から事前分配へ」という方向を志向するならば，それはある面において社会主義市場経済に接近したものともいえる．

(c) リスク・再分配・コミュニティ

　振り返れば，福祉国家というシステムの生成・展開は，とりわけ19世紀以降の急速な市場化・産業化の進展と，それに伴う経済の持続的な「成長・拡大」の時代という背景と不可分のものであった．こうした時代においては，たとえば失業リスクということをとっても，端的に経済を成長させること（ないし生産を拡大させること）が最大の対応策であり，「リスク」ということはむしろ背景的な概念にとどまっていた．

　今後，人々のマテリアルな需要が成熟化・飽和し，また人口減少や環境問題ということとも相俟って，私たちの生きる社会は「定常型社会」ともいうべき社会のあり方を迎えることになると思われる．こうした状況の下で，「成長・拡大」の時代においては生産活動からリタイアした後の高齢期に集中していたリスクが人生の全般に及ぶようになり，また，現代社会におけるいわば"上昇しすぎた生産性"を背景とする「慢性的な生産過剰（＝慢性的な労働力過剰）」という状況の帰結としても，（賃労働時間を減らしていかない限り）失業リスクが普遍化することになる．生産の「拡大」という方向がかえって失業等の生活リスクを増大させるという状況が生まれているのである．これらに加え，先にも指摘した個人の「共通のスタートライン」の保障という意味でも，教育を含む「人生前半の社会保障」や相続時の再分配あるいは（土地などの）ストックの再分配ということが新たな課題として浮上する．

　これは，再分配がリスク軽減につながるという意味において，「リスクの分散」と「（所得）再分配」という二者が，新しい形で融合するという状況といえるかもしれない．そして市場化・産業化の時代においては，I節で見たように「リスクの分散」は市場経済の論理に基づく「効率性」と対応し，「所得再分配」は「公平性」と関わる（その限りで異質な）ものであったが，今後は，むしろ前者の実現あるいは個人の機会の平等の保障のためにも積極的な「再分配」，特に"事前的な再分配"が求められるという状況が生まれつつある．

　言い換えれば，公共的な「再分配」を適切な形で行うことが，結果として（貧困，失業，犯罪，病気等々の）さまざまな「リスク」の発生そのものの軽減につながりうるという認識が重要となる．加えて同時に，そこではII節で論じたように，「コミュニティ」あるいは「共」の領域もまたリスクへの対応や軽

減において重要な意味をもつことになる．つまり①リスクの分散（「私」的な原理），②再分配（「公」的な原理），③コミュニティ（「共」的な原理）という異質な三者が新たな形で融合し相互に連関していくのだ．

　こうして新たに求められる社会システムは，先ほど"資本主義的な理念の実現のための社会主義的な対応"というパラドクスについて言及したように，従来のシステムの枠組みをはみ出るものである．ポスト産業化社会としての定常型社会における，資本主義と社会主義といった二分法を超えた社会像を，私たちは構想していくべき時期にいま来ている．こうしたことを「リスク」についての考察は指し示しているように思えるのである．

参 考 文 献

Barr, Nicholas(1992), "Economic Theory and the Welfare State", *Journal of Economic Literature*, Vol. XXX.

Barr, Nicholas and David Whynes(eds.)(1993), *Current Issues in the Economics of Welfare*, Macmillan.

Beck, Urlich(1999), *World Risk Society*, Polity Press.

G・エスピン＝アンデルセン著，渡辺雅男・渡辺景子訳(2000)，『ポスト工業経済の社会的基礎――市場・福祉国家・家族の政治経済学』桜井書店．

河合雅雄(1990)，『子どもと自然』岩波新書．

塩野谷祐一(1997)，「成熟社会における社会保障の理念」，『健康保険』1997年4月号．

橘木俊詔編(2004)，『リスク社会を生きる』岩波書店．

内閣府国民生活局編(2003)，『ソーシャル・キャピタル――豊かな人間関係と市民活動の好循環を求めて』国立印刷局．

広井良典(1999)，『日本の社会保障』岩波新書．

同(2000)，『ケア学――越境するケアへ』医学書院．

同(2004)，『脱「ア」入欧――アメリカは本当に「自由」の国か』NTT出版．

同(2006)，『持続可能な福祉社会――「もうひとつの日本」の構想』ちくま新書．

ミシェル・アルベール著，小池はるひ訳(1992)，『資本主義対資本主義』竹内書店新社．

諸富徹(2006)，「環境・福祉・社会関係資本」，『思想』No. 983．

ロバート・D・パットナム著，河田潤一訳(2001)，『哲学する民主主義』NTT出版．

第4章

リスク解析とは何か

椿　広計

　リスクは多様であり，それに接する人々の態度も分野によって大きく異なる．しかし，リスク関連情報を認識し，蓄積し，その要因を発見・評価し，適切な対応策をとり，社会に還元する一連のプロセスには，共通性が認められる．したがって，このプロセスを対象とした計量科学を構築することが可能である．実際，統計的方法は，事実を収集し，そこに想定される関係性を近似し，リスク評価を行うための科学的方法論として，既に一定の社会的地歩が与えられている．しかし更に，社会設計のための横断的方法論を構築しようとすると，リスクを取り巻く人々の価値選択に依存した，発見・最適化・推論結果主張の抽象化といった新たな課題に挑戦する必要が生じる．本章は，統計科学の，これまでのリスク科学分野における貢献や方法論を抽象化し紹介すると共に，筆者が今後情報学の各領域と協業して解決すべきと考えている課題について，その概略を包括的に示したものである．

I　リスク学における帰納的接近の役割

　1854年イギリスのスノウ(J. Snow)はコレラ流行中のロンドンで調査を行ない，「井戸の水を飲むとコレラになる」ことに気づいて必要な対策を施した．このことは，コレラ菌が発見される約30年前のことであった．このように，真の原因が未知でも事実に基づく帰納的接近がリスク対処にとって本質的な役割を果たすことがある．そして，観測された事実に基づき学術を構成する方法

論こそが，ピアソン(K. Pearson)の構想した「科学の文法」としての統計的方法である(Pearson, 1892)．すなわち，関心のある対象について，
(1) 事実間の相関関係の観察
(2) この観察を基に想像力を発揮し，有用な科学的法則を現象に付与
(3) この法則が妥当性を持つか否かの検証
(4) 法則と一致しない事実があれば，周到かつ精確な分類を実施

といった一連の手続きをスパイラル的に繰り返すことで，その認識が進化する過程を「科学的プロセス」と呼ぼうという考え方である．

科学の文法は，フィッシャー(R. A. Fisher)の「実験計画法」，ネイマン(J. Neyman)の「標本調査論」，ネイマンとピアソン(E. S. Pearson)の「統計的仮説検定論」，ワルド(A. Wald)の「統計的決定理論」を経て，事実に基づく情報を適切な実験・調査によって収集し，研究者の仮説を帰納的に推論（反証）し，意思決定を行なう方法論として確立した．20世紀後半までには，これら検証的データ解析技法は，自然科学に限らず，人文社会科学における実証の様式としても認められた．さらに，サリドマイド薬害事件という警鐘以降，医薬品の有効性と安全性とを事実に基づき推論し，新医薬品候補物質を認可するか否かといったリスクに関わる国際的な社会制度にまで浸透している(椿，藤田，佐藤編，1999)．

一方，これら社会制度に埋め込まれようとしている統計的方法は客観的であると信じられることが多い．これは，データと一連の手続きを与えれば，その結果は誰もが再現可能という意味で，恣意性が排除されているという信頼感から生じている．しかし，以下で述べるように，そもそもどのような情報に注目するかといった評価項目，すなわちエンドポイントの選択，あるいは手続きの中に含まれるパラメータ，例えば，検定の有意水準の選択などは，当事者に一定の範囲内の選択が許容されるなどの恣意性がある．また，これらの選択が著しく不合理な状況も散見される．

本章では，標準的なリスク解析の手続きと共に，むしろリスク解析の難しさについても触れてみたい．

リスク解析を行なうためには，リスクマネジメントの対象となる事象とその原因候補に関わる情報とを量的ないしは質的に計測し，要因解析の可能なデー

タとして蓄積しなければならない．そのため定量的なリスク評価の最大の障害となるのが労力とコストである．かりにケース・コントロール研究のように巧妙なデータ収集を行なったとしても，相当な労力とコストがかかることである．したがって，現実には専門家の演繹的思考や記録に残らない経験に頼った思考に基づいて，評価・決定を行なわざるを得ない分野が多い．また，実際にこれから紹介する帰納的方法で対処するには複雑過ぎると感じられる場面も多く，結果として専門家の経験と勘と度胸(日本的品質管理でいうKKD)に基づくリスクマネジメントに頼らざるをえない状況が多いのである．

　ところが，演繹的接近の誤謬を演繹的接近だけで修正するのは難しいことがある．スノウの疫学調査結果は幸いにもすぐに評価された．これに対して，脚気予防のために日本海軍の高木兼寛が1884年に行なった統計的実験とそれに基づく食事改善提案は，海軍において画期的成果をあげていたにもかかわらず，19世紀には脚気細菌説があまりにも強力で，我が医学界や日本陸軍は高木の提案を非科学的とした．そのために日清戦争において陸軍では多くの脚気病死者を出したことは有名である(吉村，1991)．

　「自由人(free thinker)」としての統計家は，各人が持つ「信念」はもちろん社会が形成する「理念」や現状最良の「理論」までもが不完全なものであり，膨大な事実の全体に適用可能ではないということを信条としている(Pearson, 1892)．一方，リスクを扱う統計家は，現状の知識あるいは自らが作成した現象モデルの不完全性を認識し，事実を収集し，事実に基づきモデルを改良し，より合理的なアクションを導出する，すなわち現象への帰納的接近の管理者でなければならない．中谷(1958)は，「科学が統計の学問であるとすると，すべての法則には例外がある．そして，科学が進歩するということは，その例外の範囲をできるだけ縮めていくことである」と指摘しているのである．結局，科学の文法に沿って一歩一歩，リスクに関する知の領域を広げるために，事実ととことん付き合うことしか，リスク解析者のできることはないのである．

II 古典的なリスク要因の解析モデルの当てはめ

　リスク学が「あるものの探究」を目指す認識科学（日本学術会議，2005）の枠組みで捉えられるのであれば，リスク解析は既存の検証的データ解析および数理最適化の範疇でおおむね解決できる．その解決のシナリオは，リスクに関わる事象の発生確率および事象に起因する損失が，列挙されているリスク要因やリスク対応によってどのように変わるかについての統計的法則を導き，主要な要因に対して最適なアクションを行なうというものである．

　リスク解析の第一歩として，リスクに関わる事象発生と要因との定量的関係性を導出する．ここでは統計モデルの当てはめが不可欠となる．ある地域である規模の地震が生じるリスクを評価する，ある人がある疾病にかかる確率を評価する，ある企業の「売上高経常利益率」が負となる事象に注目し，それがかなり大きくなることをリスクとして評価する統計的方法は，量・反応関係の推定方法が使われる．大雑把に言えば，回帰分析を拡張したネルダー（Nelder）の一般化線形模型，ないしは統計的信頼性理論，あるいはその特別な方法論としてのコックス（Cox）の生存時間分析といった方法論，あるいはこれらをより柔軟なリスク予測に拡張するための方法論が分野横断的に適用可能なのである（例えば，宮原・丹後編，1995を参照）．

　おおよそ，統計モデルとして採用できる方法論については，以下のような整理が可能であろう．

(1) リスク事象発生確率評価：一般化線形模型による確率予測モデル（ロジスティック回帰，プロビット回帰モデルなど）
(2) リスク発生時期評価：生存時間分析（ワイブル解析，コックス回帰）
(3) 期待損失評価：一般化線形モデルによる確率予測モデルと事象が起きたという条件付での損失予測モデル（ガンマモデル，対数正規モデルなど），あるいはトゥィーディ（Tweedie）分布モデル
(4) 最大損失評価：グンベル（Gumbel）の極値理論の応用

　これらの統計的方法自体は古くは化学物質の致死量の決定，製品やガンの生

存時間推定，近年は企業倒産リスクの評価などにも使われており，生物統計分野をはじめ多くの教科書も出版されている（宮原・丹後編，1995；Armitage, et al., 2002 を参照）．今日では，統計的リスク評価モデル当てはめは，インターネット上で誰もがダウンロードできる，フリーソフトウェア（例えば上記のモデル当てはめがすべてできるソフトウェアRは，http://www.r-project.org/からダウンロードできる）でも容易に実現できるようになっている．

　一方，リスク発生確率や，リスクの重篤性に影響を与える可能性のある要因は，次のように多様であり，定量的なリスク解析を行なおうとするのならば，基本的にこれらを観測可能とする仕組みを構築しなければならない．
（1）当事者が管理可能な制御要因
　物理・化学的要因／オペレーション的要因／マネジメント的要因
（2）当事者が管理不可能な属性・所与の環境・社会要因

　管理可能な要因とは，適切なリスクマネジメント（アクション）によって，リスク要因がリスク事象を発生させる対象へ暴露される水準をある程度低減できる要因を指す．実際には，この対象へのリスク要因暴露情報には，相当な不確実性があることが多い．

　なお，これら複数のリスク要因間には，ある種の因果関係が予想される場合もある．例えば，死産の要因は早産であり，早産の要因は妊婦の喫煙といった因果連鎖である．このとき，因果関係の上流にある要因のリスク評価を行なう場合には，あえて因果関係の下流にあるリスク要因をモデルから除外して，上流要因のリスクに対する総合効果を検討する必要もある．

例　企業の赤字率増大リスク

　ここでは，統計モデルを用いて有意なリスク要因を抽出し，定量評価する事例を紹介する．統計数理の詳細は省略するが，一連の流れを確認して欲しい．
　まず企業が赤字になることをリスクに関わる事象とし，売上高経常利益率のマイナス（赤字率）を損失とする状況を設定しよう．ここでは，ベネフィット，すなわち黒字企業の利益率については一切関心がないことを前提にする．次に，従業員人数，営業収入，流動資産，固定資産，流動負債，固定負債を，リスクを増大あるいは減少させる要因候補とする．最後にコックス回帰分析で1996

年度の我が国上場企業 2091 社(赤字企業 237 社)の財務情報を用いて要因解析を行なうと表1のような結果が得られる．ただし，リスク要因候補の変数はすべて自然対数変換している．

表1は，回帰係数の値が正の値で大きくなるほど，赤字率が大きい企業になりやすいこと，負の値で大きくなるほど，赤字率が小さい企業になりやすいことを意味する．また，p 値はその統計的有意性を示している．例えば，p 値が 0.05 以下の場合，5% 水準で有意と呼ぶ．表1によれば，流動負債と従業員人数が 5% 水準で有意なリスク要因，逆に流動資産と営業収入は赤字率を下げる要因と考えられる．これに対して，固定資産や固定負債は赤字率増大・減少の要因としては有意性が示せない．回帰係数の指数関数，exp(回帰係数)の値はオッズ(Odds)でリスク要因の効果を計測したもので，ハザード比などと呼ばれる．表1で，従業員人数に関する exp(回帰係数)の値が 1.315 ということは，ある企業の従業員人数の対数が 1 増加，すなわち，従業員数が $e≒2.72$ 倍になると，他のリスク要因候補の値が固定されているという前提で(売上一定，資産，負債一定ならば)，現在の企業よりも赤字率が増大するオッズの推定値が 1.315 であることを意味する．ここでオッズとは，赤字率が増大する確率を r，減少する確率を $1-r$ としたとき，$r/(1-r)$ を意味する．したがって，この場合赤字率が増大する確率は，Odds/(1+Odds)で 56.8% と評価される．もし，従業員数が 10 倍になるのならば，オッズは，$10^{0.2735}=1.88$ になり，赤字増大確率は 65.2% と推定される．これに対して，流動負債が e 倍になると，赤字増大確率は 78.3%，流動資産，営業収入が e 倍になると赤字増大確率は，それぞれ 36.9%, 17.1%，つまり赤字減少確率が 63.1%, 82.9% と見込まれる．結論として，統計的に有意なリスク増大要因は，影響力の順に，流動負債，従業員人数となる．

表1 赤字率の要因解析

赤字要因 候補変数	回帰係数	exp(回帰係数)	回帰係数 標準誤差	z 値	p 値
固定資産	−0.0657	0.936	0.106	−0.622	0.530
流動資産	−0.5338	0.586	0.138	−3.881	0.000
従業員人数	0.2735	1.315	0.109	2.508	0.012
流動負債	1.2828	3.607	0.145	8.863	0.000
固定負債	0.0759	1.079	0.063	1.206	0.230
営業収入	−1.5764	0.207	0.147	−10.714	0.000

おおむね古典的なリスク解析に関わる統計専門家は，所与のリスクに関する要因評価モデルを設計し，一定の意思決定を行なうのに適したデータ採取方法といった統計的に適切な調査・実験計画を行ない，得られたデータへのモデル当てはめを行ない，そして必要なモデルの改善を行なうといった一連のプロセスに責任を持っているのが現状である．この中でも，統計専門家が最も苦慮するのは，データの観測方法や観測データの個数に関わる調査・実験の計画である．

Ⅲ　リスク最適化の枠組み

　Ⅱ節で示した方法を用いて，リスクと要因あるいはアクションとの関係を近似する統計モデルが推定できれば，最適なリスク対応としてワルドの統計的決定理論(Wald, 1950)を用いることができる．ワルドは，フォン・ノイマン(von Neumann)のゲーム理論を数理統計学的枠組みの中に導入し，事象を発生する「自然」と決定を行なう「統計家」のゲームとして統計的推測を定式化した．ここで統計家の役割は，事象と決定との関数として表現可能な「損失関数」を可能な限り小さくすることであると規定された．また，ここでいう損失という概念は抽象的に定義されており，もともと負のリスクとしてのベネフィットをも統一的に取り扱うことができるものとなっている．
　統計的決定理論では，損失関数を事象の従う確率分布で期待値をとった関数，「期待損失」を「リスク関数」と定義している．ここで「損失関数」は，人間による「決定(アクション)」と実際に生じた事象とによって定まる．またリスク関数は，決定と事象を発生させている確率的メカニズムのパラメータに依存して定まる．このような定式化のもとで，リスクに対するミニマックス戦略設計を，事象の確率変動に関するリスク関数最大値を最小にするといった数理的問題に帰着させることができるようになった．
　ワルドはさらに「完全類定理」を証明した．これは，決定関数論の枠組みの中で許容される意思決定を確率分布のいかなる選択に対して，一様にリスク関数を改善することが不可能な決定とした上で，許容的な決定は一般化ベイズ決

第4章 リスク解析とは何か

定に限定されることを示したものである．ここでベイズ決定とは次のような手続きである．まず一連のリスクに関わるデータを観測し，次にこの情報に基づきリスク関数の期待値(ベイズリスク)を評価し，この期待リスクが最小となるような決定を選択する．

しかし，ベイズ決定に基づくリスク最適化は，実用的複雑さを持つ問題解決において，ベイズリスク評価に多次元数値積分を要するため，事実上計算不可能な方法論として，リスク科学分野からは閑却された感もあった．ようやく1990年代以降，マルコフ連鎖・モンテカルロ法によるシミュレーションによってベイズ決定を計算する数値的ベイズ決定が実用化された．統計モデル当てはめの専門家(古典的な統計家)と数値最適化の専門家とが協業すれば，リスク学分野においてもこの種の方法の適用が日常化されるものと期待できる．

さて，上述のようなリスク最適化を社会に対して適用する場合には，リスク関数の最小化問題として定式化し，社会全体で最小リスクを達成すればよいかというと，そう単純なものではない．現実には，社会の構成員としての各組織あるいは各個人に対して，一定以上の損失を与えることができないからである．したがって，一定の制約条件を最適化問題に課することが必要となる．この種の集団最適化に加えて，個の尊重に関わる制約条件は，当該社会における倫理規範から導かれることも多い．

また，いわゆるリスク選好度が低い社会では，期待損失は最小化できてもあるレベルを超える損失は許容できないということもある．この場合には，あるレベルの損失が生じる確率を一定水準以下に制御する制約条件が最適化問題に課されることになる．

一方，リスク最適化のためのアクション選択として，最も保守的な行動は，最大損失を最小化するミニマックス戦略である．これは，事象や損失に関する不確実性が極めて大きいときに採用される戦略である．この種の保守的戦略が必要なのは，リスク解析者がリスクに関わる事実をまだほとんど観測していない場合か，あまりにも最大リスクが大きい場合である．一般に，適切で計画的な経験情報の蓄積があれば，もう少し実際的なリスク回避アクションが選択可能なはずである．

Ⅳ 設計科学としての定量的リスク科学

　リスクにおける帰納的方法の役割は，Ⅱ節で紹介したリスク評価モデルの推定とⅢ節で紹介した制約付き最適化に尽きているのであろうか．筑波大学大学院リスク工学専攻の宮本定明教授は，Ⅲ節で数理的に定義したリスク関数とは別に，現実に問題となっているリスクに次の3種類があり，それらを俯瞰的に捉える必要がリスク解析に必要であることを指摘している．
　(1) 回避すべき対象としての「個別リスク」
　(2) ベネフィット(ポジティブリスク)と共に最適化の対象となる「トータルリスク」
　(3) 発見の対象となる「潜在リスク」
　スノウの成功を眺めても，リスク要因候補が知られていない状況で，帰納的発見がリスク学に貢献することは明らかである．地球温暖化のようにリスク事象の中には，当初はそもそもリスク的な事象が生起していることすら認識されていないこともあり，そのリスク性を認知することに帰納的方法が役立つ可能性もある．
　しかし，リスク現象が何かを定めることに踏み込むことは，リスクに関わる価値を選択することである．したがって，リスク解析の依拠するところも「あるものの探究」を目指す認識科学的方法論から，社会のための科学，すなわち「あるべきものの探求」を目指す設計科学的方法論(日本学術会議，2005)へパラダイムシフトすることが要求される．リスク解析における設計科学的視点の必要性は，特に，人間や社会を対象とした場合に顕著である．
　椿(2007)は，設計科学の抽象的なプロセスとその活動の対象を図1のように整理した．
　第1段階としての「価値選択(value selection)」は，「目的としている社会(target society)」にとって，どのような価値が必要かを明らかにする段階である．リスク解析に即して言えば，潜在化している場合もある「認知されるべきリスク」を発見する段階であり，リスク特定の段階におおむね対応する．こ

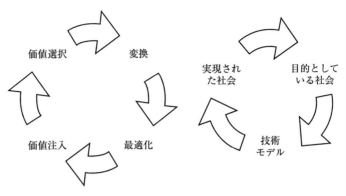

図1 設計科学の抽象的サイクルと活動の対象

の段階では，社会にある新たなリスク概念を注入したとき，その社会がどのように反応するかといった予測やシミュレーション技法も有用である．

　第2段階の「変換(translation)」は，選択された価値を最適化するための「技術モデル(engineering model)」を定性的に明らかにする段階であり，リスク算定評価段階の前駆段階である．リスクを低減するシステムを選択する段階でもある．ここでは，演繹的，ないしは帰納的に蓄積された多くの知識が活用される．さらに，信頼性分野で管理技術として開発されてきた，FMEA(Failure Mode Effect Analysis)などが活用されることもあろう．

　第3段階である「最適化(optimization)」は，技術モデル上で価値を最大化する段階であり，リスク算定評価段階およびリスク対応段階に相当する．ここでは，II節で述べた古典的な枠組みも有効であるし，製品機能の頑健性を達成するために田口玄一によって提案され，国際的に普及したタグチメソッドのように，直接損失関数を実験的に評価し最適化する技法も有力である．

　第4段階の「価値注入(value injection)」は，最適化された価値を社会に効果的に還元し，「目的としている社会」に近い「実現された社会」を再構築することで，リスクコミュニケーション段階におおむね相当する．技術的に実現したリスク水準と対応する実社会のリスク認知を整合させる段階といってもよい．

　こうして社会に注入された価値が実際に妥当なものであるかどうかの検証を経て，このサイクルは循環し，より高い価値を実現しようとする．このリスク

情報の循環サイクルをいかに早く効果的にまわすかに，帰納的方法論が役立つかどうかが，リスク解析学自体の存在価値を定めている．

V　リスク解析の価値依存性

　リスク評価を設計科学の立場で真面目に考えれば，リスクを社会がどの程度認知し，許容しているかを知ることは，至って難しい．II節で分析した赤字リスク問題にしても，経常利益が負になることをもって企業リスクとみなすという評価を社会が選択しているから，その種のリスク解析を行なうのである．

　実は最も難しい問題として，リスク解析の主役であるリスク事象概念をどのように仮設するかということが挙げられる．このことは，どのようなリスク評価軸を設定するかということにも関連する．例えば，コニカミノルタホールディングスの米山高範・元会長は，コニカでストロボ内蔵カメラ開発が開始された端緒についておおむね次のように述べられた．当時の写真撮影における最も頻発した失敗が露出不足であった．それにもかかわらず，ほとんどのユーザーが失敗と意識せず，やむを得ないことと感じていた．すなわち，露出不足による写真の失敗は損失を伴う事象だとユーザーが気づいていないことに，コニカが気づいたことがリスク回避商品開発に繋がったのである．

　新医薬品候補物質の許認可は，科学的実験に基づいて医薬品の有効性（ベネフィット）と安全性（リスク）とを統計的に評価した資料に基づいて，トータルリスク評価に類したことが行なわれている．例えば，新医薬品の安全性評価では，社会が認知するリスクが，そのベネフィットに強く依存する．そこでは医薬品の総合的「価値」，あるいはトータルリスクに依存して，個別リスクとしての安全性が認知されるという状況が起きる．つまり，医薬品が有効であった程度に応じて，リスクが許容される場合がある．例えば，抗がん剤の有効例で許容される副作用事象が，まったく同じ事象でも風邪薬の有効例では許容されないのである．両者はリスク性現象としては同じであっても，「認知されるリスク」としては異なる．

　また患者個人の視点に立てば，治療が有効でもないのに副作用が生じたとい

表2 仮想的な治療リスクの認知：p_i は当該セルに属する患者の比率

治療結果	治療安全	治療安全でない
治療有効	リスク許容：p_1	リスク許容：p_2
治療有効でない	リスク許容：p_3	リスク認知：p_4

うのは許容できないであろう．さらに，一般的に考えてもリスクを比較的恐れない個人か，リスクを嫌う個人かといったように，リスク選好の観点からもリスク許容の個人差は発生する．

このような認知されたリスク評価の困難は，表2のような仮想的な患者集団における治療評価を考察すると，理解可能と考える．

いま既存の標準治療は，$p_1=0.3$，$p_2=0.3$，$p_3=0.3$，$p_4=0.1$，新薬候補は $p_1=0.7$，$p_2=p_3=0.0$，$p_4=0.3$ であったとしよう．新薬の承認が標準治療との比較において有効率の改善と安全率の改善という2つの集団比率の改善を基準として行なわれるものとすれば，標準薬は有効率 p_1+p_2，安全率 p_1+p_3 がそれぞれ60％，新薬はそれぞれ70％なので，新薬は承認基準を満たす．しかし，表2のような比率構造では，患者が許容しないリスク比率 p_4 では，新薬(30％)は標準薬(10％)の3倍に達してしまうのである．

これら価値に関わる困難を回避するための方策は2つ考えられていた．国際的に主流となった1つの接近は，あまり価値観に依存せず，誰もが共通的に認知しえるリスク・ベネフィット評価指標，例えば，「正常な生活が可能であった期間」に関する情報などをエンドポイントとして評価することである．しかし，重篤な疾患と軽微な疾患とで，「正常な生活が可能であった期間」の価値が同等と認知できるかと問えば，少なくとも筆者は否と答えざるを得ない．

もう1つの方策は，「価値」に依存した認知されたリスク・ベネフィット指標の比較を許容し，エンドポイントによる統計的解釈を補足することである．事実，1990年後半まで我が国の新医薬品の臨床評価では，主治医による治療の「有用性評価」と呼ばれる主観的総合評価が用いられていた．しかし，この「あるべき治療」の評価は，時代や社会に依存し，歴史的に変容することに，留意が必要である．

統計的決定理論の枠組みの中で最も「価値評価」と関連するのが「リグレッ

ト(後悔)」の概念である．リグレットとは，実現した事象から省みれば，当該アクションは最善のアクションに比べて，どれくらい損失が大きかったかを評価するものである．単に「ああすれば良かったなあ」と後悔するのではなく，「ああすればどれくらい良かったのだろうか」という問に答えるのである．当然，最善のアクションは時代が進むにしたがって進歩するので，ある治療方法のリグレットは時代が進むにつれて大きくなり，リグレットに基づくリスク評価は劣化する．

この後悔量評価が「認知されたリスク」と関係するのは，金融分野のリスク評価でも当てはまる．金融分野でハイリスクというのは，リターンの大小というよりは，リターンの分散(ボラティリティ)が大きいことを指すことが多い．あるアクションを実施したとき，そのアクションの結果として期待される最善あるいは標準のシナリオに比べて，最大どれくらいまで収益が劣化し後悔するかをもって「リスク」と認識しようという考え方が，「ハイリスク」の背後にあると考えられる．医薬品領域では，医薬品の選択によってリグレットを最小化しようとするが，金融領域では金融資産の運用にかかわるポートフォリオの設計によってリグレットを最小化していると考えられる．

VI　リスク解析の結果をどのように主張するか

スノウが井戸水をコレラの発生する原因と特定した調査と，高木が白米食を脚気の原因とした実験では，今日だったらどちらも「分割表の検定」のようなもので統計解析されるにちがいない事例である．しかし，両者の研究者の立場は大違いである．当初，スノウには事象の原因が不明で，種々の原因を洗い出した上でリスク因子を探し出したはずである．一方，高木は当時得られていた知見をもとに，長期航海における白米食が脚気の原因になっているとの「仮説」を形成していたので，その証拠を固めるために半麦食の航海実験を提案・実施し情報を採取したのである．テューキー(Tukey)は前者を刑事の立場のデータ解析「探索的データ解析(EDA, Exploratory Data Analysis)」，後者を裁判官の立場のデータ解析「検証的データ解析(CDA, Confirmatory Data Analysis)」と呼んだ(Tukey, 1977).

　EDA は,データマイニングあるいは発見科学とも立場を同じくしている.リスクを扱う場合にも,膨大なリスク要因候補の中から,実際のリスク要因を特定する分析には,刑事の立場で犯人の絞り込みが行なわれる. EDA の立場は,未知の要因やリスクに関わるイベントの摘出にも用いられることもある.しかし,現時点での EDA における仮説探索ないしは知識発見の手順は,分析者の経験や力量に相当に依存した属人的なものである.もちろん最新の発見科学では優秀なデータアナリストの行なう探索的方法をアルゴリズムとして具体的に再現する努力がなされている.しかし, EDA のプロセスや結果は一般には解析者のノウハウや主観的判断を多く含んだものである.したがって, EDA やデータマイニングによる知識発見は,社会に対する「警告」として極めて有効だが,これら発見的叙述自体は,専門家の検討,望むらくは事実による検証をへて社会に通達されるべきものである.

　そこで,リスク要因候補の有意性や影響の決定に繋がる解析では,裁判官の立場としての CDA が用いられることになる.この CDA を代表する推論方式が,統計的仮説検定である.いわゆる検定の有意水準は,実際はリスクに関係しない要因をリスク要因だと誤判断する確率の上限を与えており,これを統計的仮説検定の「第一種の過誤」と呼んでいる.「火のないところに煙が立った」と叙述する誤りで,「あわてものの誤り」とも呼ばれる.この仮説検定の有意水準としては伝統的に 5%(あるいは 1%)を採用している分野が多い.もちろんこれらは慣習による社会的合意以外の何ものでもなく,数理的には 6% でも 4.9% でも構わない性質のものである.さらに,有意水準のような意思決定に関わる閾値は,本来,その推論で用いる情報の量(データ数)と質(ばらつき)とに強く依存すべきであり,妥当な調査・実験計画を抜きにして,この種の推測理論を用いることは許されるべきではない.

　一般に,統計科学や発見科学の研究者の多くは,発見的・探索的か検証的かのどちらかの立場を鮮明にした方法論の研究を行なっており,互いに没交渉である.一方,リスク解析の専門家は,リスク特定段階は EDA で,自身の仮説形成が進めば徐々に CDA に進むといった使い分けを必要とし,これら 2 つの立場の違いを認識している必要がある.

Ⅵ　リスク解析の結果をどのように主張するか

　この2つの統計的立場を別の観点で整理すれば，データから得られた知識で何が主張できるかということに尽きる．おおよそ，データ解析には次の3つの叙述のスタイルがあり，それぞれが統計的検討から得られた証拠力の水準に対応している．

　(1) 発見：「FがRの原因となっている可能性が示唆される」
　(2) 選択：「どちらかといえば，FがRの原因となっていると考えることが妥当である」
　(3) 保証：「FがRの原因となっていることをある程度確実に保証できる」

　これらの中で，「選択」は何らかの意味で，統計的決定理論に基づき叙述に起因するリスクを最小化するというものであり，損失に関する厳密な定式化が可能ならば，この立場は合理的な叙述を導くものと考えられる．

　しかし一般に，今までにない物質や情報が社会に導入され，我々に何らかの影響を及ぼす可能性があるがそれがよく分からないときには，最終的な叙述の証拠力としては統計的推測理論に基づく「保証」が要求されることが多い．これに対して，社会で日常用いられている物質や情報に何らかのリスクがあり，再検討を開始すべきという場合に必要な証拠力は「発見」で十分と考えられている．もちろん，その物質や情報を社会から排除するには，より強力な証拠力が必要であろう．

　一方，この「発見」と「保証」とでは，別の統計的方法が使われるかというと，スノウと高木との態度を似て非なるものと記述したように，同一の仮説検定がデータに適用されることになる．それでは，何が違うのかといえば，発見と保証とは実際に検討している叙述の数が違うということになる．刑事の立場では，さまざまな叙述を検討したあげく，最ももっともらしい叙述はこれであると選択しているのに対し，裁判官の立場では，検討すべき叙述はエンドポイントに関する叙述であり，「多重性(multiplicity)」はない．

　さて，仮説検定は，1回の叙述に対するあわてものの誤り確率を制御してくれる．しかし，多くの叙述の中で起き得る誤りを制御するものではない．もし，研究者があるリスク要因の種々の事象に対する影響に関する200の仮説を有意水準5％で同時に検定したとすると，すべての関心のある事象に対して，リスク要因が実は無影響であっても，有意にリスクを増大させる叙述が5個，減少

させる叙述が5個，平均的にはあわてものの誤りとしてなされる．この際，仮説検定が繰り返し行なわれたということを無視して，叙述を提示するのが「発見的立場」，検定が繰り返し適用されたことを勘案して最終的な叙述の誤り確率を有意水準以下に留めようとするのが，「検証的立場」ないしは保証の立場である．

後者の立場で多くの仮説を検定するには「多重比較(multiple comparison)」という方法論の適用が通常必要とされている．最も単純な多重比較法は，各叙述に関する検定の有意水準を名目上の有意水準(5%, 1%など)ではなく，名目の有意水準を検討する仮説の数で割ったものにし，1叙述当たりの第一種の過誤を小さくすることである．これをボンフェローニ(Bonferoni)の方法と呼ぶ(椿，藤田，佐藤編，1999参照)．多重比較を適用することを前提にすると，あまりにも多くの仮説を同時に検討することは，かえってリスクの検証に不利となる．そこで，要因やエンドポイントの絞込みを行なってから検証的推論を行なう，一連の実験と解析が行なわれることが多い．

Ⅶ　リスク解析者の立場と利害関係

リスクを第三者が判断する際に，多重比較適用の可否に関する判断を難しくするのは，そもそも解析者が検討したすべての叙述を開示していないのではないかという疑念である．検定を繰り返し適用したことを開示せずに第一種の過誤を事実上増大させることでメリットを得るのは，このリスクに関わる叙述を保証された結果として発表することでメリットが生じる利害関係のある解析者である．そこで，その種の解析者が仮説検証に関わる叙述を行なう場合には，データを採る前に実験やデータ解析に関する計画書を第三者に提出し，その計画書に適合した実験や解析が行なわれていることを第三者が確認するといった手続きが必要になる．このことは，医薬品の有効性(ポジティブリスク)に関する仮説検証では，社会制度として行なわれていることである．実際，医薬品の有効性仮説の検証は開発メーカー自体が行なうからである．それでは，医薬品の非安全性(リスク)に関する仮説検証で，多重比較を行なっていない叙述をど

のように扱うかといえば，多重比較を行なわないことは開発メーカーの不利益となるだけなので，多重性の調整を徹底することを社会制度で縛ることはないということになる．

　一歩踏み込めば，医薬品の安全性について消費者側が保証して欲しいのは，関心のあるすべての事象について「医薬品の非安全性が主張される」ということが，確実に起きないことである．通常の「医薬品が安全である」という仮説をどれか一つでも棄却して医薬品の使用をストップさせるのではなく，「医薬品がかなり危険である」という仮説をすべて棄却して「医薬品はある程度安全である」という安心感を保証して欲しいのである．統計的仮説検定では，棄却したい作業仮説を帰無仮説，その結果，主張したい仮説を対立仮説と呼んでいる．つまり，有効性と安全性とでは帰無仮説と対立仮説の逆転現象が起きているのである．このとき，形式的にこれまでの帰無仮説をもとに多重性の調整を行なおうとするのは，この意味での消費者危険を保証したことにはならない．

　このように，利害関係の相反が存在するリスク評価を仮説検定という伝統的な方法で行なおうとすると，何が棄却したい帰無仮説か，一つの仮説を棄却したいのか(Or論理)，すべての仮説を棄却したいのか(And論理)といったことを，生産者・消費者といった立場ごとに検討する必要が生じる(椿，藤田，佐藤編，1999)．リスク解析者が，どちらの立場かによって，その解析の公平性を批判しなければばらない場合がある．この場合，CDAは裁判官ではなく，検事・弁護士の立場として行なわれる可能性を第三者は承知している必要がある．

Ⅷ　リスク解析のさらなる課題

　リスク解析には，これまでに取り上げなかったさまざまな困難もある．
　まず，リスクに関わる事象が単一ではなく，事実上複数考えられる場合があるというものである．ヒトの死亡リスクを考えれば，心疾患，ガン，自殺などさまざまな事象があり，死亡といってもそれぞれの事象が別々のメカニズム，すなわち異なるリスク要因で規定されている．ガンのリスク要因を解析する際には，心疾患で死亡したためにガンでは死亡しなかったヒトのデータも含めて

第4章 リスク解析とは何か

解析する必要がある．例えば，塩分を極度に摂取しているヒトは高血圧に起因した死亡が早期に起こりやすいとすれば，単純なリスク解析ではガンによる死亡は見かけ上少なくなってしまう可能性がある．これらは，「競合リスク（competing risk）」の問題と呼ばれている．

次に，リスク発現の個体差についても，どのように統計モデル上で表現するのが効率的かという問題がある．通常は，すべての個体ごとに異なるパラメータを用いた統計モデルを利用するのでは，集団全体の記述としてはパラメータ数が多くなりすぎ，モデルによるリスク予測の精度が劣化してしまう．科学の文法に則れば，適切な「分類」によって，グループ内では共通のパラメータを用いてリスク評価を行なうというのが通例であった．今日でもこのアプローチは十分説得的だが，分類と共に個体差を表現するパラメータが「確率分布」するとみなす，階層ベイズ型モデルの適用も有力である．後者の場合，モデルを表現するパラメータはこの確率分布を規定するパラメータとなり，パラメータ数の観点からはモデルの複雑性は大きく減少したことになって，リスク予測性能が改善することが期待される．

第三に，極めて稀な事象を正常集団の確率分布の裾の低確率で生じるものと捉えるか，正常な集団以外の「外れ集団」あるいは特定のリスク要因に弱い集団に属するものとして表現するかといった問題もある．前者ならば，集団の分散を低減するアクションでリスク発生を押さえ込むことができるが，後者では正常集団のバラツキを小さくしても，外れ集団の発生を押さえ込める保証はない．後者の場合には，弱い集団に選択的に採用するリスク要因を特定する必要がある．このためには，平均値ではなく最大値や最小値の確率的性質を議論する必要があり，これに応えるのがグンベルの極値理論である．この極値理論を用いると，一番弱い，二番目に弱いといった弱さの順位に関する要因を分析評価することができる．これがランクロジット分析に代表される質的選択理論である．この方法はコックス回帰モデルと数理的には同等である．

一方，リスク解析においては，統計モデルのみならず，制約付きリスク最小化決定で用いる損失関数の実現値も統計モデルで表現される不確実性や多様性がある．

化学物質のリスクといっても，食品・医薬品・環境化学物質では，医師とい

う専門家のマネジメントの下で物質が暴露されているか否か，人体にどのくらいの暴露レベルがあるか，暴露の直接的な実行者と暴露の影響を受ける被害者が同一か否かといった状況がまったく異なる．その結果，損失関数の表現はまったく異なったものになっていると考えられる．

さらに，リスク選好に関する個体差の問題が加わることになる．すでに述べたように，単純に集団全体の損失は個々人の損失の総和と定義することはできず，各個人ごとに許容可能な損失を上回ることがないような制約付き最適化あるいはペナルティ付き最適化が工夫されなければならないのである．現実のリスク解析問題では，この損失関数の表現モデルの方が事象発生の評価モデルに比べると今後検討すべき課題が多い．

本章ではあまり触れることができなかったが，リスクを評価するデータをいかに効率的に収集し，データベース化するかということについては，基本的に調査研究では疫学研究の方法論，実験研究では実験計画法が利用される(宮原・丹後編，1995；Armitage, et al., 2002 を参照)が，最適なデータ収集自体，本来は評価モデルと損失の表現の両者に依存するものであり，これについても多くの課題が残されている．

これ以外にも，リスク解析の帰納的接近には多くの検討課題がある．しかし，リスク学の進むべき道筋が明らかになり，必要な情報収集とデータベース構築が進行すれば，自ずから定量的リスク解析専門家層による課題解決は加速するであろう．

参考文献

Armitage, P., G. Berry and J. N. S. Matthews(2002), *Statistical Methods in Medical Research*, 4*th*ed., Blackwell Science.

Pearson, K. (1892), *The Grammar of Science*, Charles Black；平林初之輔訳 (1933)，『科学概論』春秋出版社．

Tukey, J. W. (1977), *Exploratory Date Analysis*, Addison Wesley.

Wald, A. (1950), *Statistical Decision Functions*, Wiley.

椿広計(2007)，「統計科学の横断性と設計科学への寄与」，『横幹』第 1 巻 1 号，pp. 22-28.

椿広計，藤田利治，佐藤俊哉編(1999)，『これからの臨床試験——医薬品の科学的評

価，原理と方法』朝倉書店.
中谷宇吉郎(1958)，『科学の方法』岩波新書.
日本学術会議学術の在り方常置委員会(2005)，『報告 新しい学術の在り方——真の science for society を求めて』日本学術会議.
宮原英夫，丹後俊郎編(1995)，『医学統計学ハンドブック』朝倉書店.
吉村昭(1991)，『白い航跡(上・下)』講談社.

第5章

環境リスクの考え方

中西準子

　2006年9月世界保健機関が行なった「マラリアをなくすために，有機塩素系殺虫剤DDTの室内残留噴霧を奨励する」というアナウンスは，世界中に衝撃を与えた．DDTは，環境生物にも人にも有害な化学物質として，多くの国で禁止され，国際機関でも禁止が奨励されてきた物質だからである．もちろん，マラリア対策用にのみ使用が奨励されているのであって，農薬用途などは禁止されている．どうしてこのような方針転換が行なわれたか．それは，一度は抑制できたと思われたマラリアが復活し，猛威をふるい，それがDDTの禁止と少なからず関係していると考えられたからである．環境保全のためにDDTを禁止してきた陰で，この悲惨な状態が30年近くも続いた．なぜ，もう少し早く手が打てなかったのか．その疑問を解く鍵は，環境リスクの捉え方にある．本章では，この構造を解析することにする．

I　DDT問題の重さ

(a) マラリア感染者数の経年変化

　環境リスクとは何かから書くべきかもしれないが，ここではむしろそれは避けて，いま我々が直面している問題を環境リスクという考え方で解きほぐしてみようと思う．そして，最後に定義とか，方法とかについて述べたい．したがって，前半の事例の中で使われる環境リスクという言葉は，専門用語としてのそれではなく，日常会話的な意味での環境リスク，つまり環境影響の定量的表

現ということになる．

　筆者は現在，主に化学物質のリスク評価，リスク管理をする仕事に携わっている．もともとの関心は，環境問題一般であり，必ずしも化学物質に限っているわけではないが，いまの仕事の関係で，ここ数年のもっぱらの関心は化学物質のリスク問題である．

　そのことに関連する重大な発表を，2006年9月に世界保健機関(WHO)が出した．DDT政策の方針変更のアナウンスである．個人的にはDDTについての調査研究をしたことはないが，DDTは環境影響，特に生態影響が原因で禁止されてきた象徴的な化学物質であった．それに対して見直しが入ったことも驚きであった，しかも，国際機関がこのように公式の声明を出したのである．しかし，筆者がもっと衝撃を受けたのは，その後マラリアについて調べていたときに見た，WHOの調査結果に基づくマラリア感染者数の経年変化であった．年間100万人近くの人がマラリアで死亡していることは，筆者自身何回か講義の中で述べてきたことであったのだが，WHOの報告を読んでいるうちに，その陰に5億人以上の急性感染者の人々がいることを知り，そして，ここに示す東南アジア地域のマラリア感染者数の経年変化の図を見て，ひどい衝撃を受けたのである(WHO, 2007)．

　マラリアは一度かなり抑えこまれたかのように見えたが，また，復活していたのである．そして，それがDDTの禁止と関係しているらしい．経年変化のすべてが，直接DDTの使用と禁止のみに関連しているとは言えないが，大きな傾向として関連していると考えられるからこそ，今回のWHOの方針変更と積極的なアナウンスとなったのであろう．環境リスクを考えるとき，この問題からこそ始めるべきだと筆者は考えた(図)．

(b) WHOのアナウンスの内容

　2006年9月WHOが出したのは，"マラリアをなくすために，有機塩素系の殺虫剤DDTの室内残留噴霧(IRS)を奨励する"というアナウンスであった．DDTは，最も悪性の化学物質として追放され，ここ30年間続いた化学物質に対する環境規制のシンボルとも言える物質だった．1964年に出版された，レーチェル・カーソンの『沈黙の春』で，野外の生物，とくに鳥類に対しての

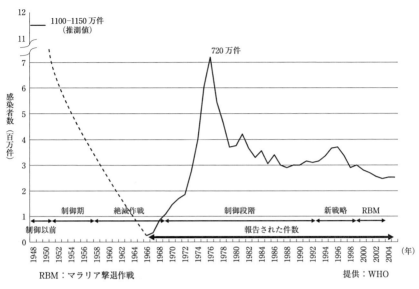

図　東南アジア地域でのマラリア対策と感染者数(1948年以降)

みならず，人の健康にも悪い環境破壊の張本人と書かれ，60年代の終わりから70年代のはじめにかけて次々と製造や使用が禁止されていった．わが国では，68年に水田用農薬としての使用が禁止され，71年に全面禁止となり，米国でも73年から全面禁止，欧州では78年に一部の例外を除き禁止(83年から全面禁止)となった．それまで，マラリアの撲滅のためにDDTの使用を勧め，その抑制に成功していたWHOや国連などの国際機関もDDTの使用禁止に傾斜していった．

　75年，WHOとUNEP(国連環境計画)がDDT殺虫剤に代わる方法を求めると宣言したことが契機になり，80年に作られた専門家会議の方針が，これら国際機関の政策を完全に変更させた．つまり，公衆衛生よりも環境問題が重要であると考える人々が国際機関の方針を決めることになった．そして，85年には国際保健会議が開かれ，そこではプライマリヘルスケア(PHC)を採用することがきまった．PHCとは，原理的には人材を育て，経済的な自立を図りながら，すべての人が基本的な医療サービスを受けられるようにするというものであるが，あまりにも高尚なものだったので，現実的には種々雑多な対策の

161

詰め合わせのようになっていった．マラリア対策については，健康教育，清潔の維持，殺虫剤(ピレスロイド系など)入り蚊帳の配布が実施された．

すべての国がDDTの使用を禁止したわけではないが，世界銀行や各種国際機関は，DDTを使用しないということを優先し，資金援助も代替殺虫剤入り蚊帳の配布に対してのみという方針をとることが多かった．したがって途上国でも禁止と同等の効果が現れた．

マラリア感染による死亡者数の8〜9割は，アフリカのサハラ砂漠以南地区であり，その他で多いのがブラジル，インドとスリランカである．先進国での発症数は少ないが，最近は増加傾向が見られる．DDTの使用や禁止にともなうマラリア患者数の変遷については，スリランカの例がしばしば紹介されている．1948年に約250万人だった感染者数が，DDTの使用で100人以下のレベルに下がり，DDTが禁止されてまた元の感染者数までもどっているという報告である．しかし，スリランカの場合の感染者数の変化のすべてがDDTの影響と言えるかどうかは，どうもはっきりしない．

先に示した図の「東南アジア地域でのマラリア対策と感染者数(1984年以降)」にもどろう．WHOの定義に従えば，50年頃までが「制御以前」の時代，その後が「制御」の時代，50年代中頃から60年代末頃までが「絶滅作戦」の時代，60年代末頃からが再び「制御」の時代，そして92年から「新戦略」の時代(PHCに相当)，90年代末期頃から「マラリア撃退作戦(RBM)」が始まった．この図からも分かるように，まったく対策の行われなかった48年頃には1100〜1150万人の発症があったと推定されている．DDTの散布を含むさまざまな対策の「絶滅作戦」で，マラリア感染者がゼロに近いレベルまで下がった．劇的な成功だった．しかし，DDTに対する耐性種の出現で効果が薄れ，耐性種の問題が解決した60年代の中頃以降に，DDTの使用が止められ，これと符合するかのようにマラリア感染者数が再び増え始めた．さまざまな対策がとられ，ほぼ年300万人程度のレベルがつづくが，92年頃から再び増加がはじまり，PHCとかRBMの対策が相当の資金援助で進められ，この図ではやや下がったように見えるが，それほどの効果はなかった．

アフリカのサハラ以南の状況はさらにひどく，WHOはマラリアを撃退するためには，DDTの使用しかないという結論に達したと説明している(1960年

代の絶滅作戦の際にも，アフリカでは東南アジア地域ほどの成功とはならなかったという歴史的な事実があり，相当難しい問題ではあるが）．

　こういう状況の下で，DDT の広範な使用が禁止されてからほぼ 30 年経過して，WHO がマラリアをなくすために，DDT の室内残留性噴霧(IRS)を奨励するという方針を公表したのである．IRS とは，屋内の壁面に殺虫剤をスプレーするという方法で，即効性がある．これは，ハマダラカが吸血行動に際して室内の壁で休息する性質があるため，有効だとのことである．

　1980 年代初期まで WHO は熱心に IRS の普及に努めてきたが，人の健康や環境影響が大きいと言う声が上がり，この使用を止め，他の方法を検討した．しかし，その後の精力的な研究，調査で IRS は人に対しても，環境に対しても害はないとの結論に達したとしている(IRS について，以下のハンドブックに詳しい説明があり，写真もついている(外務省, 2005)．そして，WHO は適切な IRS によって，蚊によるマラリア感染の 90% をなくすことができると主張している）．

(c) **DDT の環境影響**

　では，DDT の環境影響はどう考えるべきか．レーチェル・カーソンが『沈黙の春』の中で主張したこと，DDT が人間や他の生物の体内に蓄積し，残留する，それらが人に神経障害やがんを引き起こす，また草木を枯らし，虫を殺し，鳥類を絶滅させてしまうということは，間違いだったのだろうか？　また最近になって言われていた内分泌攪乱性があり，人にも生物にも危険という話はどうなったのか？

　DDT はレーチェル・カーソンの本だけで禁止になったのではない．DDT によって特定の鳥類の卵殻が薄くなり，個体数が減少するという科学論文が，1967 年に英国("Nature"誌)から，1968 年には米国("Science"誌)から出され，DDT の鳥類に対する負の影響はほぼ確定的になった．DDT には蓄積性があり，残留性があること，こういう性質を有する物質が，大量に使われ，環境中に放出される事態を回避しなければならないことも，もちろん間違いではない．DDT の暴露量が通常想定される範囲であれば，人に対する発がん性や神経影響はほぼ見られないことが今では明らかにされているが，1960 年代の状況で

はレーチェル・カーソンの警告は必要であったし，的を射たものであった．

その後，問題になった猛禽類の卵中の DDT 濃度も問題を起こさないレベルまで低下している．その意味では，DDT の禁止は効果を上げた．

WHO は，DDT を農薬用に用いるのではなく，屋内散布にだけ用いれば，生態系への影響は無視できるとしている．しかし，その反面，DDT が生殖機能や内分泌系の機能に影響を与えるかもしれないという証拠は増えつつあるともしている．

DDT を禁止することで，確かに生態系へのリスクをなくすことができた．だが，もし DDT を使うことでマラリアを防ぐことができたのであれば，DDT の全面禁止は悲惨な結果を生んだとしか言いようがない．先に示したグラフは東南アジア地域についてのものだが，その 10 倍以上の人がアフリカでは感染しているのである．

もっとも，1970 年代のマラリア感染者数の増加は DDT を禁止した影響ではないという主張もあるし，また，逆に鳥類の卵殻が薄くなる現象も，DDT の使用以前から起きていたのだという DDT の生態影響を否定する内容の報告もある．それらについては，今後慎重に DDT が使用されることでしだいに明らかになるであろう．仮に問題があると分かった時点で引き返しても十分に間に合うことだし，それによって救われる人命には替えがたい．ここでは，DDT の適切な使用でマラリア感染症を非常に低いレベルまで下げることができるという WHO の主張（仮説）が正しいとして論考を進める．今回の WHO のこの決定に対して反対している環境保全市民団体も多くあるが，シエラクラブや環境防衛（Environmental Defense）などは WHO の方針を支持している．

II　DDT とそれによるリスク

(a) リスクトレードオフ

これまで，環境問題のミスマネージメントの例として，しばしば水俣病のケースが引かれてきた．DDT はちょうど逆のことが起きた例と言える．DDT のような例を，我々はリスクトレードオフが起きたと表現する．リスクトレー

表1 DDTの使用に関係するリスク

用途	DDTの使用に伴うリスク	DDTの禁止に伴うリスク
農薬用途	生態リスク，人の健康リスク(当初は神経系，発がん性，最近は，内分泌活性)，DDTの費用	農薬を使わないことにより生ずる生産高の減少
屋内散布(殺虫剤)	生態リスク，人の健康リスク(上に同じ)，DDTの費用	マラリアのリスク

 ドオフとは，現在問題にしているリスクを削減するための努力が，逆に他のリスクを増大させてしまうこと，つまりあるリスク削減のための努力が，対抗リスクの増大を招くことを指す．英語では，Out of the frying pan and into the fire と言うとのことである．

 環境問題では，最近このような例が非常に多い．その理由は，第1に，すべてのことが環境問題を内包していて，相互に関係があること，第2に，地域的な，あるいは際だった環境問題の対策は終わっていて，地球全体とか将来とかに関する問題が増えている．個々のリスクは小さいが，遍く存在しているために，リスク削減に費用がかかり，他の活動に影響を与えることが多いこと，第3に，環境問題が物質に起因する問題からエネルギーに起因する問題に変化していることである．環境に限らずあらゆる問題は，エネルギーを使うことで解決されているが，そのエネルギー消費こそが環境問題であるとすれば，必然的にトレードオフを起こしやすいと言えるであろう．

 リスクトレードオフを議論するためには，まず，どういうリスクが関係するかを考えなくてはならない．DDTの場合について，これを表1に示した．

 つまり，DDTの使用によって，生態リスクと人の発がんリスク(以後，人の健康リスクを発がんリスクだけで代表させる)が増加する．農薬としての利用によって収穫高の増大が期待され，屋内散布で人のマラリアリスクはゼロになる(ゼロと仮定する)．DDTの使用を禁止することによって，マラリアリスクが浮上し，また，収穫高が減少する．人への健康リスクとして，当時神経影響や発がん影響が言われたが，ここでは簡単に発がんリスクとしておく．人の発がんリスクとは，DDTの蓄積した食品を食べる人へのリスクの意味で，場所を日本に限れば，日本人全体の発がんリスクになる．マラリアのリスクは，

熱帯地方に住む人々のマラリア感染によるリスクである．

　DDTを使う場合のリスクとして，「DDTの費用」を加えた．「費用」によって，直接自然が壊れるとか，人の健康に影響を与えることはないのでおかしいと思われるかもしれないが，ここで費用を入れておくことは重要である．先進国なら，DDTの費用は全収入に比べると大きくはないのでゼロと見なしてもよいが，途上国ではゼロとは見なせない．ましてやその費用の捻出には環境を破壊するか，人の健康を犠牲にしてしか得られないのであればリスクとして費用を明示しておくべきである．

　したがって，DDTの使用か禁止かの問題は，

$$[(生態リスク)+(人の発がんリスク)+(DDTの費用)]$$
$$\text{vs.}$$
$$[(人のマラリアリスク)+(農薬不使用に伴う生産高の減少)]$$

という構造をもっていた．

　1960年代には「人の発がんリスク」はかなり大きいと言われたが，その後行われた多くの研究結果を参考にすれば，そのリスクは小さいとしてよい．少なくともマラリアリスクと比べれば無視できるほど小さいので，これ以後はこれをゼロとして考える．

　つまり，

$$[(生態リスク)+(DDTの費用)]$$
$$\text{vs.}$$
$$[(人のマラリアリスク)+(農薬不使用に伴う生産高の減少)]$$

となる．

　日本では，マラリアのリスクはほぼゼロに近い上に，いくばくかの費用はかかるとしても，DDT以外の農薬に代替することで，米などの収穫高は十分保証できる状態だった．そのため生態リスク，とくに鳥類に対する影響，蓄積性に対する将来の生態系への影響を重く評価し，全面禁止にしたのは理に適っていたと言える．他の先進国でもそうであろう．

　しかし，マラリアの多発地域では，人のマラリアリスクは圧倒的に大きいので，DDTの禁止は明らかに問題がある．

(b) リスクのダイナミズム

DDT は主として農薬として使われ，ほんの一部が屋内散布(殺虫剤)に用いられた．この2つを分けて考えよう．

農薬としての利用の場合：

　　［(生態リスク) + (DDT の費用)］　vs.　［(農産物の収穫高の減少)］

屋内散布(殺虫剤)としての利用：

　　　　［(生態リスク) + (DDT の費用)］　vs.　［(マラリアリスク)］

この式を見れば，農薬としての使用をやめ，屋内散布(蚊の対策)のみに使えば，生態リスクもずっと小さくなるはずだが，農薬だけ禁止し，室内使用に限るという措置が国際機関内でも認められず，全面禁止の方針が長く続いた．

それは，なぜだろうか？

第1は，生態リスクが非常に大きいと思われたこと，第2は，マラリアリスクをそれほど大きいものとは考えなかったこと，第3は，部分的使用という考えがなかったことである．実は，これはリスクという考えがないと言い換えることもできる．

第1の点について述べる．生態リスクの算出は今でも難しい課題だが，当時はもっと知識がないので，ただ，"大変なことが起きる"というだけで話が進み，それは無限大のリスクのような機能を果たしてしまったのである．内分泌攪乱物質の場合にも現れた現象である．

第2のマラリアリスクについての解釈は意外と難しいかもしれない．世界全体で毎年5億人以上がマラリアに感染し，100万人以上が死亡している事実があるのだから，マラリアによるリスクの大きさは確たる数字である．なにも理解の難しいものではない．それを小さなリスクだと思うことがおかしいと考える読者の方もおられるだろう．しかし，もしマラリア対策が DDT 以外の他の手段で解決されるのであれば，DDT 使用との関係で言えばマラリアリスクは実は小さくなるので，その他の対策が講じられると期待していると，マラリアのリスクを相対的に小さく見てしまいがちなのである．

ここを，もう少し詳しく説明しよう．別の殺虫剤 A は生態リスクがなく，DDT と同様マラリア感染者をゼロにすることができる場合と，他の方法ではまったく削減できない場合とで，DDT を禁止したときのリスクがどう変化す

表2　代替物があるときのDDTの使用と禁止に伴うリスク

	DDT使用時のリスク	DDT禁止の際のリスク
他の方法ではマラリア対策ができない場合	DDTの生態リスク，DDTの費用	マラリアのリスク
代替品AがDDTと同じ効果を上げることができる（Aの生態リスクはゼロ）	DDTの生態リスク，DDTの費用	Aの費用

るかを見たのが上の表2である．

　他の方法ではマラリア対策ができない場合の構造は，先に示したのと同じである．しかし，仮に代替品Aがあれば，マラリアリスクはなくなり，DDT禁止の際に浮上するリスクは，AとDDTの費用の差だけになる．ここでは，代替品Aも殺虫剤としたが，別に殺虫剤でなくてもよい．WHOなどの国際機関が取り組んできた人材教育プログラム，草の根的衛生思想の普及，PHCや蚊帳でもいい．つまり，生態リスクもなく，マラリアを退治できるものが見つかった際には，リスク問題はこのような図式になる．

　生態系保全のために，たとえ屋内使用であっても，DDTを禁止すべきだと主張する人の立場に立って考えてみよう．DDTを禁止しても，代替品Aがあれば，同じ殺虫効果を上げることができるし，その費用の差も大したことではないと考える（あるいはそう期待する）．たとえば殺虫剤を染みこませた蚊帳を，その代替品として機能すると考えることである．

　しかし，DDTと同じ機能を発揮する代替品Aは見つからず，また，仮に見つかってもDDTと代替品Aとの費用の差が，当事国にとっては支払えないものであれば，マラリアのリスクはさらに大きいものになる．

　実際には，ある時点で他の方法ではマラリアリスクが小さくできないと分かれば新たな対応を打つべきであり，いつまでもDDTの代替品を探し続けるべきではない．つまり，DDTを禁止した際のリスク評価の問題である．しかし，DDTを禁止すべきという考えが強いと，このリスクが見えなくなってしまいがちなのである．

　農薬用途の場合にDDTを禁止してもさほど大きな問題にならないのは，代替品Aに相当する農薬（代替品Bとする）が存在するからである．

第3の部分的使用の問題は，農薬用途と人への殺虫剤用途とを区別して考えることができなかったということである．環境保全運動を支える人々の間では，環境保全はリスクゼロを目指すべきであるという考え方が強い．この考え方に立つと，DDTが少量ならよいのではないかとか，DDTを禁止したときにかえってどういうリスクが生ずるかなどには思いいたらず，DDTは環境に悪い物だから，1gたりとも使ってはいけないと，完全禁止を求めることになりがちである．これは，予防原則という思想のひとつの形である．

　この場合，DDTの屋内散布であれば，その生態リスクは農薬使用のそれに比較して桁違いに小さいはず，また，それを禁止すればマラリアリスクは非常に大きくなるので，農薬用途とは別に考えるべきだとはなかなかならない．DDT＝悪者でDDTを追放することが，運動の目標になってしまい，用途ごとにリスクを評価することができなくなってしまう．

　2006年WHOが提案したDDTのIRSという方法は，新しいものではなく，かつて開発されていたものである．そこに戻るのに30年近くかかるということ，その間に多くの人がマラリアで命を失い，後遺症で苦しんでいることを考えると胸が痛む．リスクを見誤ることは，いつの時代にもあることである．リスク評価の多くは予測であるし，時々刻々意思決定しなければならないから，どれだけ正確に評価しようとしても間違いは起きる．その間違いを，どの程度早く見直すことができるかも，リスク管理の重要なポイントである．DDTの問題は，一度激減したマラリアの感染者数が増え始めた時点で，なぜもっと真剣な議論ができなかったのか悔やまれるのであるが，それこそが環境リスクという概念がなかったからだと考えている．続く章でこのことを書くことにする．

III　環境リスクの意味と評価の方法

(a) リスク概念の導入

　DDTの使用に伴うリスクと，禁止に伴うリスクを比較し，DDT禁止政策は妥当かを判断するという課題に，我々のリスク評価はどの程度答えることができるのだろうか？

妥当であるという判断をするためには，
$$\Delta = [(\text{DDT 禁止に伴うリスク}) - (\text{DDT 使用に伴うリスク})]$$
で定義される Δ の値が負であるということを示さなければならない．農薬用途の場合には，代替農薬を B, 人健康リスクを発がんリスクで代表させるとすれば，Δ は
$$\Delta = [(\text{B の費用}) - (\text{DDT の費用})]$$
$$+ [(\text{B の発がんリスク}) - (\text{DDT の発がんリスク})]$$
$$+ [(\text{B の生態影響}) - (\text{DDT の生態影響})]$$
と書くことができる．

この場合には，第1項 ≒ 0 (現実には＞0)，第2項 ≒ 0，第3項＜0 で，$\Delta<0$ となり，禁止は妥当となる．

ところが，屋内用途の場合には，マラリアリスクが現れるので，
$$\Delta = [(\text{マラリアリスク}) - (\text{DDT の費用}) - (\text{DDT の生態影響})]$$
となり，$\Delta \gg 0$ となり，DDT 禁止政策は妥当性を欠くという判断ができる．

DDT の場合には，長い間の経験と，マラリアのリスクがあまりにも大きいので，屋内用途の Δ の値が正であることは評価できるが，一般には人間の健康リスクと生態リスクの比較は非常に難しい．

しかし，難しいと言って放棄してしまえば，意思決定に根拠がなくなり，時の権力者が気ままに決めることを許すことにもなる．また，あれが危険，これが危険と騒ぎ立て，資源やエネルギーを使って代替品を開発するが，結局リスク削減に寄与しないのであれば，これほど無駄で人騒がせなことはない．また，その間に真に大きなリスクを見逃すおそれもある．

こういう評価，比較をするために，どうしてもリスクという概念の導入と，そのためのリスク評価手法が必要なのである．

ここまで，環境リスクの概念を説明することもなく，リスクという用語を使い，種々書いてきた．筆者は，環境リスクとは，環境経由でおきる「良くない出来事」の生起確率であるとこれまで定義してきたし，ここでもその定義でよいと思う (中西, 2004)．良くない出来事のことをエンドポイントという．その言葉を使って，リスクを定義すると，リスクとはエンドポイントの生起確率である．

先のマラリアの例で言えば，マラリアに罹ることをエンドポイントにすれば，マラリア感染率がそのリスクになり，マラリアでの死をエンドポイントにすれば，マラリアでの死亡率がそのリスクになる．

リスクという概念は，事故などについては古くから用いられてきたが，どちらかと言うとじわじわ影響の出る環境影響については，使われていなかった．しかし，それが使われるようになってきたのは，いくつかの異なる理由と背景がある．筆者自身が，強くその必要性を主張してきたのは，二つの大きな理由からである．第1は，いま上に述べたこと，つまり環境に関する意思決定（政策）の必要性や妥当性を判断するために，さまざまな影響の定量化が必要だと考えたこと，第2は，同じことだが，やや趣が違う面もあるのであえて分けて書くとすると，安全と危険の境目であるグレーゾーンの定量化が必要だと考えたことである．

これまで，環境や人の健康影響の定量化がまったく行われていなかったわけではないし，定量化のために多くの努力がなされ，データの蓄積もある．そういう過去の蓄積を，存分に使うのは当然である．その際に，どうしても必要なことは，種類の異なる影響を比較できるような定量化手法だった．しかも，それは現実に起きている結果の定量化に留まるのではなく，予測ができなくてはならない．すなわち進行する環境への影響の大きさを考えれば，グレーゾーンの定量化が必要だったのである．そのために，リスクという概念の導入が不可欠だったのである．定義にもどって考えると，リスクとは，あるエンドポイントの生起確率である．まず定量化されていて，そしてエンドポイントの重み付けができれば，一つの尺度で異種の影響を定量的に評価できるはずである．

(b) 従前の評価手法

環境影響の大きさは，これまで必ずしも定量的に評価されておらず，危険か安全かの限界を示すという二者択一的な評価が行われることが多く，それに沿った考え方やデータしかない状況だったのである．たとえば，DDTのような化学物質の神経系への影響を予測する場合に，一般的に得られる値は，どこまでは安全かといった許容量とか，無毒性量（NOAEL）とかである．それは，以下のような手続きで求められる．

① まず，用量と反応率との関係（用量反応関係）を求め，NOAEL を求める．
② この NOAEL を，人の集団の中の影響を受けやすいサブ集団に適用する場合に，どの程度の安全率をみるべきかを判断し，次式を用いて，許容量を決める：

$$(許容量) = \frac{(\text{NOAEL})}{(安全率)}$$

③ そして，いわば危険率に相当するハザード比（hazard quotient）を

$$ハザード比(HQ) = \frac{(用量)}{(許容量)}$$

の式を用いて，HQ を算出し，HQ≧1 ならば，リスクあり，HQ＜1 ならば，リスクなしと判断する．

この場合，用量反応関係で，一定の用量以下では，反応率は 0 の領域があることが前提になっており，反応率 0 を示す用量の最大値を閾値という．用量反応関係に閾値が見られるモデルは，閾値ありのモデルという．

この考え方は，環境影響だけでなく食品添加物などにも適用され，広く受け入れられている．しかし，ここで得られる情報は，HQ が 1 を超えるか，超えないかで意味が異なるというだけであって，たとえば，HQ＝2 や，HQ＝0.9 が何を意味しているかは分からない．また，この解釈によれば，HQ＝0.9 でも，HQ＝0.1 でも，ともに HQ＜1 なのでリスクなしのはずだが，現実の社会では，HQ＝0.1 がより望ましいとされ，HQ＝0.9 から 0.1 への削減が奨励されている．この削減をしても，リスクは 0 のまま変わらないはずなのに，膨大なコストをかけて，このような環境対策が行われている．このことは，HQ という指標が，リスクを定量的に評価するためには使えないことを意味している．

(c) 発がんリスク

他方，環境や健康影響に関する事象の中にも，必ず起きるというのでなく，確率的な事象は存在し，それらの影響は確率で計算できる．たとえば，細菌感染，事故などである．これらは確率で計算されている場合にも，その確率情報はおもてに出ないで，安全量として一般には示されることが多いので，それが確率的な事象であること，また安全量が一定のリスクを許容するレベルに設定

されていることなどは知らされていない．こういう状況に，革命をもたらしたのが発がん性物質のリスク評価であった．

　発がん物質の用量反応関係については，閾値のないモデルを適用するのが適切であるという考えが米国で提案され，広く世界的にも認められていった．つまり，無毒性量を決めることができず，どんなに少量であってもいくばくかのリスクは存在するというモデルである．放射性物質による発がんリスクと同じ考えが，化学物質について適用されることになった．当初は，このモデルがメカニズムとして適切だからというよりは，安全側の推定として用いるという考え方が強く，やがて現実の反応メカニズムとして認められるようになり，現在では，このモデルは遺伝子損傷性のある発がん性物質について適用されている．

　こういう経過はあるが，発がんリスクという考え方，評価の仕方が入ってきて，米国では，一気に化学物質管理政策の優先順位付けや，効率評価が進んだ．発がん性物質についての用量反応関係式が比較的容易に利用できるようになり，それがあると，任意の用量でのリスクが計算でき，100万分の1というような小さなリスクも評価できるようになったこと，何よりもそのリスクの意味が明確になったことによる．リスクの意味の明確さとは，たとえばリスクが1であることは，定義によって，がんによる1人の死を意味したり，あるいは寿命が約10年短縮することであったり，また生活の不快度がこの程度であるというような具体的な意味づけのことである．

　これに合わせるように，他の影響も確率で評価されるようになった．そして，共通のエンドポイントとして死を選んで，環境リスクと事故のリスクとの比較が行われるようになった．やがて，ハーバード大学リスク解析センターは，死ではなく，損失余命(LLE)を尺度にしてより広範な政策評価に適用し，環境対策と医療，交通安全，労働安全政策を一串にして政策評価を行った．

　ただ，この場合も，対象は人の健康リスクに限られており，また人の健康リスクでも，確率的事象ではないとして先に述べたHQで評価されているような物質のリスクについては，対象から外している．筆者らの研究グループは，HQの値を確率での評価に変換し，さらに共通のLLEの尺度を用いることで，統一的に評価する方式を開発したが(中西ら，2003)，そのことはここでは省略する．さらに我々の研究グループは，生態リスクの評価についても，統一的に

評価できる指標を提案し，現実に研究を進めているのだが，それもここでは触れないことにする．

リスクトレードオフという現象を見据え，リスクを最小化するためにリスク評価をし，リスク比較をする必要があるが，その手法開発はまだ緒についたばかりではある．しかし，まったくできないわけではなく，さまざまな工夫をすることで，可能な領域が広がっている．

IV 管 理 原 則

(a) 許容リスクという考え方

ハザード比(HQ)で評価されているリスクと確率で評価されているリスクとの間には，管理思想の点で大きな違いがある．HQ は，ある用量以下ではリスクが0であることを前提にしているから，HQ＜1 の範囲で使われるとすれば，リスクは0だし，安全を保証できる．しかし，確率で評価されたものは，使用を禁止しない限り，それが1京分の1であっても0ではないので，リスク0ですとは言えない．安全がリスク0を意味するとすれば，どこまでいっても安全とは言えない．

したがって，確率で表されたリスク評価をすることになると，リスクの値がこの程度なら許容できることにする，なぜなら，この物質の使用を禁止すると，別の大きなリスクが生じてしまうからという説明をしなければならなくなる．HQ のときには，安全な領域で使うべきだと言えばよいのだが，確率で評価されたリスクの場合には，この物質は危険性はあるが有用であるから全面禁止にはできない，だから，このレベルのリスクなら許容することにして，環境基準値を設定しましょうという論理を皆に説明しなければならない．

ところが，行政は安全，つまりリスク0を保証することを求められてきたので，わずかでもリスクを許容するような考え方はなかなか国民には受け入れられない．米国で，1958年にできたデレーニー(Delaney)条項は，発がん性物質は，どんなに少量でも安全であるとは言えないから，一切農業加工品の添加物として認めないとしていた．これが，当時の一般的な考え方をよく代弁してい

る．安全とは，リスク 0 であり，発がん性物質にリスク 0 はあり得ないから一切認めないという考え方である．このデレーニー条項は，1996 年の廃止までさまざまな問題を引き起こすことになる．その詳細は省くが，その廃止に多大な努力が必要だった．

では，HQ<1 なら，絶対安全だろうか？ リスク 0 だろうか？ いや，厳密にリスク 0 ではない．もう一度，定義に戻ってみよう．HQ＝(無毒性用量)/(安全率)となっているが，最近は安全率を不確実性係数(UF)と名づけて，UF の値そのものを，一定のルールの下で不確実性を考慮した上で決める方向にある．しかし，胎児への影響が不確実であるとか，将来への影響は確定できないなどという意見が出て，UF の値をこれだというようには決められない．ということは，ある UF の値の下で決められた HQ というものに，絶対的な意味はないということになり，HQ<1 でも別に絶対安全ではないのである．

(b) 不確実性に対処する方法

「リスクに関する不確実性があれば，そのリスクは受け入れられるレベル(または 0)であることを証明するまで，その活動は禁止されるべき」という予防原則の必要性を説く論調をしばしば見受ける．不確実性の大きさはリスク評価の中で，必ず検討されるもので，それを考慮してリスク評価は行われるが，考慮できないこともちろんあるわけで，不確実な部分は当然残る．したがって，リスク 0 を証明することは原理的に難しいし，すべてが 0 であるはずがない．

このことの延長として，有害性の(疑われる)ものは使用禁止にすべしという主張もよく展開される．この主張にも，これまで説明してきたように，ずいぶん問題がある．危険度，つまりリスクの大きさは，概念的には，その物質の「有害性の強さ」(たとえば 1 g 当たり)と「暴露量」(または摂取量)との積の大きさで決まる．たとえ，有害性が強くとも，暴露量が小さければリスクは小さい．しかし，リスクは 0 であるべきだという立場に立てば，暴露量の大きさに拘わらず，有害性の強い物は禁止すべしということになる．

しかし，先の DDT の場合に，DDT 以外の方法がマラリア対策に有効ではなく，感染者数が現実に増えてきているという状況がきても，DDT の禁止を続けた．上のような主張に立つと，DDT がマラリアのリスクを削減できると

いうベネフィットを見ることができないことに加えて，農薬用途は禁止して，屋内散布だけならよいのではないかという部分使用の考えも認めることができなくなる．つまり，暴露量は関係なく，有害なものは有害なのだからすべて禁止すべしと考えてしまうのである．

　危険度は，有害性と暴露量で決まる，量の概念であるということが理解できない．リスクという概念を認められないのは，すべての場面で，リスク0であるべきだと考えているからである．しかし，誰でもすべての場面でリスク0が成立しえないことは知っている．だからある行動には口を噤んでリスクを黙認し，別の行動にはリスク0を求めることになりがちである．DDTの場合の犠牲者が先進国であったとしたら，鳥類の保護のためにDDT禁止が必要と信じていたとしても，これほど長くは禁止されなかったのではないかと思ってしまう．リスクトレードオフ解析の主要な課題の一つに，リスクの受け手の変化の解析もある．これも忘れてはならないことである．

　先に，DDTの屋内使用による生態リスクは，少なくともマラリアによる人の健康リスクの大きさに比べ，桁違いに小さいと書いた．ある講演会で，この話をしたとき，もしかして，100年とか500年とか後に，実はDDTのために生物が絶滅してしまうこととかを考えなくてもよいのかという質問があった．これに対して，筆者はこう答えた．筆者たちは，将来こういうことが起きるのではないかということを考えてリスク評価を行っている．しかし，いま考えていないが，将来何か悪いことが起きることも十分ありうる．いまの時点で，すべての危険や不確実性を予測し，それをリスク評価に組み込むことは不可能だし意味がない，いやマイナスである．そういう問題に対して，筆者は，一定の範囲内で予測をし，少し行動を増やし，その結果を見る．その結果を入れて，次の予測をし，というようなことをくりかえしつつ進めていくのが賢明な方法であると考えている．環境リスクは，ただ評価すればよいのではない．実践しながら評価するのである．

(c) 環境派と公衆衛生派

　DDTについての国際機関での議論が，環境派と公衆衛生派の対立のようになっていて，どちらが主導権を握るかという争いになってきた．公衆衛生派の

人には，生態影響を軽視する傾向が明らかに見られるし，環境派には特に途上国の人々の生活と命に無関心という傾向が見られる．

　環境派か公衆衛生派かに分かれて，両極端を主張するのではなく，あるリスク削減に取り組めば，何らかの別のリスクが発生するので，常にそのバランスで政策決定が行われるべきことを認め，両方のリスクの大きさを見積もり比較するという全体的な視野を両方が持ち，共有することが大切なのである．もちろん，そのリスクの大きさをどう見積もるかについて，立場の違いはあろうが，常に両方のリスクを比較しなければならないという意識があれば，少なくともDDTのように，30年間に亘ってマラリアによる死亡を放置することにはならなかったはずである．また，先進国と途上国のひどい不平等が解決された暁には，人の寿命を少し縮めても，生態系を守るという政策を選択することもできるようになるであろう．

V　結　び

　DDTの生態影響について，屋内使用の場合には，たとえ鳥類の卵に蓄積するとしても影響がでるほどにはならないことがはっきりしている．ただし，具体的な計算は行っていない．しかし，本来ならば，DDTの生態リスクを評価し，それを人の健康リスクと比較することがよい．そのためには，どういう評価をすればよいのかについて少し書いておきたい．リスク評価手法開発の中で，筆者たちの研究チームはかつてこのテーマに取り組んだ．この仕事を主に担当したのは中丸麻由子（当時CREST特別研究員）と巌佐庸（九州大学院理学系研究科教授）であるが（中丸ら，2001），ここに要約を書き，環境リスク評価において筆者が目指すものの一端を示したい．

　化学物質の生態系に与える影響を，特定の生物個体が生きるか否かではなく，その種の存続にどのような影響を与えるかで評価すべきと主張してきた．そして，生態リスク評価の指標は，その種の絶滅確率であるべきであると主張してきた．その過程でいくつかの方法を，我々は提案してきたのであるが，そのひとつとして，影響に相当する生息地の減少率で表すことができることを見つけ，

これを「生息地消失リスク当量」と定義したのが，この仕事である．
　この方法を，DDT が最も大量に使われていた 1960 年代後半のニューイングランドのセグロカモメに適用し，当時の水中 DDT の影響は，個体数が 500 羽収容できるほどの大きさの生息地であれば，生息地を 36％ 削減するに相当する生態リスクであると算定した．この結果を，人の健康リスク比較するためには，いくつかの仮定とプロセスが必要だが，地球上の限られた生息地をどのように使いながら，人間が生を営むことができるかという答えに，一歩近づくことができたと考えている．環境リスク学はこういう分野である．

略　語

RBM： Roll Back Malaria（マラリア撃退作戦）
PHC： Primary Health Care（プライマリヘルスケア）
IRS： Indoor Residential Spraying（室内残留性噴霧）
NOAEL： No Observed Adverse Effect Level（無毒性量）
HQ： Hazard Quotient（ハザード比）
LLE： Loss of Life Expectancy（損失余命）
UF： Uncertainty Factor（不確実性係数）

参　考　文　献

WHO（2007），Regional Office for South East Asia, Malaria Historical Background, http：//www.searo.who.int/en/Section10/Section21/Section334_4008.htm（09 January 2007），http：//www.searo.who.int/en/Section10/Section21/Section340_4018.htm, http：//www.searo.who.int/en/Section10/Section21/Section340_4015.htm

外務省（2005），http：//www.mofa.go.jp/mofaj/gaiko/oda/kaikaku/oda_ngo/shien/pdfs/05_hoken_01.pdf

中西準子（2004），『環境リスク学』日本評論社．
中西準子，益永茂樹，松田裕之編（2003），『演習環境リスクを計算する』岩波書店．
中丸麻由子，巌佐庸，中西準子（2001），「DDT の生態リスク評価——生物濃縮がもたらすセグロカモメ集団の絶滅リスクの試算」，『環境科学会誌』，14 巻 1 号，61-72 頁

共同討論 2
リスク学の再定義と再構築
——3.11 を踏まえて

橘木俊詔
長谷部恭男
今田高俊
益永茂樹
（司会：今田高俊）

　今田　2011年3月11日に起きた東日本大震災とこれにともなって発生した福島第一原発事故は，リスク社会の現実をまざまざとわれわれに見せつけました．その衝撃は日本だけでなく世界におよび，「3.11」と「フクシマ」はこの災害を象徴する言葉となりました．マグニチュード9.0の地震，「想定を超える」14メートルの津波，そして原子炉のメルトダウンにまで至った原発事故は，天災と人災が相乗作用しあう前代未聞の複合災をもたらしました．その激甚な被害は，リスク学という言葉を圧倒する迫力と重みがありました．
　現代は高リスク技術と共に生きている時代です．原子力発電，遺伝子操作，化学プラントなど技術の高度化・複雑化が進めば，ほんのわずかの誤操作・誤作動による障害が複雑に相互作用して大事故につながるリスクが高まります．各パーツの安全性が確保され，フェイルセーフで常に安全側に自動制御されても，パーツ同士が密接に結合された全体がそれにしたがうわけではありません．技術そのものが高リスクを抱え込んでいるのです．
　また，3.11の発生からすでに2年が過ぎようとしていますが，復興の力強い槌音が聞こえてきません．その大きな要因として，原発事故による被災地の放射能汚染があげられます．災害リスクは飛散した放射能によってまだ続いているのです．

さらに，3.11は従来のリスク学の射程を越え出る一歩手前の境界現象であったように思います．リスクは損害(damage)の大きさとその発生確率の積であらわされますが，3.11は確率の問題を越えて，現実化されたハザード(hazard)でした．そして，大地震と巨大津波と原発事故というトリプル・ハザードへの対応を政府や科学の専門家だけでなく，住民，NPO，市民団体，事業者など多様なアクターが関わっておこなうことが問題となりました．リスク学はリスク評価，リスク管理，リスクリテラシー，リスクコミュニケーションなどからなりますが，これらを包括してさらに専門家集団だけに限らず，多様な利害関係者が情報を収集し，分析しあいながらリスクへ対応すべきことを強く感じさせられました．こうしたリスク対応のための「学」でなければリスク学の将来も危ぶまれます．

そこで『リスク学入門』の新装増補版の出版を機に，各巻の編集者による座談会を設け，リスク学が3.11とくにフクシマから何を学ぶべきか，またそれを媒介にしてリスク学の今後の展望を議論してみたいと思います．

I 高リスク技術と安全
―― 核再処理・核廃棄物・再生可能エネルギーをめぐって

今田 科学技術と人間社会のあいだにはリスクという不調和が存在しています．科学技術は人間社会を便利で豊かにすることに多大の貢献をなすとともに，これに対応するかたちでリスクをつくり出してきました．今日，われわれは高リスク技術と共に生きる生活を営むようになっています．

その最たるものが原子力発電です．核分裂によるエネルギー放出を利用して発電する仕組みで，火力発電，水力発電，再生可能エネルギーと比較して低コストで経済効率がよいこと，安定供給が可能なこと，CO_2を排出しないクリーンなエネルギーであることを理由に原子力発電所の建設が推進されてきました．2011年までに，全国で56の発電所が建てられていました．そして総電力供給量の約30％を原発がまかなっていました．ところがエネルギー供給源としての原発は，安全性にかんして高いリスクを抱えています．このために，原

発がいかに安全であるかにかんして国民の理解を得ることが決定的に重要でした．ということで，原発推進の利害関係者からなる「原子力ムラ」が形成され，そこに居住する科学者・研究者は何かにつけて，事あるごとに原発の安全性を世論に訴えてきました．そうこうするうちに，国民の側にも「ゼロリスク要求」が内面化され，専門家に原発が安全であることを神々しく述べてもらうことを期待するまでになって，安全神話ができあがりました．安全神話ができあがると，世論は安全であることの確認を専門家に要求するようになります．そうすると，専門家は安全を否定するような小さな事故を無視するか，あるいは「問題なく事故は収束に向かいます」と答えるかの選択肢しかなくなってしまいます．こうして「ゼロリスク要求」をベースにした安全神話の形成が進められてきました．

　安全神話を打ち砕いたのが福島第一原子力発電所の事故でした．神話は経済分野におけるバブルのようなものであり，定かな実体がないのを常とします．にもかかわらず，畏怖の念をもって人々に信じこまれてきたことがらです．ですから，神話に対する信頼が一度ゆらぐと，雪崩を打って崩壊に向かいます．事実，過去の世論調査では，原発事故後に尋ねた原発に対する不安感は最初は高まるものの，1年も経過すれば元の水準にもどる傾向が示されてきました．しかし，今回は1年経っても，「国による原子力発電所の安全管理への信頼感」は低下したままで回復する兆しを見せていないし，「原子力発電に対する不安感」も高止まりしています[1]．

　益永　安全神話の前に1つ確認しておきます．3.11の津波や原発事故のように低頻度ではありますが甚大な被害を起こす事象のリスク管理は，原発に限らず一般に非常に難しいものです．ある程度の頻度で起こる事象については適

---

  1) NHK放送文化研究所「原発とエネルギーに関する意識調査」(http://www.nhk.or.jp/bunken/yoron/social/index.html，2012年12月30日検索)によれば，「あなたは，国の原発に対する安全管理を，どの程度信頼していますか」という質問への回答結果は，2011年6月調査で「信頼していない」(「まったく信頼していない」と「あまり信頼していない」を足した値)が70.4％であったのが，8月調査で72.8％へと上昇し，とくに「まったく信頼していない」が2.8％(21.7％→24.5％)上昇した．「信頼していない」対象者の割合は，10月調査で69.3％とやや減少するが，2012年の3月調査では71.5％へと増加している．総じて，70％程度が維持されている．
  また，東日本大震災から1年を経過しても，原子力発電に対する不安感はきわめて高い値に止まっている．6月調査での90.0％に続いて，85.8％(8月調査)，85.8％(10月調査)，90.6％(3月調査)となっている．

共同討論2　リスク学の再定義と再構築

切な対策の取り方を経験から学んでいくことができますが，大地震や千年に一度というような津波は対策コストも膨大になりますし，世代を超えて災害の経験や危機意識を継続させなければなりませんから，リスク学の永遠の課題だと言えるでしょう．

　そこで安全神話ですが，原子力発電所についてはたかだか50年の歴史しかないにもかかわらず，安全だとの思い込みができてしまったのはある意味驚くべきことです．その原因として，まず，日本人が自国の科学技術に一定の信頼をおいていたということがあると思います．技術立国の国家でありたいという願望といった方が適切かもしれません．また，原爆を経験した日本では原子力への拒否感が国民にあり，ことさらに安全性を強調しなければならなかったこともあるでしょう．これらの背景の下で，原子力開発を進める研究者の中では，同業者の発する危惧に対して耳を貸さないとか，危惧をいだく研究者を疎外する状況が生じてきました．他方，戦後の原子力研究が，研究者の意向を無視した政治主導で開始されたといういきさつもあります．こうした中，異なる意見を開かれた場所でたたかわす機会が失われ，政府，電力会社，そして技術者も一体となった「原子力ムラ」とも呼ばれる異論を封殺した共同体が形成され，原子力の安全キャンペーンが進められました．また，事故を隠匿するとか，小さく見せるという事件も多数起こっています．

　本来なら万一の事故に備えて，事故後の避難などの対策を考えておかなければならないわけですが，万一を考えること自体が事故を想定することであり，原発反対側からは危険だからではないかと突かれるために，事故後の対策は想定しないという最悪の状況を作っていってしまいました．お互いに良いものを作る方向で議論が進めばいいのですが，原発推進と反対という両極に分かれ，現実への対応が遅れていったわけです．

　原発事故が低頻度高ハザード事象であること自体に対応の難しさがあり，それにここで述べたような日本の事情が加わって，安全神話が形成されていったのではないかと考えます．現実に沿った開かれた議論がなされない社会状況の形成を許してしまったことを，我々は重く考えるべきだと思います．

　橘木　経済学の観点から言いますと，第1に，原子力発電はほんとうに低コストかという議論はすでにありました．福島原発の事故後にも議論が真っ二つ

に分かれていた印象があります．その問題を，ここでもう一度考えないといけないと思います．

　第2に日本は広島・長崎を経験した国なので原子力にアレルギーがあるため，「原子力の平和利用」ということをずっと言われてきました．爆弾には使わないが電力に使うことは平和利用につながるということで，原子力に根本的に反対する人へのアピールとして平和利用というスローガンが強調されすぎました．そのことの反省も必要だと思います．

長谷部　益永さんの第5巻の付論にもありましたが，原発を推進する側も反対する側も，関心の焦点が裁判になってしまいました．日本人は訴訟嫌いだと言われていますが，裁判が起こると，すべてが裁判を中心にして論点が固まって，いかにして裁判に勝つか，少なくとも，負けないかを第1目標にして議論を組み立てることになります．そのために見えなくなること，控えてしまうことが出てきます．

　クワインという哲学者は，厳密な科学であっても，経験世界とつながっているのは端っこだけで，大部分は中空にひらひら浮かんでいる作り物で，もっぱら理論内部の整合性を頼りに統一性を保っていると言っています[2]．中空に浮かんだ布切れのようなものをつなぎ合わせて首尾一貫したイメージを作って学界内部や国民一般を説得しようとするさいに，当面の第1目標が裁判に勝つことになると，そこから抜け落ちることがたくさんあります．益永さんが言ったように事故を想定してその対処法を考えること自体，訴訟のことを考えるとやめておこうと消極的になってしまいます．

　裁判は大規模な事故の原因を追及し，将来の再発を予防する場として適切ではないと思います．限られた論点と証拠をもとに誰に責任があるかないかという議論を闘わせる場ですから．訴訟以外の場で，なるべく事故に関わった当事者の利害から離れたところで，冷静で科学的な議論を積み重ねる場があってしかるべきだと思います．

今田　社会学からの関心が高まるのは，橘木さんが指摘された原発の発電コストです．これまでいろいろな試算がなされてきましたが，福島第一原発事故

---

[2] W. V. O. Quine, 'Two Dogmas of Empiricism', in his *From a Logical Point of View* (Harper & Row, 2nd ed., 1961(1953)), at 42-43.

が起きる以前になされた試算では，立命館大学の大島堅一教授が高いコストを，資源エネルギー庁が安いコストを見積もっています[3]．

橘木 過去には，環境の専門家は原子力は安くないと言ってきました．ところが，それが半分無視されてきました．原子力は安いという政府の国策として，キャンペーンを政府と電力会社がやってきたのだと思います．

今田 中曽根康弘元首相や原子力委員会初代委員長の正力松太郎らによって，原子力発電の日本への導入がアメリカとのあいだで取り決められました．原発は電力の供給が安定していて経済コストも安く，地球温暖化の原因となるCO_2を排出しない．ただ，安全性がネックでした．安全性の確保と国民の理解にエネルギーが割かれてきたのです．

資源エネルギー庁は従来，原発の発電コストを5.9円/kWhと見積もってきました．このコスト計算には使用済み核燃料の再処理費用や廃炉経費などのバックエンド経費が含まれるとされていますが，事故にともなう廃炉経費や避難住民等への賠償費，超長期にわたる高レベル放射性廃棄物の処分に係る経費等について，検証しなおす必要があります．見直しをした結果，8.9円/kWhを下限とし，これに事故による損害が加わるとしています．

益永 その通りだと思います．原子力発電と他の電力で，平等な基礎の上でのコスト比較がなされてきませんでした．原子力以外の発電では事故が起こったときの損害賠償責任は電力会社が負っているのに，原子力は原子力損害賠償制度で国が賠償を補完することになっています．本来なら，事故が起こったことを契機に保険料が高騰して当然です．発電にかかるコストだけを比較しても

---

3) 大島堅一の試算として12.23円/kWhが，資源エネルギー庁の試算として5.9円/kWhがある．大島の試算は，原子力発電の直接コスト(10.68円/kWh)に，夜間にも発電される電力を利用した揚水発電の経費を加えたものである．以下の資料を参照のこと．内閣府原子力委員会(第48回)資料(大島堅一)，『原子力政策大綱見直しの必要性について——費用論からの問題提起』2010年9月．資源エネルギー庁総合資源エネルギー調査会電気事業分科会コスト等検討小委員会(第9回)資料，『バックエンド事業全般にわたるコスト構造，原子力発電全体の収益性等の分析・評価』2004年1月．なお，大島はその後，『原発のコスト——エネルギー転換への視点』(2011，岩波新書)で，過去40年の原発の発電コストを10.25円/kWh(直接発電コスト8.53円に研究開発や立地対策などの政策コスト1.72円/kWhを追加)と計算し，火力(9.91円/kWh)や一般水力(3.91円/kWh)より割高であると論じている．また，資源エネルギー庁は原発事故後に試算を見直す委員会を設置し，8.9円/kWhを下限(事故の損害額が5.8兆円から1兆円増えるごとに0.1円増)とする試算をはじき出している．資源エネルギー庁エネルギー・環境会議コスト等検証委員会『コスト等検証委員会報告書』(2011年12月)．

意味がないですね．

　他方，事故を起こした福島第一原発の 4 号機が運転停止中だったことからもわかるように，原発の運転再開をしなくても，原子炉が存在している限りリスクは大きいのです．この現状から出発したときに，運転停止と再開の差がどれほどかについては検証が必要です．

長谷部　仮に原子力発電所を止めたとしても，建設にかかった費用や施設を維持していく費用は，想定される稼働年数に応じて全体に平準化して配分されているはずです．現時点でリスクが大きいのでやめようということになっても，政府が補償もしないで止めることができるかということになります．払い残しのコストは税金で払うことになるでしょう．利用者がではなく，社会全体でそれを担うべきかどうか，リスクとの見合いでの判断が求められています．

今田　コストは使用済核燃料を再処理して出てくる高レベル放射性廃棄物（核のごみといわれます）を安全に地層処分するまでかかります[4]．また，地層処分しても放射能が自然に含まれるレベルにまで減少するのに 10 万年ほどかかります．それまでわれわれは将来世代に対して責任を負う必要があるのです．地震や火山活動が活発化して，この廃棄物が壊れて放射能が漏れたりすれば，取り返しがつかないことになる可能性があります．

　日本の企業は開発途上国の原子力発電所建設に協力をしています．高レベル技術をもっている国ですら核のごみを処分するのは大変な状況ですから，そうでない国に核のごみの処分を任せることはできないと思います．核のごみについては，いずれ国連の安全保障理事会の管理下に置く必要が出てくるかもしれません．そうなると，ものすごくコストがかかることになるでしょう．将来世代に責任を押し付けないために，現世代が核のごみを地層処分して埋設してしまうと，万一の時に将来世代に選択肢がなくなります．コストだけなく，世代間の責任分有の問題にもなる．

橘木　技術が進歩したらいまほど心配しなくてもよくなりますか．

益永　夢の技術としては放射性核種の崩壊を早める研究があるのですが，ほ

4）　高レベル放射性廃棄物とは，使用済核燃料からプルトニウムとウランを分離・回収し，その後に残る液状の高レベル放射性廃棄物をガラスと混ぜて固化したものをいう．また，地層処分とは，ガラスで固化された高レベル放射性廃棄物を地下 300 メートル以上の深地層に安全確実に埋設することをいう．

んとうにできるかどうか．

今田 核種を変換する技術開発が進められています．まだまだ夢の技術です．予算が少なくて現実化はすぐにはなされません．またすべての種類の放射能の半減期が短縮できるわけではないのです．変換可能な放射能の半減期は短縮されるかもしれませんが，それだけでも莫大なコストとエネルギーが必要です．

橘木 再処理は莫大なコストがかかるからあきらめて，もう一つの選択肢は太陽光とか風力とか再生可能エネルギーの技術進歩に注力して資金を投じて，原子力をやめてそちらに依存するか．でも再生可能エネルギーもコストがまだ高いのですね．

長谷部 不確定となる要因の一つは，科学技術の進歩が予測できないことです．核廃棄物を埋めて何十万年かけるというのですが，核廃棄の技術がそれほどの超長期で受け継がれていくかどうか．その間に学問の体系も変わるかもしれません．違う言語になっているかもしれない．とても危ないものが埋まっているという事実や記憶を後の世代に残していけるか．

今田 フィンランドで「オンカロ」と呼ばれる地層処分場が建設中です．そこは2億年安定した岩盤だそうです．それでもリスクがあります．10万年後には言語が大きく変化しているでしょう．そのとき，核のごみが埋設されていることをどうやって伝えるか．考古学調査で発掘されないようにするにはどうすればよいか．1万年前で縄文時代の早期にあたります．10万年という期間における変化はちょっと想像もつきません．

「危険物埋設につき近寄るべからず」という意味内容を，絵文字など何らかの方法で伝える塔を建てておく必要があるでしょう．文化も言語も大きく変わるでしょうから，うまく伝わるかどうか，大きなリスクを抱えることになります．

橘木 そうならば，いまの再生可能エネルギーに全精力を注いだ方がいいと思います．

今田 コストの問題だといわれています．原発をすべて廃炉にして，しかもクリーンな電力を確保するのに，ものすごいお金がかかることを国民に納得してもらえるかどうか．そんなにコストがかかるのなら嫌だということになるかもしれない．私は，原発リスクの大きさに比べれば，がまんのしどころだと思

うのですが.

橘木 福島の事故を受けて，ヨーロッパで2つの動きが出てきました．ドイツはメルケル首相が先頭に立って原発やめました．いっぽうフランスは原発をやめません．ヨーロッパの経験を学んで，ドイツ方式かフランス方式の選択を決めてはどうでしょうか．

今田 メルケル首相はもとは原発容認派でしたが，福島の事故を見て，また緑の党の原発反対の流れもあり，原発廃止を決めました．フランスは原発世界一の自負があって，原発をやめません．

橘木 デンマークは風力だけでかなりエネルギー供給ができるそうです．日本も海に囲まれた国なのでもっと風力依存を増やせばいいと思います．

今田 まだコストが高いですね．それよりは地熱でしょうね．温泉街がすたりつつあるので，温泉街が温泉と地熱発電双方の事業推進主体になるのも1つの手ですね．

原子力発電のリスクに話を戻したいと思います．社会学者のチャールズ・ペローは，米国で起きたスリーマイル島の原発事故を契機に，高リスク技術の問題点を精査して『ノーマル・アクシデント』という大部の著書を書いています．

彼は，技術全体を構成している部分間の相互作用（interaction）と結合（coupling）に着目して技術を分類している．パーツ（部分）間の相互作用が複雑か線形か，結合が強連結（tight coupling）か弱連結（loose coupling）かを組み合わせて4つに類型化しています．そして相互作用が複雑でかつ結合が強連結の技術を高リスク技術とみなし，原子力発電をその最高段階に位置づけています．これにDNAや核兵器，飛行機，化学プラントなどが続いています．強連結というのは，処理に遅れがあってはならず，手続きは変えることができず，目標達成にはただ1つの方法しかないなど，1つのミスも許されないようにシステムが構成されていることです．しかも，相互作用は単純な線形でなされるのではなく，複雑系を構成する相互作用からなります．

原発は，各パーツが強連結な複雑系ですので，リスクがとても高くなります．原発では，フェイルセーフ思想にもとづいた安全装置が設計に組み込まれており，装置が誤作動したり故障したりした場合，それが他のパーツに波及して大事故に至らないよう，安全に停止するように設計されています．しかし，強連

結な複雑系ではごくわずかな誤作動でも鋭敏な反応を引き起こし，予測不能な状態をもたらすことがあるため，フェイルセーフが有効に機能しない場合が多いといわれています．原子力発電所では，制御棒を動かす電源が喪失しても自動的に制御棒が炉心に挿入され，運転停止に至るよう設計されていますが，福島第一原発事故ではそのように作動しませんでした．

加えて，福島第一原子力発電所は，水素爆発を起こした1号機が1971年に稼働を開始していらいすでに40年以上経過しており，3号機，4号機も爆発を起こした時点ではすでに30年以上経過していました．福島第一原発は老朽化が進んでいました．原発の寿命は40年が1つの目安ですから，1号機は廃炉の手続きに入ってしかるべき状態でした．

益永 その通りです．近年の技術の進歩は著しい．40年前の自動車にはコンピュータ制御はもちろん，シートベルトもエアバッグもない．経済的に有利だからといって，いつまでも古い原発を稼働させておくべきではありません．それから，プロセスが複雑にカップリングするというのは危ないですね．切り離すとか，違う複数の系統を準備しておくとか，多少効率が悪くなっても失敗が伝搬するのを防ぐことを考えておかなければなりません．

今田 福島第一原発で「想定外」の津波により事故が起こりました．この原発はアメリカのGE社の設計図にもとづいて建設されています．アメリカは内陸部に原発が設けられていますから，竜巻が来ても大丈夫なように非常用電源は地下にあります．日本の原発は海辺にあります．津波に襲われて海水が発電所内に入り込み全電源喪失に陥ってしまったのですね．非常用電源が地上のできるだけ高い所にあれば，メルトダウンもなかったでしょう．設計図を換えるのはものすごいコストがかかって大変なのでしょうか．

益永 特許の問題もあるかもしれません．

橘木 そもそも自然科学者や技術者は新しいものを創るのはエキサイティングに取り組みますが，いまあるものを修理したり，メンテナンスしたり，廃炉にしたりする技術に関心を示さないものなのではないでしょうか．そこでいい仕事をしてもノーベル賞は取れませんから．このたびの事故で，さらに大学の原子力工学は人気がなくなりました．廃炉のために原子力工学を研究したくないと言うわけです．廃炉の分野でも優秀な人が集まる科学体制にしないといけ

ないと思います．

今田 人材が育成されず，後継者が育たなければ，自然な脱原発になりますね．

益永 リスク管理というものは面倒なものです．事故を防止するための安全装置を設置し，人も多く配置しなければなりません．したがって，コストがかかります．しかしこのような努力は，事故が起らなければ評価されず，無駄だったと思われかねません．今回の原発事故でも事故後の対応に必死に従事したたくさんの人がいたはずです．彼らが評価されたということを聞きません．待遇の保証と将来の展望がない限り，廃炉に優秀な技術者は集まらないでしょう．

今田 高給を出しても，優秀な人の動機付けにはならないでしょう．結局はそれほどでもない人材が廃炉に携わることになる．

橘木 廃炉は高等技術ですよ．

今田 これまで動脈系の産業にばかり力を入れてきて，静脈系のリサイクル産業が発達してきませんでした．ですから静脈産業で働く人のインセンティブを高めて，利益を上げられるような産業にすればいいのです．資源は有限ですから，静脈産業は今後拡大していかざるをえない分野でしょう．再生可能エネルギーの技術開発に期待したいところです．

II　さまざまなリスク——テロリズムと社会リスク

サイバーテロへの対応

今田 サイバーテロについて考えてみましょう．サイバー空間でコンピュータ・ウイルスを発信してウェブサイトの閲覧機能を破壊したり，データベースに侵入して秘匿データを破壊するといったテロ行為は，いくら防御しようとしても，なかなか防御しきれません．というのも，防御体制そのものは人間が考えたものなので，時間と能力をかければそれを解読して崩すことが可能だからです．アメリカの国防総省の本部庁舎であるペンタゴンもサイバーテロに遭いました．その気になれば，われわれが送る電子メールなんていつでもハッキング，いやクラッキングされます．

共同討論2　リスク学の再定義と再構築

　サイバー空間での営みの問題点として，バーチャルワールドとリアルワールドの規範や秩序は同じか別かということが指摘できます．たとえば，新聞報道にもあったように，パソコン通信で女性だと思ってつきあっていた相手が実は男性であることを知ったサラリーマンが，憤慨して相手の家に押しかけ，放火しようとして逮捕された事件が話題になりました．また，インターネットの電子掲示板に誹謗中傷の書き込みをされた会員が，名誉棄損の訴訟を起こすというケースもありました．これらの事件は現実法で裁くのでしょう．

　長谷部　極端な話をすると，サイバー空間とリアル空間の違いはないという立場があります．その立場からするとサイバー法などというものは存在しない．たとえば椅子に誰それのバカと誹謗中傷が書かれていたり，椅子で誰かを傷つけたりでいろいろな法律問題が生起することはあり得ますが，「椅子」法などというものはありませんね．名誉棄損なら刑法規定を適用し，契約に違反したのなら民法の規定など当てはめればすむ話です．サイバー空間でも同じで，純粋なサイバー法なるものが存在するとは言いにくい．ただサイバー空間で起こる事象には特殊性があります．ネットに書き込むと世界に一瞬にして伝わり，半永久的に残ります．簡単に検索もできます．そうした特徴に照らしてみると，リアルワールドと同様のことが起こったとしても，そこでの法律的な特質が極端に拡大して現れます．そのため，サイバー空間での法律問題を検討することで，リアルワールドでの法律問題をより際立った形で考えることにつながることがあります．

　今田　サイバー空間はハンドルネームで活動できます．自分の属性は希望すれば伏せられます．システムオペレーターはIPアドレスによって，その人物が誰であるかわかりますが，そうでない場合にはふつうは誰であるかはわからないわけです．ハンドルネームがあるにもかかわらず現実の人物名が識別されるような書き方をしているからまずいとは考えないのでしょうか．

　長谷部　ネットの掲示板であっても，書いたのは生身の人間なので，一人前の大人としての責任ある態度はサイバー空間でも求められます．法的な責任はリアルワールドでとってもらうことになります．

　今田　サイバー空間では裁けないし，サイバー空間での制裁は考えられないということでしょうか．

長谷部 特定のネットサークルのなかでのやりとりで悪さをして，その人はもう付き合えないとなれば，その人を当該サークルから除名(リジェクト)すればよいという対処はあり得ます．特定のアカウントの利用制限がそうです．より強い制裁（サンクション）だと，ネット上での著作権侵害を繰り返す個人をリアルワールドで特定して，その人にはインターネットへの接続自体を制限する，つまりサービス・プロバイダとの契約ができないこととする制裁も考えられますが，いまどきネットを使えないと生存権に関わるという問題があります5)．

今田 でもパソコンを買い替えて，IPアドレスを取りなおせば何度でも自己を登録できますね．

長谷部 ネットへのアクセス自体は禁止されていないという前提であれば，別のプロバイダと契約するとか，別のアカウントを取得した上で，真人間になって再登場することもサイバー空間では容易です．

専門家の発言責任

今田 イタリアで，「問題にされている地震は心配するに及ばない」と専門家が言ったにもかかわらず，大地震になって多くの犠牲者が出ました．その専門家は処罰されました．日本の最近の天気予報でも，大雪になるという予報が出て，山手線の間引き運転をし，多くの支障をきたしました．専門家がどこまで結果責任を負えるかということですね．

長谷部 一般論として責任をどこまで問えるかは，現在の地震学の水準で地震が起こるか起こらないかをどこまで確実に予知できるのかによると思います．

橘木 それはどこで決めるのですか．裁判所ですか．

長谷部 法的責任の有無を決めるのは裁判です．一審では有罪判決が出ました．

橘木 そうなると専門家はシュリンクしてしまいますね．天気予報官が天気がいいと予報を出して台風が来てものすごく被害が出たなどというケースもありえますし．

---

5) フランスでは，著作権侵害を繰り返す者に対して，警告を行った後，略式裁判手続で最長1年間のインターネットへのアクセス停止を命ずることができることとされている(いわゆるHADOPI2法)．こうした制度の合憲性審査の中で，フランスの憲法院は，ネットへの接続は憲法上保護された権利であるとした(Décision 2009-580 DC du 10 juin 2009)．

海外労働とテロリズム

橘木 今年の年頭，アルジェリアでは天然ガスを採掘していた現場で人質事件に遭いました．世界がグローバル経済化して，世界中を巻き込んだ経済的競争にいるときに，アラブという特定の政治的に不安定な国に対応するのは不可能です．日本人の安全を守るのは日本政府の役割ではありますが，アルジェリアまで軍隊を送って保護することはできません．これは政治と密接にからむ問題で，いまの日本の憲法ではそういうことはできません．日本人に突き付けられた問題提起ですね．

今田 中東紛争はすべてそうですね．でも石油がなくなったらほったらかしでしょうね．石油産業に携わっている人はみなそう思っています．

橘木 でもアフガニスタンは石油出ませんが，アメリカは軍事介入しましたよ．必ずしもエネルギー確保だけではありません．

長谷部 今後利用が期待されるシェールガスは，アメリカにはふんだんにあります．そうなるとアメリカにとっての中東の原油の意義は大きく低下して，中東に現在ほどの軍事的プレゼンスが必要ないという議論はあります．

橘木 ヨーロッパの方が関心が高いでしょうね．

長谷部 フランスにもイギリスにも中東の現地に大規模に軍事力を展開するだけの力はありません．マリはフランスの旧植民地で現地で活動しているフランス人も多いので，マリ政府から要請があれば派兵するという事情があります．すぐ隣の国はウランを産出するニジェールですし．

中国とどう付き合うのか

長谷部 次にチャイナリスクの問題です．中国と日本の関係が良好にならないのはいくつか要因があります．中国は現在の政権の正統性を固める上で日本の悪いイメージを必要としています．もっぱら国内消費向けのイメージですね．背景にあるのは，中国の救済の物語です．西洋植民地帝国とその手先の日本によって抑圧されてきた中国人民の歴史があり，隷従の地位から自らを解放して立ち上がり，不当に支配されてきた領土をすべて回復するというナショナリスティックな物語を持っています．これは中国の現支配層の正統性根拠そのもので，そこから引き下がることはないでしょう．

橘木 中国の国内事情もあるでしょう．貧富の格差はものすごいものです．一部の恵まれない層の不満は大きくて，これが爆発すると政治体制までが駄目になる可能性があります．そのマグマを抑えるために愛国心に訴えて，日本やベトナムやフィリピンへの対立にずらして，煽って国民に見せつけようとしている．

今田 中国は権力移行期の不安定な状態にあるでしょうし，貧富の格差も大きいため，国民の不満がかなり高まっており，ガス抜きをする必要があるのでしょう．国民の緊張処理をするために日本を敵視している可能性が高い．日本はリスクとしてどう受け止めてきたのでしょうか．

長谷部 今後10年以内に中国の現体制が崩壊するか否かは不確定です．それは本来の意味のリスクだと思います．

橘木 それはリスクですよ．チベットやモンゴルなど異民族問題も抱えています．中央政府はコントロールできません．独立運動が起こりうるし，格差問題で不満分子が立ち上がると中国共産党政府はコントロールできません．

今田 社会体制がとてもリスキーであり，上半身が共産主義で，下半身が市場主義です．中国は改革開放後の1979年から95年まで兌換元と人民元の2通貨制度を採用した融通無碍さをもっていますが，政治における社会主義体制と経済における市場主義とが矛盾をきたすのではないでしょうか．

橘木 鄧小平は経済をまず豊かにして，それが成熟して強くなって，次に人民にベネフィットが及ぶと唱えました．一部の富裕層には成功したのですが，次がうまくいかなかったのです．アラブでもイラクのカダフィとかエジプトのムバラクなど全体主義的な独裁者が追放されました．全体主義はいずれ崩壊するのでしょう．

益永 独裁者の追放は好ましいですが，民主化がスムーズに進むかというと一筋縄ではいかないようです．国際関係を見ると，グローバル化自体がリスクですね．外来生物の問題，そして感染症の流行，いわゆるパンデミック・リスクもあります．環太平洋戦略的経済連携協定(TTP)への日本の参加が論議されています．工業製品の輸出にとっては有利でしょうが，農業では不利益が生じます．トータルに見れば経済的に有利だと考える意見が多いのかもしれませんが，例えば，日本の水田は食料自給だけでなく湛水による洪水や斜面崩壊の

防止，地下水涵養，自然生態系の維持といった多様な機能を持っています．これらは，経済的にはカウントされていませんが，なくなった後に人為的に保全しようとすると大きなコストがかかります．TTPに参加するなら農業の環境保全機能をどのように維持するかを考えるべきでしょう．

いわゆるアベノミクスについて

橘木 少し話題を変えて，アベノミクスに絡めて日本がこれまで以上に国債を発行して，財政赤字を拡大してもいいのか，という点を話します．

その前に東北復興支出の財源は，これから所得税の増税をしばらく続けて調達しますので，アベノミクス自体の財政赤字とは直接関係ない，ということを述べておきます．

むしろアベノミクスはデフレ不況の克服のために大量の国債を発行して，公共事業の支出増による乗数効果に期待しています．しかしケインズ経済学の登場時あるいはその後の時期と比較すると，乗数効果の数字は小さくなっています．日本では過去20年間，景気回復策として公共事業拡大策を何度か取ってきたが，成功していないという事実によって乗数効果が小さくなっていることがわかります．

後に残るのは，大量の赤字国債残高だけで国債価格暴落，そして高金利によるマクロ経済の破壊という，ギリシャやスペインの二の舞のリスクだけです．アベノミクスは大きなリスクを背負っての経済政策なのです．このリスクに失敗すれば，日本経済は再起不能に陥ることがありえます．

長谷部 たとえ破局的な事態に陥らないとしても，国の膨大な借金は将来世代の支払う税金で返さなければならないわけです．消費増税は社会保障給付に充てると言われていますが，現在世代の厚い社会保障給付のコストをこれから人口も減少する将来世代に背負わせることが衡平に適っているかという社会正義の問題がありますね．これはアベノミクスがないとしても，現時点ですでに問題となっていることですが．

今田 これからますます少子高齢化が進むわけですが，金融緩和と財政出動を前提とした成長戦略によって，新たな有効需要が創出できるのでしょうかね．政府は成長の重点領域として「医療」「エネルギー」「インフラ」「農業や観光

などの地域資源」をあげていますが，橘木先生のいうように公共事業の支出増による乗数効果が小さくなっているとすれば，成長戦略に期待するのもどうかなと思います．

これまで「失われた20年」のあいだに，国民はモノを買いたい，サービスを利用したいという消費意欲を低下させてきました．小金を貯め込んでいる60歳以上のシニア層を中心に「感動できる」財やサービスの提供が不可欠でしょう．わくわくする感動体験を創出できるような施策がないと，消費意欲は喚起されないと思います．

高齢社会がしばらく続きますから医療は重要ですが，これは福祉国家の充実につながるべきもので経済成長につながるということには違和感があります．エネルギーも重要な課題ですが，再生可能エネルギーへの転換はじっくりと時間をかけた対応になるでしょう．インフラは従来の公共事業の枠を超えられなければ効果は期待できません．感動体験が期待できそうなのは，4つの重点テーマのうち「農業や観光などの地域資源」の開発でしょうか．シニア層には莫大なお金が潜んでいますが，感動体験ができるものでなければ，リスクを冒してまで財布の紐をゆるめることはしないでしょう．感動するとは幸福を感じることでもあります．

益永 国民が消費しないから，お金が回らず，経済成長もしないということですが，環境問題に関わってきた立場からすると，気候変動問題を抱え，資源も有限の地球で，いつまでも消費を煽っていてよいのだろうか，と考えてしまいます．他方，もったいない，足ることを知る，物より精神的な豊かさ，スローフード，地産地消など，様々な表現で環境に優しい生活が語られてきたわけですが，いったん不況になり失業が社会問題になると，こういったスローガンは吹っ飛んでしまいます．経済的な論理こそが生活感覚であるという現実に圧倒されるわけです．結局，まだ資源の希少性が俎上に登るまでには時間がかかるということでしょうか．

橘木先生のおっしゃった国債価格暴落については危惧を共有しますが，アベノミクスの評価も経済学者によって多様なようです．経済活動という人間の行動に関することなのに，そのリスクの予測は難しいわけですね．

その他のリスク事例

今田 もう少しミクロなレベルでのリスクを考えますと，家族崩壊や児童虐待や自殺などがあります．ただ，これらにどうリスク論が関わっていくべきなのか，なかなか難しい問題です．

たとえば，DV（家庭内暴力）はなぜ起きるのか．人間には他者を気遣ってケアしてあげたいという衝動があるのですが，小さい頃から他者をケアするトレーニングをしてこなかったために，思うようにケアができず苛立ってしまい，ケア衝動が攻撃衝動に転化して暴力になる（これは私の仮説ですが）ということがあります．

昔は小学生の頃に，カブトムシの幼虫を成虫にかえしたり，朝顔を種まきから育てたりしたことがありますよね．日常のなかで動植物をケアする経験を積んでいました．しかし世の中の学歴競争が激しくなって，ケアする体験はなおざりにされてきたと思うのです．また，少子化で一緒に生活する兄弟姉妹が少なくなり，年上の子が年下の子の面倒をみる機会も減りました．まともに他者をケアする経験がないまま，大人になって子どもを産み育てることになります．したがって，子どもが泣いてぐずったらどうしたらいいか分からない．ケアしたくてもそれがうまくできない状態になって苛立ち，ケア衝動が攻撃衝動に転化すると考えられます．児童虐待は子どもの頃からケアのノウハウを身につける体験をしてこなかったことから起きるのではないかと考えています．

III 災害復興で問われること

今田 災害復興のための取り組みがさまざまなかたちでなされていますが，社会学分野では，多数の研究者が被災地に入り込んで調査研究に取り組むとともに，復興のための提言に取り組んでいます．とくに原発事故にあって仮設住宅への避難を余儀なくされている人々の被災状況（健康問題を含む）の調査に加えて，心のケア，生活再建，コミュニティ再建などの問題に精力的に取り組んでいます．

原発事故で「身体の被曝」だけでなく「心の被曝」をも被っている人が多い

ので，医療班とケア班が連携して対応にあたることが不可欠でしょう．なかでも，社会学の視点からすると，近隣住区で一緒に暮らしていたコミュニティの復活が重要になります．まだ多くの避難者は，仮設住宅に住んでおられますが，地域再生といっても話はそう簡単ではありません．震災後に「絆」をキーワードに掲げた支援プロジェクトが次々と立ち上がりました．震災により人と人，家族の絆を再確認し，支援の輪を広げる活動が展開され，世界からも日本人が大切にする「絆」への関心が高まりました．しかし，被災者の現実はこの言葉に象徴されるほど甘くはありません．コミュニティが壊れ社会が壊れ不安のなかで暮らしているのが偽らざる現実です．人間関係(絆)が壊れてしまうリスクに直面している．

　大震災の発生した3.11からちょうど半年後の9.11(テロ行為でいわくつきの月日ですが)から泊りがけで，被災地の仮設住宅(陸前高田市と相馬市)の状況を調査しました．陸前高田は山の中腹に，集落単位で入居できる多くの仮設住宅を設置しました．相馬市の方は危険区域に住んでいた人が入居しています．放射能のこともあって急ぎ入居したいということで応募者が殺到した．その結果，抽選による入居だったそうです．お隣に誰が入ったかお互いに知らない．コミュニティの絆はないのです．相馬市の仮設住宅では，放射能リスクが絆の断ち切られた人間関係をもたらしました．これに対し，陸前高田市の場合は，放射能リスクをそれほど気にしなくてよかったため，集落単位で仮設住宅に入居する余裕がありました．

橘木　2年経つと仮設住宅を出ないといけないとなると，福島に残るというインセンティブは低いと思います．なぜなら仕事がありませんし，除染も不完全で不安も残りますから．むろん，年齢によっても違うでしょう．老人は戻りたいでしょうし，戻る人もいるでしょうが，子どもは放射能による健康被害もあるし，戻るインセンティブは低いでしょうね．そうなると遠くに住むという選択肢しかないのではないでしょうか．

今田　帰りたいという気持ちは強いでしょうが，実際には8割くらいは帰ってこないでしょう．

長谷部　移住した先でコミュニティをどう維持するのかについて，法律学では議論があります．漁村だったのを山の中にもっていってもコミュニティ機能

は維持できないように，単に町や村を平行移動してもコミュニティを保てるか，簡単ではありません．また，復興のために規制を撤廃して新規参入の道を開くことが，伝統的な入会のイメージで営まれてきた漁業や農業の生活様式を破壊することにつながらないかという問題もあります[6]．

橘木 私は日本はコミュニティが崩れて「無縁社会」化しているということを提唱してきました．3.11後で家族の絆とか地域の絆などと叫ばれていますが，早晩続かなくなると思います．すでに絆は崩れているのですから．

今田 個人主義化が進み，かつての共同体の延長としての町内会・自治会の機能は縮小しているでしょう．ただしリスクが発生したときには結束がおきます．コミュニティがなくなったのではなく，平常時はコミュニティなしで暮らしていけるようになりましたが，いったん事が起きた非常時にはおのずと結束するようになる．リスクを契機として連帯や共同性が顕在化します．そしてリスクが解消されれば再び共同性は潜在化すると考えます．

橘木 東京で起こった時はどうなりますか．東京にはもはやコミュニティのかけらもないでしょう．

今田 都会でも，子どもが成長する過程でコミュニティとかかわらざるをえません．PTA活動を通しての徒歩20分圏内くらいの学校区の範囲です．皆で何かあったときに助け合い支え合うのです．

橘木 小さな子どもがいればいいですが，結婚しない人や単身赴任者にとっては絆の場所がないでしょう．いまや結婚をリスクと考える人が増えてきているのです．子どもをつくるともっとリスクが高まるという人もいます．

今田 バーチャルな絆もあります．絆が常時あるわけではありません．連帯のための連帯ではなく，リスク対応のためのかりそめの連帯です．近代の核家族制度すらも崩壊の兆しをみせています．夫婦のみ子どもなしの世帯や単身世帯が増えています．一人の女性が一生に産む子ども数である合計特殊出生率が低下するとともに，生涯未婚率も高まっています．

近代社会のシステムにとっては人間はアトム＝単体でいてくれるほうが効率的なのです．アトム化した仕組みを作ろうとしてきたのが近代です．

6） 中島徹(2013)，「既得権と構造改革」，奥平康弘・樋口陽一編『危機の憲法学』(弘文堂)381頁以下．

Ⅳ　リスクガバナンスという視点

今田　冒頭で，3.11 は従来のリスク学の射程を越え出る一歩手前の境界現象であったと述べましたが，このことがしきりと気になっています．是非，この座談会で議論しておきたいと思います．

　最近，リスクガバナンスという考え方が話題になり，関心が高まりつつあります．ガバナンスというと上意下達による統治のイメージが支配的ですが，そうではなくて，ある課題への対応に際して，これに関わる多様な主体が協力し合ってソリューションを見いだしていくことを意味します．対応は多岐にわたりますし，時々刻々と新たな課題も登場します．関係者のネットワークが重要であるとともに，官民のパートナーシップも求められます．ということで，ガバナンスの訳語として，「統治」ではなく「協治」が用いられたりします．リスクガバナンスはリスク協治といってもよいかもしれません．そして，リスクガバナンスという発想は従来のリスク学が対象としてきた，リスク評価，リスク管理，リスクリテラシー，リスクコミュニケーションをある意味で統合するパラダイムを目指しているともいえます．

　オートウィン・レンは 2008 年に『リスクガバナンス』という本を書いていますが，そこで次のような考えを述べています．リスクガバナンスは従来のリスク評価，リスク管理，リスクコミュニケーションを含むだけでなく，さらに広い枠組みをもつ．リスク評価の法制度や社会経済的文脈への配慮が含まれると同時に，利害関係者をはじめとした多種多様なアクターの参加を前提としている．また，リスクガバナンスが重要となるのは，リスク管理をする単一の権威的主体が存在せず，多様な関係者の協力を必要とするときである．さらに，法制度，政治文化，リスク認知などの文脈も考慮に入れるのがリスクガバナンスの特徴である[7]．

　リスクガバナンスを上記のように幅広く捉える試みは，これによってリスク

---

7) Renn, Ortwin, 2008. *Risk Governance: Coping with Uncertainty in a Complex World.* Sterling, VA: Earthscan.

パラダイムを目指そうとすることです．あまりに守備範囲を広げ過ぎてしまうと，リスクガバナンス＝リスク学となってしまい，ガバナンスという言葉がほんらいもっている政治的側面が背景に退いてしまいます．その意味では，リスクガバナンスをリスク対応における「専門性の民主化」と捉える立場が有効かもしれません．平川秀幸は，リスクガバナンスのパラダイム転換を，専門家によるリスク統治から市民をはじめとする多様な利害関係者が参加しておこなう民主的統治への転換として位置づけています．リスクに対する取り組みを専門家や行政だけでなく，一般市民も参加した民主的取り組みとして位置づけることです[8]．

このことは，諸種の領域でしばしばいわれてきたことですが，災害リスクに対応できる社会を実現するために，専門家・行政主導の対策だけでなく，地域社会，ボランティア団体，NPO，事業者をはじめとしてさまざまな利害関係者が参加するネットワークによる協治(協働的なリスク対応)が不可欠だという考えを反映しています．

リスク問題には科学的認識によって明らかにすべき部分はありますが，科学によってソリューションを見いだせない側面があります．リスク問題は不確実性下での意思決定や価値判断に大きく関わってきますから，それには政治的判断が求められます．そこを専門家・行政主導でおこなうのではなく，市民をはじめとした多様な利害関係者を加えておこなおうとするのがリスクガバナンスの趣旨といえましょう．これは今後のリスク学の大きな課題になると思います．

長谷部　専門の科学者がどの程度危険かという確率を提示できればよいのですが，確かな数字を言えないことが多い．そうした場合には，不確定なリスクがあることを前提に，市民もコミットしてそこで決めていくというプロセスが必要です．いわゆるガバナンスが求められます．しかし，市民参加といっても，理性的に考えたときにありえないような選択になってもいけません．そうならないように専門家の関与も必要で，そこが難しい．

これはガバナンス(協治)というよりガバメント(統治)の話になりますが，民主的な政治過程は今，どの国もあまりうまくいっていません．フランスやイギ

---

8)　平川秀幸(2005)，「リスクガバナンスのパラダイム転換――リスク／不確実性の民主的統治に向けて」，『思想』第973号：48-67.

リスでも国政選挙ではエレクションではなくデセレクション，つまり気に入らない議員を落とすことに選挙の役割の重点が移っていると言われます．

　なぜそうなるかの要因の一つとして「救済の神話」があります．われわれが不幸なのは，自分たちのせいではなく自分たちを虐げている桎梏のせいで，それを取り去れば幸福が約束されるという物語です．たとえば官僚支配が桎梏になのでそれを取り除いて政治主導で行けばうまくいく．規制を取り除いて自由な経済活動をすれば経済は活性化する．地方分権を進めて霞が関の桎梏を取り払えば明るい未来が約束される．いろんな領域で救済の神話が登場していますが，それにすがっているうちはだめです．むしろ安易な救済がないことをはっきり示す．そのうえで残された可能な選択肢はこうだ．この中からどれがよいか決めてほしいと言うべきです．公的な借財をどう返していくのか．年金問題やこれからのエネルギーをどうするのかなどはみなこのレベルの問題です．それを含めてのリスクガバナンスです．

　今田　選択肢をいくつか用意するのは大事ですね．では，どういう風に用意すればよいのでしょうか．選択肢はだれが用意する？

　長谷部　この選択を取ればどれくらいの確率でこのような結果になるということは政策選択の場では確実には言えません．ですから，専門家の意見を参考にして，まずはとり得ないものを外していく．そうしてもいくつかの選択肢は残ります．

　今田　合意は誰がおこなうのですか．

　長谷部　個人が自分の将来を自ら選ぶのと同様に，将来の社会のあり方を選ぶのは市民でしょうね．

　橘木　ガーリー・ベッカーは結婚のメリットとデメリットを天秤にかけた．将来，どういう大学に入って，どこに就職するかで，どれくらい生涯賃金が違ってくるのか．そうした計算をするのが経済学です．

　長谷部　人間はコンピュータだという考え方ですね．どの選択肢をとればこのくらいの確率で幸福になったり不幸になったりするという計算に基づいて，計算どおりに選択し，行動していると．

　橘木　それが合理的計算です．麻薬をやるやらないも，経済学的計算です．実際に計算するかどうかは別にして人間は頭のなかで選択はしているでしょう．

長谷部 でもそれはコンピュータのような選択ではないと思います．麻薬の使用は，一般的に言えば合理的ではなく，そもそも法律的には選択の対象にならない．しかし，合理性では人生の選択肢は絞り切れません．結婚するかしないのか，結婚するとしてどの人と結婚するのか．それらの選択肢は比較不能です．それぞれ合理的理由があって，どれを選んだとしても不合理とは言えない．合理性だけでは，どちらがいいか決められない．われわれは合理的な計算をしているのではなく，そうした選択を通じて，自分が何者であるかを自ら決めているのだと思います．

橘木 経済学は合理性を大事にします．

今田 合理性のrationalityは比率のratioからきています．比率は計算可能性の基礎になるものです．だから，合理性とは計算可能性ともいえます．

長谷部 合理性は選択肢の範囲は限定します．しかし，最善の選択肢を1つ決め切れるわけではない．最後の選択は，理性ではなく，自律的な意思に基づく決定です．人間はコンピュータのようには行動しません．

今田 社会学も合理性を大事にしますが，経済学のような計算合理性ではなく，それぞれの役割行動の選択ということで説明します．たとえば，親が子どもの躾けをするのは役割行動として合理性に叶っている，とか．

長谷部 経済学や社会学など，社会科学が一般的にそうだということは法律学の側でも認識しています．

益永 私の関係する分野では，人の健康に関することなどを中心に，リスクを定量化する試みが進んでいます．例えば，世界保健機関(WHO)は人の寿命の短縮や障害や病気を背負いながら生きることによる生活の質の低下を障害調整損失年数(DALY)[9]として要因別に定量化しています．これによると，人間が何によって健康リスクを負っているかを比較できます[10]．先進国では飽食，途上国では栄養不足に端緒を持つ要因が並んでいて，対照的です．

原発による食品汚染の問題でも，危険だ，安全だとお互いに言い張っているだけでは選択の役に立ちません．もっと定量的な情報を示す努力が必要です．

---

9) Disability-Adjusted Life Year，早死にすることによって失われた寿命＋病気や障害によって生活の質が低下した状態で生きることに相当する失われた寿命．
10) WHO(2004), Mortality and burden of disease in Global Health Observatory Data Repository, http://apps.who.int/ghodata/?vid=2469.

例えば，野菜の放射能汚染の基準値をどこまで下げたら，どの程度の健康リスクを減らせるか．他方で，生産された野菜のどれだけの量が廃棄せざるを得なくなるか．さらに，それによってどれだけの農家が廃業，あるいは，所得補償せざるを得なくなるか，という具合です．産地の支援になるなら，この程度の健康影響であれば買っても良いという人がいるかもしれません．すなわち，基準を厳しくすることによってカウンターリスクやカウンターコストが発生することを伝えるべきです．また，放射能で汚染された自宅から移住するか，避難先から帰還するかの選択でも健康リスクの具体的な提示があれば参考になるでしょう．もちろん，このようなリスク予測値は不確実性がありますし，個々の人が受ける影響は，例えばがんの発症の有無であって，集団の平均的リスクを受けるわけではないという問題は残るわけです．しかし，低線量被曝の場合はリスクも小さく，将来のことでしかないことから，リスク予測値を参考にすることは受け入れられやすいのではないかと期待しています．

　また，ライフサイクルアセスメントの分野では，エネルギーや資源の消費，温暖化ガスの排出などを中心に種々の製品やサービスの環境負荷を定量化する試みがなされています．

　カウンターリスクやコストも含めたできるだけ客観的な指標を提示することで，市民が合理的な範囲で選択ができるようにならないかと考えています．

　しかし，現実は簡単ではないかもしれません．実際，3.11以後，リスクコミュニケーションの研究者たちは頭を抱えてしまっている．どこかにブレイクスルーがないか探っています．

橘木　協治，ガバナンスがいいという話はわかります．しかし，極論すると，けっきょく市民が選択する直接民主主義が一番いいというふうに聞こえました．はたしてそうなのでしょうか．1億3000万人もいる日本のような国では，直接民主主義で何もかも決めるなどということはできません．だから代議制になっているのです．それに，自分できちんと選択できるように，みんな専門家になれるわけでありません．現代社会は分業が大事なのです．原子炉のことは専門家にしかわからないことがあるのです．それぞれの専門家にやはり教えてもらうということが多いのじゃないですか．

今田　おっしゃった直接民主制は直接選挙のことをイメージされていますか.

ここで言っているガバナンスはそうではありません．もちろん分業を否定はしていません．分業によって効率を高めることができます．しかし社会学では，分業によって社会的連帯を高めることが問題にされます．経済学のアダム・スミスの分業論は狭きに過ぎるというのが社会学のデユルケームの分業論です．「専門性の民主化」といっても分業は認めるのです．問題は，それぞれの分業をどう集約していくかです．

橘木 衆愚政治にはいきませんか．

長谷部 専門家がこの範囲ならこうなる，ときちんと意見を言うことは大事です．何がいいかという選択肢は決められませんが．

今田 国民の参加の仕方が問題ですね．使用済核燃料など高レベル放射性廃棄物の処分が格好の事例です．原発賛成にしても反対にしても，すでに存在する大量の廃棄物の処分をどうするか．また最終処分地をどこにするかの問題はいまだに決着がついていません．この問題はそもそもどう提示したら国民の理解が得られるか，どういう説明の仕方をしたらいいのか，きわめて難しい問題です．これこそ多くの人の知恵が必要です．さまざまな分野の専門家にも加わってもらって議論しなければならない．それが民主主義だと思います．そういう人たちに集まってもらってリスク評価，リスク管理，リスクコミュニケーションをおこなっていくのがリスクガバナンスです．専門性の殻に閉じこもるのではなく民主的手続きを組み込むということです．

橘木 いろいろな人が意見を言っているだけではけっきょく結論が出ないということにはなりませんか．

今田 もちろん簡単には結論は出ません．何段階のステップが必要でしょう．まず市民グループや専門家グループでそれぞれ議論し，次いで市民と専門家のあいだで議論する．さらに政府や自治体の人を含めてやるとか．民主主義は手間暇がかかるのです．そこを無視して，効率の論理で手っ取り早く対応しようとすると，民主主義は崩れてしまいます．

橘木 ものすごく時間がかかる．

今田 その意味では，手続きが大事です．議論を前に進めるようにするコーディネーターが重要ですね．特定の利害関係のある人はだめですね．たとえば学術会議のような組織がやるのがいいかもしれません．専門家どうしでも意見

が違うのであれば，双方がきちんと説明し討議するべきです．それをまた市民や第三者が判断・評価していくというプロセスが大事なのです．

リスク学関連主要文献解題

【経済学関連】 橘木俊詔 編

Atkinson, A. B. 1995, *Incomes and the Welfare States*, Cambridge: Cambridge University Press
福祉国家は人々を怠惰にし，福祉を提供する公共部門の非効率性が目立つとして，福祉は民営化すべしとの声が強いが，本書はその論拠が正しくないことを証明している．第一級の理論経済学者による本書は，福祉国家批判への反批判の書としてよく登場する．

Diamond, P. A. 1977, "A Framework for Social Security Analysis", *Journal of Public Economics*, vol. 8, pp. 275-298
この文献は書物ではなく，学術論文なので一般の方には目につきやすくない．しかし，年金制度がなぜ必要か，年金制度のあり方を巡って，基本的な思想を提供した論文として有名である．

Knight, F. H. 1921, *Risk, Uncertainty and Profit*, Boston: Houghton Mifflin
有名なナイト流のリスク論を示した古典的な書物である．確率によって予測できる「危険」と，確率によって予測できない「不確実性」の区別を明確にし，両者に関してその対処方法に違いがでることがありうると主張している．特に企業がリスクにどう対処したらよいか，リスクに対する報酬に関しても新しい視点を提供した．

酒井泰弘　1996,『リスクの経済学』有斐閣
経済学がどのようにリスクに対応してきたかを，学説史の視点から議論している．さらに，人々のリスクへの見方がどう分類されるかを解説した入門書である．経済学や数学・確率の知識がなくとも，リスクを経済学がどう処理，分析しているかを知る上で有用な書である．

橘木俊詔　2000,『セーフティ・ネットの経済学』日本経済新聞社
セーフティ・ネットとは安全網とも訳されるように，リスク発生による被害を最小にする手段である．セーフティ・ネットの概念を説明し，それがどのように具体的な制度として生かされているかを，理論的，かつ実証的に解説した書である．具体例に即して記述されているので，わかりやすさのある本である．

リスク学関連主要文献解題

橘木俊詔　2002,『安心の経済学』岩波書店
人々が生きてから死ぬまで,どのようなリスクに遭遇しているか,人生上のリスクを経済学の立場から分析したものである.そして,そのリスクへの対処を誰が行なうのか,すなわち安心の担い手は誰であるかを,本人,家族,企業,国家,共同体,等について論じている.著者の好みも前面に出ているが,反対意見の記述も十分になされている.

山口光恒　1998,『現代のリスクと保険』岩波書店
リスクとは何かを解説した上で,リスクマネジメントを論じている.代表的な対処方法である保険制度を議論して,その有用性と限界をわかりやすく解説している.保険に加入する個人のみならず,保険を提供する保険会社のあり方まで含めて議論している.保険論の入門書として適している.

酒井泰弘　2010,『リスクの経済思想』ミネルヴァ書房
スミス,ベルヌーイ,パスカルからナイト,ノイマン,アカロフまでを鳥瞰する,リスクと不確実性に関する体系的な経済思想史の書物である.世界的にも類書は少ない.温故知新の精神に則り,新世紀にふさわしい新経済学の樹立の方向性を模索している.

酒井泰弘　2011,「原発のリスク経済分析——「安全神話」から「想定外の事象」まで」『彦根論叢』,第390号,pp.92-116
従来の経済学においては,「安全神話」が広く長く浸透し,原発のリスク分析が軽視される傾向があった.本文献は,未知のリスクや恐ろしいリスクなど,心理的ファクターを取り入れることによって,原発の分析を前進させようと意図する論文である.

【法律学関連】　長谷部恭男　編

Giddens, Anthony　1999, 'Risk and Responsibility', *Modern Law Review*, 62, pp. 1-10
「第三の道」の提唱者によるリスク社会論.われわれすべてが,近代技術によって秩序づけられた安全な世界ではなく,未知・未開の辺境であり,常にリスクを念頭に置いて生きていかざるをえない世界としてリスク社会を捉え,それが福祉国家の危機,責任概念の危機など,法学への挑戦を提起しているさまを描く.

Nagel, Thomas　1979, 'Moral Luck' in his *Mortal Questions*, Cambridge University Press（永井均訳,1989,「道徳における運の問題」『コウモリであるとはどのようなことか』勁草書房)
意思の善悪のみが問題だとするカントの主張に反して,われわれは道徳的観点から行為の結果をも評価するし,結果が偶然の事情に左右されたとしても,そうした評価をやめない

ことが指摘される．人間の行為を，経験世界内の事象の一つとして捉える外的視点と，自律的な意思に基づく決断として捉える内的視点との間には，架橋し難い分裂がある．責任概念の危機は，リスク社会の登場によって始まったわけではない．

Steele, Jenny 2004, *Risk and Legal Theory*, Hart Publishing
リスク概念が現代の法理論にもたらした影響が，ベックやエヴァルドなど，本来のリスク社会論にとどまることなく，保険概念を参照するロナルド・ドゥオーキンの平等論，トニー・オノレの結果責任論，ジュールズ・コールマンによる製造物責任の契約論的再構成など，広範な分野にわたって概観される．環境行政に関しては，合理的意思決定理論や熟議民主政の諸前提が批判的に検討された後，環境負荷軽減のための技術開発を促進し，社会的な論議を活性化する予防原則の積極的な側面に光があてられる．

Sunstein, Cass R. 2005, *Laws of Fear: Beyond the Precautionary Principle*, Cambridge University Press
人々がリスクに過剰に反応しがちな要因を，限られた情報による判断，なだれ(cascade)現象，集団偏向(group polarisation)現象等に分節して説明し，こうした反応がコストを度外視してゼロ・リスクを求める予防原則の非合理な解釈運用に結びつきがちであることを指摘した上で，統計的生命価格(value for statistical life)や支払い意思(willingness to pay)等に基づく，より合理的な規制の実現を提唱する．リスクの計算可能性やコストの客観的評価の可能性に関して(地球温暖化の帰結に関しても)，楽観的な姿勢が見てとれる．

中山竜一 2004,「リスク社会における法と自己決定」田中成明編『現代法の展望——自己決定の諸相』有斐閣
ウルリッヒ・ベックによるリスク社会論の問題提起を受けて，フランソワ・エヴァルドの福祉国家論やイアン・ハッキングの統計学的世界像を参照しながら，リスク社会の登場が法の実践と制度にいかなるインパクトを与えつつあるかを分析する．

Jean-Pierre Dupuy 2002, *Quand l'impossible est certain: pour un catastrophisme éclairé*, Edition du Seuil(桑田光平・本田貴久訳, 2012,『ありえないことが現実になるとき——賢明な破局論にむけて』筑摩書房)
確率の割当てが困難なリスクを認識しながらも，可能な限りでの予測とその予防および管理を志向するベックやギデンズのリスク論と異なり，デュピュイはおよそ起こり得ないと考えられ，想定もされなかった破局が現実となることを正面から捉えるべきこと，想像し得ない事態を覚悟し，それに備える賢慮を新たに構築すべき必要性を提唱する．福島原発事故をきっかけとする日本語版への序文を伴う．

リスク学関連主要文献解題

【社会学関連】　今田高俊　編

Beck, Ulrich　1986, *Risikogesellschaft : Auf dem Weg in eine andere Moderne*, Frankfurt am Main：Suhrkamp（東廉・伊藤美登里訳，1998，『危険社会――新しい近代への道』法政大学出版局）

リスク社会論のブームを引き起こした著書．ウルリッヒ・ベックは，本書で，リスク社会の到来は近代産業社会の高度化により必然化したものであり，豊かな社会を実現するための営み自身がもたらした副作用であることを強調する．20世紀も終盤に入って，富を生み出す努力――主に科学技術の発展――がリスクを生み出し，われわれに跳ね返ってくる「自業自得」のメカニズムが顕在化しているのだと指摘する．そして，これまで科学技術が生産性の向上という呪縛に陥ってきたことがリスクの生産を正しく認識できなくさせてきたのだと批判して，近代に対する反省的視点の必要性を説いている．彼によれば，リスク社会は，単純な近代から区別される再帰的近代を特徴づける名称である．なお，本書の内容を展開した彼の論文集，*World Risk Society*, Cambridge：Polity Press（1999）では，「リスク社会と福祉国家」など福祉社会関連の議論も含め，環境やエコロジー，科学技術，産業社会とリスク社会など，幅広い話題が扱われている．

Commoner, Barry　1971, *The Closing Circle : Nature, Man, and Technology*, New York：Knopf（安部喜也・半谷高久訳，1972，『なにが環境の危機を招いたか――エコロジーによる分析と解答』講談社）

地球生態系は「閉じた輪」からなっており，テクノロジーは概して生態系を単純化する．単純化した生態系は天候の変化や害虫・病気に対して脆弱になる．本書で，バリー・コモナーは生態系がいかに微妙な相互依存のもとにバランスを保っているかを示すと同時に，生態系では不用なものは捨てれば消滅するという通念が成り立たないこと，および自然は長い年月をかけて「R＆D」（研究開発）の蓄積をしてきており，新たな有機物の合成は，分解可能性を前提としてふるいにかけられてきていることを指摘．そして，環境リスクの管理にとって，「ただ飯（フリー・ランチ）」はないとし，人間の作為によって生態系から引き出されたものは，すべて代価を支払って償わなければならないことを強調する．この議論はリスク論にも大いに参考になる．リスクは分散させても消滅するわけではない．

Giddens, Anthony　1998, *The Third Way : The Renewal of Social Democracy*, Cambridge：Polity Press（佐和隆光訳，1999，『第三の道――効率と公正の新たな同盟』日本経済新聞社）

リスク管理を前面に出して，新たな社会民主主義の福祉レジームを構想した書物．本書でアンソニー・ギデンズは，個人ならびに非政府組織がポジティブ・ウェルフェア（積極的福祉）の主役であるとし，経済的給付や優遇措置ばかりに依存しない福祉を構想する．そして従来の福祉国家は，技術進歩や単身世帯の増加等に起因する新しいリスクにはまった

く無力であるとし,リスク回避に焦点を当てるのではなく,リスクを積極的に引き受け,管理することが必要だとする.リスク管理は,リスクを最小限にしたり,リスクへの自己防衛を意味したりするだけではなく,その積極的な側面を活用すること,リスクの引き受け手に対して報奨金を供与すること等を,リスク管理の一環と心得るべきであるとする.

Krimsky, Sheldon and Dominic Golding, eds. 1992, *Social Theories of Risk*, Westport, Conn.: Praeger
従来,工学系の技術的議論や物理化学的議論が中心であったリスク論を,人文社会科学へ拡張することを試みた書物.人類学,心理学,社会学,経済学などにおけるリスク概念の起源を探ることを通じて,リスク論をより広い視野の下に位置づけようとしている.登場する著者らに共通する見解は,リスクに対する認識の仕方や態度(怒り・不安・苦痛)は社会的,心理的,文化的な変数によって異なり,技術的な対応だけでは処理できないとしていることである.文化や国民性の違いを考慮しつつ,リスクアセスメントやリスクマネジメントの方法を学ぼうとする理工学系の読者にも参考になる.

Luhmann, Niklas 1991, *Soziologie des Risikos*, Berlin: Walter de Gruyter (*Risk: A Sociological Theory*, 1993, trans. by Rhodes Barrett, New York: Walter de Gruyter)
リスク研究に対する理論社会学的な考察の草分けとなる書物.本書で,ニクラス・ルーマンは,リスク／安全という区別でリスク問題を扱うのではなく,リスク／危険(Gefahr)という区別を出発点として扱うべきであるとする.彼によれば,リスク概念は,予期しない,ありそうもない,有害な帰結を引き起こす可能性のことであり,自然災害などの危険と違って,何らかのかたちで人為的な意思決定にともなって生ずる被害や損害にかかわる.本書の各章では,高度に機能分化を遂げた近代社会のサブシステム,すなわち法と政治・科学技術・経済の各システムがさまざまな危害状況にどのように対処するかを議論している.また,リスク論へのルーマンの貢献は,リスクにかかわる人々の間の信頼関係が極めて重要な役割を担うことを指摘し,今日のリスクコミュニケーションの考えに一石を投じたことである.

Lyon, David 2001, *Surveillance Society: Monitoring Everyday Life*, Buckingham: Open University Press (河村一郎訳, 2002,『監視社会』青土社)
情報化による利便性や効率のアップは,その副作用として監視社会を促進する.本書では,個人データが電子メディアを装備したデータベースに保存されることで,われわれの日常生活をモニターする傾向がますます高まっていく危険性を指摘している.インターネットの閲覧サイトへのアクセス状況,オンライン登録した際の個人データ,セキュリティ確保のための監視カメラに写った映像,リスク管理のための個人情報などが,自分たちの知らないうちに収集・保存される.かつての監視と違って,情報社会の監視システムは,リス

ク管理と効率性の追求という目的のために，自発的に受け入れられるところに特徴があるとする．電子メディアによる新たな権力編成のあり方を描写した書物．

Perrow, Charles 1984, *Normal Accidents: Living with High-Risk Technologies*, New York: Basic Books
ハイリスク・システムにおける事故を人為的エラーとして捉えるのではなく，システムの複雑性に起因するアクシデントとして位置づけるべきだとするのが，本書の基本主張である．原子力発電所や石油化学プラントなどを例にして，特定の事故の帰責を特定の人物や機器の故障に求められなくなっている状況を指摘し，これをノーマルアクシデントと呼ぶ．要は，今日では，事故はシステマティックな連関によって発生しており，個別の安全性に注意を払うだけでは限界があることである．個々の部分に関しては安全対策が施されていても，個々のちょっとした乱れが同期化することで，その乱れが破局的な事故をもたらすことになりかねないことを解明している．

橘木俊詔編　2004,『リスク社会を生きる』岩波書店
情報化とグローバル化が進展する現代社会において，人々は様々なリスクにさらされ，以前にもまして生活の不安や恐れが高まっている．本書は，経済学，心理学，社会学，哲学・倫理学分野の専門家8名によるリスク研究会の成果をまとめたもので，グローバル化，セーフティ・ネット，失業，貧困，犯罪，環境破壊，原発事故など幅広いテーマが実証研究や理念とともに論じられている．様々なリスク発生の要因を探り，安全で安心ができる社会を取り戻すための処方箋を学際的に模索した，日本での草分け的試みである．

吉川肇子　1999,『リスク・コミュニケーション』福村出版
個人情報の漏洩，環境汚染，職場での事故，原発事故など，企業活動の高度化に伴って，庶民には見えにくく理解の及ばないリスクが高まっている．本書では，リスクの発生を抑止する対策とは別に，リスクについての情報を住民に開示し，理解を求め，相互に意思疎通を図り，リスクへの対処について納得と合意を得るためのリスク・コミュニケーションについて，その定義，取り扱う問題，信頼の形成などを中心に議論している．

【科学技術関連】　益永茂樹　編

Bernstein, Peter L. 1996, *Against The Gods: The remarkable story of risk*, New York: John Wiley and Sons, Inc.（青山護訳, 1998,『リスク――神々への反逆』日本経済新聞社）
リスクの歴史を振り返ると，賭け事（賭博）がその起因として存在した．他方，系統だった確率やリスク・テイクの考え方が登場するのは人類の歴史でも比較的最近であったことがわかる．そして，確率のような計量的方法論に基づいた意志決定を信じる人と，未来につ

いて自らのやる気を信じる人の2種類の人間が存在してきた．このような人間のリスク認識の複雑さを考慮に入れないと，リスク管理策を適切に機能させることはできない．人の歴史を通してリスクを考察した書である．

Graham, John D. and Jonathan Bert Wiener 1995, *Risk vs. Risk*, Cambridge, MA: Harvard University Press (菅原努監訳, 1998, 『リスク対リスク——環境と健康のリスクを減らすために』昭和堂)
リスクを削減しようとすると必ず別のリスクが生じ，リスクのトレードオフ解析が必要になるのだが，このことはこれまで注目されてこなかった．しかし，容易に減らせるリスクが既に削減され，より小さく，より複雑なリスクをとりあげなければならなくなった現在では，別のリスクがより問題になる．本書は，エストロゲン治療，高齢ドライバー，省エネルギー，魚食，飲料水，リサイクル，農薬などの事例を取りあげ，リスク・トレードオフ解析の重要性を示す．リスクのトレードオフを正面からとり上げた良書．著者の一人のグラハムはハーバード大学リスク解析研究センターを立ち上げ，ブッシュ政権下で行政管理予算局(OMB)情報規制問題室長をつとめた．

Kammen, Daniel M. and David M. Hassenzahl 1999, *Should we risk it?*, Princeton NJ: Princeton University Press (中田俊彦訳, 2001, 『リスク解析学入門——環境・健康・技術問題におけるリスク評価と実践』シュプリンガー・フェアラーク東京)
この本の特徴は，具体的な事例を課題として提示し，リスクを実際に計算する過程を示していることである．扱っている内容は，リスク計算の基礎となるモデルの構築方法，基礎的な確率論，不確実性の扱い方(モンテカルロとベイズ解析)，毒性学，疫学，曝露解析などにわたる．リスク問題に取り組む人には貴重な書物であるが，かなり数学や統計の基礎知識を必要とする．

Lewis, Harold Warren 1990, *Technological Risk: What are the real dangers, if any, of toxic chemicals, the greenhouse effect, microwave radiation, nuclear power, air travel, automobile travel, carcinogens of all kinds, and other threats to our peace of mind?*, W. W. Norton & Company, Inc., 500 Fifth Avenue, New York, N. Y. (宮永一郎訳, 1977, 『科学技術のリスク——原子力・電磁波・化学物質・高速交通』昭和堂)
豊かな生活とそれに伴うリスクの両方を技術に負っている．恩恵に支払うべき価格をリスクも含めて知れればよいが，評価は専門家にとっても容易でない．他方，われわれは取るに足らないリスクを怖がり，大きなリスクを気にしていない場合も多い．本書は，リスクの評価や管理の難しさについて，一般人の認識を高め，問題を正しく理解する助けとなることを目指している．リスクの一般論を述べた上で，化学物質，高速交通，放射線と原子力，化石燃料，電磁波などの事例を通して解説している良著．

Suter II, Glenn W. 1993, *Ecological Risk Assessment*, Chelsea, Michigan: Lewis Publishers
化学物質の生態系への影響(リスク評価)についての基礎的な考えを丁寧に解説した書. 個体レベル, 個体群レベル, エコシステムレベルのリスク評価の考え方, 方法について, その違いなどが明瞭に説明されている数少ない本である.

Wilson, Richard and Edmund A. C. Crouch 2001, *Risk-Benefit Analysis*, Cambridge, MA: Harvard University Press
リスクにまつわる種々の側面, リスクの定量的な計算方法, 不確実性と変動性, リスクの認識, リスクと便益の比較方法, および, リスク管理の手法について, 網羅的に解説している. 最後に, 定量表現されたリスクのリストを収集, 提示している.

中西準子 2004, 『環境リスク学——不安の海の羅針盤』日本評論社
環境リスク研究に取り組んできた著者の軌跡をたどる講義録, 環境リスク評価に関するQ&A, そして, いくつかの事例を通したリスク管理論へと進む. 個人史からはじまり中西氏のリスク論が広く展開されており, これを読めば, だれもがリスク学に興味を引かれるであろう.

中西準子・岸本充生・蒲生昌志・宮本健一編 2003, 『環境リスクマネジメントハンドブック』朝倉書店
第1部「リスクを見つける」, 第2部「リスクを測る」, 第3部「リスクを管理する」の3部から構成され, リスクに関する最新の情報が, 詳しく述べられており, リスクの基本的事項の教科書としても, 実際のリスク管理の実務にも大いに役立つハンドブックになっている.

索　引
（共同討論，文献解題は除く）

【人　名】

アカロフ　67
アロー　67
ウェーバー，マックス　91, 102
エヴァルド　96
ギデンス，アンソニー　103
クーン，トマス　99
サンステイン　107
スティグリッツ，ジョセフ　67
スノウ　139
スミス，アダム　65
ナイト，フランク　62
ネイマン　140
ハッキング，イアン　99
ピアソン，E.　140
ピアソン，K.　140
フィッシャー　140
フーコー，ミシェル　114
フォン・ノイマン　65
ベイズ　64
ベック，ウルリッヒ　102, 103
ベルヌーイ，ダニエル　69
モルゲンシュテルン　65
ラプラス　64
ルーマン，ニクラス　94
ロールズ　121
ワルド　140

【事　項】

ア　行

アクション選択　146
足尾鉱毒事件　97
アルペン型保険　128
アングロサクソン型保険　128
安全資産　60
意思決定　69
意思決定理論　94
イタイイタイ病　98
遺伝子情報　113
演繹的接近　141
エンドポイント　170

カ　行

科学革命　91
化学物質過敏症　114
確率　94
確率革命　99
確率的状況　62
確率論　64
過失責任　87
仮説検証　154
仮説探索　152
価値依存性　149
カルタヘナ議定書　106
環境法　89, 98
環境リスク　159
企業のモラル　58
危険資産　60
気候変動条約　106
期待効用理論　65, 69
帰納的接近　141
帰無仮説　155
客観的確率　72
ギャンブル　64
金融デリバティブ　67
ケア　117
景気状態　60
刑法　88
契約　89
ゲーム理論　65
検証的データ解析　151

索　引

検証的データ解析技法　140
原子力損害賠償法　98
検定の有意水準　140
鉱業法　97
交通事故　96
行動経済学　111
効用曲線　74, 77
合理的選択　111
コミュニティ　127

　　　　サ 行

差止請求　89
JR福知山線列車事故　99
自然リスク　56
実験計画法　140
自動車損害賠償保障法　96
資本主義　134
社会主義　134
社会主義市場経済　135
社会保険　119
社会保障　97, 117
主観的確率　72
熟議民主主義　111
情報開示　110
情報経済学　67
食品安全基本法　107
食品衛生法　89
所得再分配　119
水質汚濁防止法　98
製造物責任法　97, 98
生態リスク　165
生物多様性条約　106
世界保健機関(WHO)　159
設計科学　147
ゼロ和ゲーム　66
先験的確率　62
ソーシャル・キャピタル　129
組織理論　94

　　　　タ 行

大気汚染防止法　98

大数の法則　95
第二次環境基本計画　107
対立仮説　155
多重比較　154
探索的データ解析　151
チェルノブイリ原発事故　106
沈黙の春　160
DDT(有機塩素系殺虫剤)　159
デレーニー条項　174
統計　94
統計的確率　62
統計的仮説検定　152
統計的仮説検定論　140
統計的決定理論　140
統計モデル　142

　　　　ナ 行

日航機墜落事故　99
人間リスク　55, 57
認識科学　147

　　　　ハ 行

ハイリスク・ハイリターン　58
ハザード比(HQ)　172
発がんリスク　165
費用便益分析　107
標本調査論　140
不確実性　62
不確実性係数　175
不確実性の経済学　62
不完全情報　81
複雑性の経済学　68
福祉国家　97, 134
不法行為法　89
ベイズ決定　146
別子鉱山事件　97
保険　94
ポジティブ・リスト　109

　　　　マ 行

マキシミン基準　80

索　引

マラリア　159
万一の事故　59
未然防止　89
水俣病　98
民間保険　119
無過失責任　87
無毒性量（NOAEL）　171
モラルハザード現象　84

　　　ヤ　行

薬事法　89
用量反応関係　172
四日市ぜんそく　98
予防原則　87, 169
予防原則に関する欧州委員会報告　107
予防拘禁　114
予防戦争　115

　　　ラ　行

リオデジャネイロ宣言　106
リスク解析　142
リスク観　56
リスク関数　145
リスク管理　87, 107
リスク経済学　59
リスク・コミュニケーション　107
リスク最適化　145
リスク社会　102
リスク心理学　111
リスクトレードオフ　164
リスク認知　110
リスクの分散　119
リスク評価　107
立証責任　92, 109
労働災害（労災）　93

217

■岩波オンデマンドブックス■

新装増補 リスク学入門 1
リスク学とは何か

2013年3月19日　第1刷発行
2017年9月12日　オンデマンド版発行

|編　者|橘木俊詔（たちばなきとしあき）　長谷部恭男（はせべやすお）|
| | 今田高俊（いまだたかとし）　益永茂樹（ますながしげき）|

発行者　　岡本　厚

発行所　　株式会社　岩波書店
　　　　　〒101-8002　東京都千代田区一ツ橋2-5-5
　　　　　電話案内　03-5210-4000
　　　　　http://www.iwanami.co.jp/

印刷／製本・法令印刷

© Toshiaki Tachibanaki, Yasuo Hasebe,
Takatoshi Imada, Shigeki Masunaga 2017
ISBN 978-4-00-730663-1　　Printed in Japan